湖南师范大学双一流学科建设项目资助

中国学者研究文库

审判中心主义视角下

刑事诉讼热点问题研究

Shenpan Zhongxin Zhuyi Shijiao xia Xingshi Susong
Redian Wenti Yanjiu

沈红卫　许燕　薛珊珊　沈泽钰　著

中国书籍出版社
China Book Press

图书在版编目（CIP）数据

审判中心主义视角下刑事诉讼热点问题研究/沈红

卫等著.—北京：中国书籍出版社，2018.8

ISBN 978 - 7 - 5068 - 6972 - 0

Ⅰ.①审…　Ⅱ.①沈…　Ⅲ.①刑事诉讼法—研究—中国

Ⅳ.①D925.204

中国版本图书馆 CIP 数据核字（2018）第 182230 号

审判中心主义视角下刑事诉讼热点问题研究

沈红卫等　著

责任编辑	李　新	
责任印制	孙马飞　马　芝	
封面设计	中联华文	
出版发行	中国书籍出版社	
地　　址	北京市丰台区三路居路 97 号（邮编：100073）	
电　　话	（010）52257143（总编室）　　（010）52257140（发行部）	
电子邮箱	eo@ chinabp. com. cn	
经　　销	全国新华书店	
印　　刷	三河市华东印刷有限公司	
开　　本	710 毫米×1000 毫米　1/16	
字　　数	236 千字	
印　　张	14	
版　　次	2018 年 9 月第 1 版　2018 年 9 月第 1 次印刷	
书　　号	ISBN 978 - 7 - 5068 - 6972 - 0	
定　　价	58.00 元	

目 录
CONTENTS

第一章

审判中心主义的含义和历史演进

第一节　审判中心主义的含义

　　审判中心主义这一概念由来已久,早在 1999 年,西南政法大学教授孙长永就撰文针对审判中心主义进行了系统化的论述,他指出:"审判中心主义指审判(尤其是第一审法庭审判)是决定国家对于特定的个人有无刑罚权以及刑罚权范围的最重要阶段,未经审判,任何人不得被认为是罪犯,更不得被迫承受罪犯的待遇。"①审判中心主义分为两层含义:"一是在整个刑事程序中,审判程序是中心,只有在审判阶段才能最终决定特定被告人的刑事责任问题,侦查、起诉、预审等程序中,主管机关对于犯罪嫌疑人罪责的认定仅具有程序内的意义,对外不产生有罪的法律效果。二是在全部审判程序当中,第一审法庭审判是中心,其他审判程序都是以第一审程序为基础和前提的,既不能代替第一审程序,也不能完全重复第一审的工作。"②也有学者认为:"简而言之,以审判为中心就是要求庭审实质化,提高审判质量。"③还有学者认为审判中心主义指"在刑事诉讼各阶段之间的关系上,审判阶段是中心,侦查、起诉是服务、服从于审判的。"④笔者在这里将其概括为阶段说,这一学说也是目前大多数学者对审判中心主义的理解。他们均强调审判,特别是第一审庭审阶段在整个刑事诉讼中的中心地位,同时认为我国 2012 年修订的《刑事诉讼法》第 12 条规定的"未经人民法院依法判决,对任何人

---

① 孙长永:《审判中心主义及其对刑事程序的影响》,《现代法学》1999 年第 4 期。
② 同前注。
③ 王守安:《以审判为中心的诉讼制度改革带来深刻影响》,《检察日报》2014 年 11 月 10 日。
④ 顾永忠:《"庭审中心主义"之我见》,《法制资讯》2014 年第 6 期。

都不得确定有罪",在某种意义上这是我国在立法上已经确立了审判在刑事诉讼中的中心地位的标志。另有学者认为审判中心主义是指"在我国宪法规定的分工负责、互相配合、互相制约的前提下,诉讼的各个阶段都要以法院的庭审和裁决关于事实认定和法律适用的要求和标准进行,确保案件质量,防止错案的发生"[1]。同时强调"审判为中心的内涵和要求,是控、辩、审三种职能都要围绕审判中事实认定、法律适用的标准和要求而展开,法官直接听取控辩双方意见,依证据裁判原则作出裁判"[2]。笔者将其总结为标准说,其核心在于将审判理解为理想化的审判,也就是说要以达到公正、公开、公平要求,兼顾惩罚犯罪与保护人权,坚持做到以事实为依据、以法律为准绳,以此来开展各个诉讼阶段的工作。

在笔者看来,审判中心主义并不是机械化、孤立化的一个概念,其内涵极为丰富,在整个司法改革之中处于牵一发而动全身的关键位置。放在建设中国特色社会主义法制体系的背景下考虑,审判中心主义首先是一种理念,贯穿于整个刑事公诉案件之中,各诉讼阶段的任务均围绕审判为中心展开,制度构建均以审判为中心作为基点,树立审判的最终权威;其次,是以审判职能为中心,从诉讼构造论的视角来看,审判作为一种职能,处于控诉职能与辩护职能之上,在刑事诉讼全过程中实现稳定的三角形构造,实现审前程序的诉讼化改造;最后,是以审判阶段为中心,审判中心主义需要落实到庭审,尤其是第一审的庭审过程之中,实现定罪量刑在法庭、攻守防卫在法庭、举证质证在法庭,回归庭审本位,保证庭审在查明事实、认定证据、保护诉权、公正裁判中发挥决定性作用。[3] 让法院对侦查、起诉的案件事实、证据依法进行严格地审查判断和检验取舍,以转变侦查、起诉和审判之间配合有余、制约不足的现状,扭转冤假错案屡屡发生的窘局。[4] 笔者将其概括为综合说,它吸收了阶段说和标准说的合理内涵,并对其进行了一定程度的扩充与完善。

---

[1] 樊崇义:《"以审判为中心"的概念、目标和实现路径》,《人民法院报》2015年1月14日。

[2] 同前注。

[3] 习近平:《关于〈中共中央关于全面推进依法治国若干重大问题的决定〉的说明》,人民出版社2014年版,第59页。

[4] 余文唐:《从刑事诉讼阶段展开,实现以审判为中心》,《人民法院报》2014年12月31日。

第二节 审判中心主义与其他概念辨析

一、诉讼阶段论与审判中心论之争

在诉讼法学者相关法学论著中,"刑事诉讼"这一概念被划分为狭义说和广义说两种。广义的刑事诉讼是指国家实现刑罚权的全部诉讼行为,包括立案、侦查、起诉、审判、执行等;狭义的刑事诉讼则仅指起诉至审判之间的诉讼程序,该程序以审判为中心。① 在狭义说的基础上,西方诉讼法学家总结了人类诉讼史的发展进程,概括了资产阶级国家的实际状况,主张"审判中心论",认为诉讼就是审判。权威性的布莱克法律辞典将刑事诉讼定义为"规定在法院可能会被行使权利和履行责任的方法"②。而在广义说的影响下,我国学者持"诉讼阶段论",认为刑事诉讼是一种按照法定程序对犯罪嫌疑人、被告人的刑事责任进行认定的过程,这一过程包含若干相对独立又相互联系的环节,侦查、审查起诉和审判是处于平行地位的"三道工序",它们对刑事诉讼目的的实现起着同等重要的作用,在刑事诉讼过程中的地位并无位阶之分。③ 诉讼阶段论将诉讼活动的开始到终结看作向前运动、逐步发展的过程,"刑事诉讼各阶段"循序进行、相互连接而又各自相对独立,每一个诉讼阶段都是完整的、有其自身的任务和形式的一个整体。④ 这与审判中心主义的要求背道而驰,在审判中心主义的语义下,刑事诉讼程序被划分为审前程序、审判程序和审后程序。审判程序作为中心,审前审后程序服从并服务于审判程序。

单从实践的角度来看,诉讼阶段论统治下的流水线模式在打击犯罪、保障社会稳定方面确实卓有成效,但同时也存在着忽视被追诉对象人权保障的倾向,整个刑事诉讼过程异化成了行政治罪过程,冤假错案时有发生。当前,有学者提出要推进以审判为中心的诉讼制度改革,就是要彰显审判中心主义,检讨诉讼阶段

---

① 陈光中:《〈刑事诉讼法学〉(新编)》,中国政法大学出版社 1996 年版,第 2 页。
② 周士敏:《刑事诉讼法学发展的必由之路——由审判中心说到诉讼阶段说》,《中央检察官管理学院学报》1993 年第 2 期。
③ 樊崇义:《刑事诉讼法学》(第 3 版),法律出版社 2013 年版,第 49 页。
④ 张建伟:《审判中心主义的实质与表象》,《人民法院报》2014 年 6 月 20 日。

论甚至将其舍弃。① 当然,我们必须认识到要对现有的刑事诉讼法典结构进行彻底的、一步到位的改革是不现实的,我们要以科学辩证的态度对待刑事司法改革,避免从一个极端走向另一个极端,做好刑事司法工作,统筹公、检、法三机关,保证各机关依法履职,逐步加入司法审查因素,扭转只配合不制约的现状,实现审判中心地位的回归,发挥制度优势,提高刑事司法的整体水平。

二、审判中心主义与庭审中心主义之辩

审判中心主义与庭审中心主义这两个概念字面上仅一字之差,而且都是在司法改革的大背景下由党政文件正式提出的,这就要求我们厘清这两个相近概念的关系,避免在实践中陷入误区。庭审中心主义的概念是在 2013 年第六次全国刑事审判工作会议上正式提出。此后,最高人民法院在其发布的《关于加强新时期人民法院刑事审判工作的意见》这一规范性文件中对庭审中心的内涵做了明确界定:"牢固树立庭审中心理念,突出庭审的中心地位,全面落实直接言词原则、辩论原则、居中裁判原则、公开审判原则,充分发挥庭审的功能作用,真正做到事实调查在法庭、证据展示在法庭、控诉辩护在法庭、裁判说理在法庭,通过庭审查明案件事实,确保司法公正,维护司法权威。"可见,庭审中心主义就是要求庭审实质化,对事实认定、证据采信、定罪量刑等案件审理过程中的关键问题解决起到决定性作用。②

学者对于这对概念之间的关系各有见地,主要有两种观点:第一种观点认为审判中心主义与庭审中心主义既有联系又有区别。顾永忠教授认为两者之间最大的区别在于审判中心主义主要是解决审判活动与侦查、起诉、执行活动的外部关系,而庭审中心主义主要是解决审判机关内部如何进行审判活动进而对被告人定罪量刑问题。两者的密切联系体现在:审判中心是庭审中心的前提和保障,庭审中心是审判中心的逻辑推演和主要实现路径。③ 第二种观点认为庭审中心主义是审判中心主义的合理内核。对于事实认定,审判中心相对于侦查中心的优越性,主要是通过庭审体现的,因此,确认审判中心,必然要在逻辑上推演出庭审中心。④ 笔者赞同第二种观点,认为庭审中心主义是审判中心主义的必要组成部

---

① 同前注。
② 徐玉、李召亮:《庭审中心主义刍论》,《司法论坛》2014 年第 2 期。
③ 顾永忠:《试论庭审中心主义》,《法学适用》2014 年第 12 期。
④ 龙宗智:《论建立以一审庭审为中心的事实认定机制》,《中国法学》2010 年第 4 期。

分,如果丧失了公开、公正、三方参与以判断被追诉方刑事责任的庭审活动,审判中心主义将沦为无源之水、无本之木,审判的正当性和权威性也无从谈起。

三、审判中心主义与侦查中心主义之分

侦查中心主义这一概念经常在探讨审判中心主义时提到。有的学者指出,没有任何一个国家把刑事诉讼程序定位为以侦查为中心,也没有任何一位学者坚持刑事诉讼程序以侦查为中心。"侦查中心主义"作为一个概念被提出,在很大程度上是反思我国刑事诉讼构造的结果。① 侦查中心主义是对我国司法乱象的精确总结,审判中心主义的提出,正是为了消除侦查中心主义给我国司法实践带来的负面影响。

在侦查中心主义的语境下,侦查机关在侦查程序中所取得的证据和侦查阶段形成的结论,通常会直接为审判所吸收。正如德国的舒乃曼教授所描绘的那样:"侦查程序成为刑事诉讼的核心和顶点阶段。""公开审理早已不是刑事程序真正的判断中枢了,它无非指望花了费用走个过场,对侦查程序中产生的结果再加渲染而已。"②在侦查中心的体制下,法官的庭前准备活动围绕侦查机关的案卷笔录开展,庭审通过案卷笔录的简单阅读进行,判决书普遍直接援引侦查笔录作为判决的基础,审判活动的制约功能无从发挥。而审判中心强调法庭杜绝拿来主义,不能简单地对侦查、起诉机关所移送来的证据材料及其做出的结论照盘全收,而应以审慎的角度对审前阶段的成果做出民主、独立的判断,让侦查机关收集的各类案卷笔录、书证、物证等证据都要经过"呈堂",在庭审聚光灯下充分"曝光",通过诉讼各方的举证、质证,充分发表意见,最后判断证据的证明力。只有这样才能防止审前程序中权力的滥用,让审判真正成为维护社会公平正义的最后一道防线。

第三节 审判中心主义的历史演进

在古代社会,无论是东方国家还是西方国家,查明案情和作出裁判的职能都

---

① 樊崇义、张中:《论以审判为中心的诉讼制度改革》,《中州学刊》2015 年第 1 期。
② [德]勃朗特·舒乃曼:《警察机关在现代刑事程序中的地位》,《研究生法学》2000 年第 2 期。

是由主持审判的司法官或行政官行使的,而且一般都是通过在法庭上讯问当事人和证人的方式进行,偶尔也会走出法庭去调查取证。

欧洲国家早期的刑事诉讼都属于"控告式"(或称为"弹劾式")诉讼制度,即当事人一方控告另一方,法官居中裁判,不告不理。大约从 13 世纪开始,欧洲大陆国家逐渐从"控告式"诉讼制度转变为"纠问式"(或称为"审问式")诉讼制度,法官不再是中立的仲裁人,而成为对危害国家利益和公共秩序的犯罪行为进行追诉的官员。在这种制度下,刑事诉讼过程分为两个阶段,其一是预审,其二是审判。预审的任务是查明指控的犯罪事实,审判的任务是对被告人定罪量刑。虽然负责预审的人和负责审判的人都属于法院的官员,但是二者的职能已有明确分工。在预审阶段,法官调查案情的基本方式就是对被指控者的审讯,而且审讯是秘密进行的,刑讯逼供更是家常便饭。预审法官获取的各种证据主要是书面的证言和口供。口供不仅是起诉的依据,而且是审判法官定罪量刑的依据。在法庭上,审判法官基于预审案卷材料对被告人进行最后的讯问,无须对证据进行实质性审查,甚至也无须任何证人出庭作证,就可以做出判决。由此可见,法庭审判徒有虚名,决定诉讼结果的中心环节是预审。

此时,以英国为代表的普通法系国家在"控告式"诉讼制度的基础上逐渐形成了"抗辩式"诉讼制度。在这种制度下,控辩双方都可以去调查案情和收集证据,而且双方至少在理论上享有平等的调查权。

在那段历史时期内,大陆法系国家的刑事诉讼制度属于以侦查为中心的模式,而英美法系国家的刑事诉讼制度属于以审判为中心的模式。随着社会的发展,大陆法系国家的刑事诉讼中心也逐渐由侦查转向审判。

"以审判为中心"在我国的提出经历了以下三个阶段的表述。

第一,以审判工作为中心。1991 年最高人民法院颁布的《关于进一步加强人民法院参与社会治安综合治理工作的意见》、2007 年最高人民法院颁布的《关于进一步发挥诉讼调解在构建社会主义和谐社会中积极作用的若干意见》和 2011 年最高人民法院颁布的《关于新形势下进一步加强人民法院基层基础建设的若干意见》中都提出了"以审判工作为中心"。《关于进一步加强人民法院参与社会治安综合治理工作的意见》规定:"以审判工作为中心,适度做好各项审判工作的延伸工作,扩大办案的社会效果,把人民法院参与社会治安综合治理的工作落到实处。"《关于进一步发挥诉讼调解在构建社会主义和谐社会中积极作用的若干意见》规定:"坚持以审判工作为中心,加强对人民调解组织的指导,大力支持、依法监督其他组织的调解工作,积极推动社会多元化纠纷解决机制的建立和完善,充分发挥社会各方面缓解矛盾、解决纠纷的作用。"《关于新形势下进一步加强人民法院基层基础建设的若干意见》提出,坚持"以审判工作为中心、队伍建设为根本、物质装备为保障"。

第二,以庭审为中心。2013 年 10 月中旬召开的第六次全国刑事审判工作会议要求全国各级人民法院切实转变和更新刑事司法理念,突出庭审的中心地位。在此次会议后,最高人民法院以规范性文件的形式再次明确了以庭审为中心。2013 年 10 月下旬最高人民法院颁布的《关于建立健全防范刑事冤假错案工作机制的意见》规定:"审判案件应当以庭审为中心。事实证据调查在法庭,定罪量刑辩论在法庭,裁判结果形成于法庭。"紧接着,最高人民法院在颁布的《关于加强新时期人民法院刑事审判工作的意见》中要求:"牢固树立庭审中心理念。突出庭审的中心地位,全面落实直接言词原则、辩论原则、居中裁判原则、公开审判原则,充分发挥庭审的功能作用,真正做到事实调查在法庭、证据展示在法庭、控诉辩护在法庭、裁判说理在法庭,通过庭审查明案件事实,确保司法公正,维护司法权威。"理论上将以庭审为中心称为庭审中心主义。

第三,以审判为中心。中国共产党第十八届四中全会审议通过的《中共中央关于全面推进依法治国若干重大问题的决定》(以下简称《决定》)提出了"推进以审判为中心的诉讼制度改革"。"以审判为中心"在理论上被称为审判中心主义。2015 年 2 月,最高人民法院发布了《关于全面深化人民法院改革的意见——人民法院第四个五年改革纲要(2014 – 2018)》(以下简称《全面深化人民法院改革的意见》),对贯彻"推进以审判为中心的诉讼制度改革"做出了具体规定。推进以审判为中心的诉讼制度改革,有助于促使侦查、审查起诉活动始终围绕审判程序进行,有助于确保侦查和审查起诉阶段认定的案件事实经得起法律的检验,对于发挥庭审对侦查审查起诉程序的制约和引导作用,提高案件质量和防范冤假错案具有重要意义。

第四节　审判中心主义的诉讼法理论基础

一、分权制衡理论

分权制衡理论揭示了划分权力和建立权力制约机制的必要性,①是刑事诉讼审判中心主义的重要理论依据。分权制衡理论的提出最早可追溯至古罗马古希腊时期,亚里士多德在其著作《政治学》中对分权理论进行了深刻的阐述,他认为"一切政体都有三个要素——议事机能、行政机能和审判机能"。亚里士多德所表述的三要素虽然与后世西方三权分立理论并不完全一致,但二者的核心内容显然具有高度相似性。孟德斯鸠在洛克正式提出具有现代意义的分权制衡学说的基础上进一步地完善了该学说,阐述了制衡原理,认识到权力滥用的普遍存在:"一切有权力的人都容易滥用权力,这是万古不易的一条经验。有权力的人们使用权力直至遇到界限才休止。"②鉴于对权力这一天然属性的认识,现代法治国家都对国家权力进行一定程度的划分,摒弃了中古时期高度集权的做法,赋予不同的主体以不同性质的权力,并在各权力主体之间建立系统严密的监督制约机制,以实现权力平衡、防止专断。

德国学者赫尔曼认为:"允许以强制性侵犯公民权利时,关键的是一方面必须对国家权力的强制权明确地予以划分和限制,另一方面必须由法院对强制性措施进行审查,使公民由此享受到有效的法律保障。"③这是对刑事诉讼范围内国家权力的划分及法院对侦、控权力的制约、监督的详细论述。司法权要对行政权进行适当的监督和制约,就需要授权法院对行政机关实施的行为进行合法性审查。首先我们要明确刑事诉讼中的侦查权本质上是一种行政权,赋予法院对侦查行为进行审查控制的权力的做法是各国立法实践通例,甚至有许多国家将法院应当享有全面的审判权,特别是享有对公民个人和国家之间的纠纷进行裁判的权力上升到基本的宪法原则的高度进行明确。1985 年联合国在米兰举行的第七届预防犯罪

---

① 陈卫东:《刑事诉讼基础理论十四讲》,中国法制出版社 2011 年版,第 285 – 287 页。

② [法]孟德斯鸠:《论法的精神》,商务印书馆 2012 年版,第 136 页。

③ [德]约阿希姆·赫尔曼:《德国刑事诉讼法典》,李昌珂译,中国政法大学出版社 1995 年版,第 6 页。

和罪犯待遇大会通过的《关于司法机关独立的基本原则》第三条明确规定:"司法机关应对所有司法性质问题享有管辖权,并应拥有绝对权威就某一提交其裁决的问题按照法律是否属于其权力范围做出决定。"

在审判中心主义的要求下,法院作为审判职能的承担者,能够真正意义上与侦查、控诉职能分立开来,在控审分离的基础上,更进一步地对审前程序中发挥重要作用的具有行政性质的公安机关进行相应的控权,防止其权力的滥用。由此可见,分权制衡原则为审判中心主义提供了深厚的理论根基。而正如英国历史学家阿克顿勋爵所指出的那样:"权力使人腐败,绝对的权力倾向于绝对的腐败。"[1]我们必须在审判中心主义的指导下,完成法院审判权主体的回归,真正发挥其纠纷裁决者的作用。

二、无罪推定原则

无罪推定原则是现代法治国家普遍认可的一项基本原则。无罪推定原则的思想由来已久。《汉谟拉比法典》就有规定:"提出控告的人须证明被告有罪,否则不仅开释被告,控告者还要负诬告之责。"[2]1764 年贝卡利亚在《论犯罪与刑罚》一书中提出:"在被法官判决之前,一个人是不能被称为罪犯的。只要还不能断定他已经侵犯了给予他保护的公共契约,社会就不能取消对他的公共保护。"[3]这被视为现代意义上无罪推定原则的最早论断。无罪推定包含以下含义:其一,犯罪嫌疑人、被告人未被法院宣告为犯罪之前,应当依法推定为无罪,疑罪从无。其二,无罪推定原则是一种诉讼观念,具体体现为三点规则:1. 只有法院掌握审判权,非经法院依法审判,不得确定其有罪;2. 控方负举证责任,犯罪嫌疑人、被告人不得被迫自证其罪,沉默权是其中的重要权利;3. 犯罪证据应当全面客观符合逻辑推断,且推断中不得以推定犯罪嫌疑人、被告人有罪为前提。其三,无罪推定原则不仅包括一系列正确运用证据的制度,强调法院依法审判,遵守刑事诉讼程序,并且包括在做有罪判决前不得称犯罪嫌疑人、被告人为"罪犯",应赋予其广泛的诉讼权利以对抗指控、提供公正待遇等具体内容。无罪推定原则强调了法院在依

---

① [英]约翰·埃默里克·爱德华·达尔伯格-阿克顿:《自由与权力》,侯健译,译林出版社 2011 年版,第 3 页。

② 孙长永、闫召华:《无罪推定的法律效果比较研究——一种历时分析》,《现代法学》2010 第 4 期。

③ 毛淑玲、刘金鹏:《刑事法中的推定与无罪推定》,《法学杂志》2009 年第 12 期。

法审判中的重要地位。可以说,审判阶段能否实质影响案件结果,是无罪推定原则能否在实践中"活起来"的关键。

从另一方面看,在以侦查为中心、案卷为重心的侦查中心主义中,审判阶段被架空,庭审虚化,可以说是无罪推定原则在刑事诉讼中实现的一大障碍。在我国现今以侦查为中心的刑事诉讼格局中,法院审判案件过度依赖侦查阶段所得的案卷,使得法院审判容易沦为侦查结果的加工工序。审判阶段尤其是庭审走过场,意味着侦查阶段成为案件结果定论的决定阶段。也就是说,是否经过审判无甚差别,那么"在法官被判决之前,一个人是不能被称为罪犯的"不过是徒有其表的修饰,用以掩盖其后的不公。所以说,审判中心主义是贯彻无罪推定原则的内在要求。

三、刑事诉讼正义论

刑事诉讼是严重社会冲突的制度化解决,正义理念是指导刑事诉讼制度建设的完美的观念形态。[①] 正义,有多种不同的定义和解释,陈光中教授认为正义就是人们权利义务分配上的平等、不偏不倚和合理。在法治社会,司法正义是社会正义的最后防线和重要保障。正义在诉讼价值中居于核心位置,是司法的灵魂和生命。罗尔斯曾说过:"正义是社会制度的首要价值,正像真理是思想体系的首要价值一样。"[②]诉讼法律制度与正义的结合最为直接,因为诉讼法律制度是具体落实和实现正义的,任何一种正义的法律理想都必须经由一个理性的程序运作过程才可转化为现实形态的正义。[③] 在刑事诉讼法的范围内,正义包括实体正义和程序正义两个方面,二者相辅相成,不可偏废。

---

① 宋英辉:《刑事诉讼原理(第二版)》,法律出版社 2007 年版,第 13 页。

② [美]. 约翰·罗尔斯:《正义论》,何怀宏、何包钢、廖申白译,中国社会科学出版社 1988 年版,第 2 页。

③ 左卫民:《刑事诉讼的理念》,法律出版社 1999 年版,第 122 页。

第二章

主审法官制度

第一节　主审法官的含义及提出

一、主审法官的内涵

党的十八届三中全会通过的《决定》提出,要完善主审法官、合议庭办案责任制,让审理者裁判、由裁判者负责。《决定》明确提出主审法官概念后,理论界重点围绕主审法官概念的内涵或本质展开讨论,大体上形成四类观点。① 第一类观点认为,主审法官是一种职务,是经过一定的组织程序选拔出来并加以任命的职务,相当于合议庭的负责人。在目前的司法体制下,这一职务可以称为审判长,随着改革后合议庭替代审判庭模式的建立,这一职务也可以称为庭长。第二类观点认为,主审法官是一种角色或者一种分工。有的认为主审法官就是承办法官,即具体承办案件的法官;有的认为主审法官就是合议庭中的审判长,两者只是名称的不同。第三类观点认为,主审法官实质上是一种权责,就是比其他法官承担更多的权力和责任的法官。有的认为主审法官就是直接审理案件并对案件裁判起决定作用的法官;有的认为主审法官是切实依法独立行使审判权的法官;有的认为主审法官就是享有独立裁判权并对案件质效负总责的法官。第四类观点认为,主审法官是一种资格。由于法律上并没有对主审法官的概念和内涵做出明确规定,主审法官的内涵一直处于混沌状态,这对主审法官制度构建是十分不利的。

---

① 刘伟超:《主审法官本质与内涵的法理思辨》,http://blog.sina.com/lweichao,2015 年 12 月 15 日。

在主审法官制度的内涵界定上,笔者认为基于"主审法官"的语义和范域,其应当是在合议制审判而非独任制审判中产生的概念,因此主审法官的司法定位不能脱离合议庭而单独存在。在合议制审判中,主审法官是负责案件庭前、庭上、庭后一切审判事务的主要负责人和决定者。"让审判者裁判,由裁判者负责"其中"负责"的含义不单是对案件负责,还应当有对审理的案件自始至终都"说了算"的内涵。作为主审法官不但要审,而且要判,二者缺一不可,若只审不判或只判不审,主审法官便失去生命力。主审法官应区别于传统司法实践中泛指的"主审法官""案件承办人",成为切实依法独立行使审判权的主体。主审法官本身并不是行政职务,而应该是法官在具体案件审理过程中独立行使审判权的一种资格。主审法官作为主审法官、合议庭办案责任制的核心,"就是要按照权责利相统一的原则,在诉讼活动中居于主导地位,依法享有独立行使审判权、组织和主持庭审权、控制审判流程权、独立签发裁判文书权等与审判实务相关的权力,并依法独立或共同承担相应的办案责任"。概而论之,主审法官应当是指在合议制审判的范域中,亲自承担案件审理的主要工作并担任合议庭审判长主持庭审活动,依法独立行使裁决权,同时对案件审理自始至终全程负责的具有临时身份性质的审判法官。

二、主审法官的性质

第一,主审法官的本义在于"主审"而不在于"法官"。按照司法体制改革的方向和完善司法理论的现实需要,"主审法官"取代了"承办法官"这一概念,并在此基础上修正和丰富了法官与司法之间的内在联系。从"主审"概念取代"承办"概念的角度,"主审"二字是主审法官的核心概念和本义表述。如果单从强调职务的角度而言,法官审理与不审理案件均为主审法官,那么就没必要在法官前面加上"主审"二字赘述其义。因此,"主审法官"并非是对法官概念本来意义的具体表述与概念扩充,之所以在法官前面加上"主审"二字,在于主审法官更能够诠释法官处于从事司法活动状态下的身份和权责。①

第二,主审法官表征临时身份。应当承认,主审法官本身是一个动态的概念,是法官参加合议庭承审某一具体案件时的临时称谓。也就是说,主审法官是衍生出来的,不能等同于行政职务单独存在,是法官在合议制审判范域下根据庭审分

---

① 朱崇坤:《法官错案责任追究的法理分析》,中央党校硕士论文,2014 年。

工形成的角色身份,而不是设有固定名称的职务。同时,主审法官不是能够"兼职"的行政职务,例如,庭长与主审法官之间是职务与身份的关系,庭长是职务,而主审法官是一种身份,因此类似"庭长兼主审法官"的概念是错误的。应当明确的是,主审法官不是固定职位。主审法官不是法官中的领导,也不是合议庭的"庭长",合议庭更不是以主审法官为"总指挥"的固定审判团队。一切将"主审法官"级别化、排位置的做法,都是行政化的回归。①

第三,主审法官权责利相统一。最高人民法院《关于全面深化人民法院改革的意见》中关于主审法官办案责任制的改革举措旨在表明,主审法官权责利是统一且不可分离的。"主审"的意义在于审判权力的集中性、利益的专享性和责任的自我担当。主审法官享有大于其他合议成员的相当充分的审判权和最终裁决权,并享受相应的利益保障,是作为主审法官之所以要"负责"的根本性依据。正是基于这种权与利,主审法官要面对无可推卸的责任担当。唯有权责利相统一,"谁办案谁负责"的司法本质属性才能够得以明确,主审法官的生命才能够永葆生机。

第四,主审法官集"承办案件"与"主持庭审"于一体。毋庸置疑,承办案件是法官赖以存活的司法根基,庭审是法官发挥审判职能、行使审判权的集中体现。法官要通过对案件的详细了解和掌控,制定庭审计划、步骤,掌控庭审局势、节奏,从而在确认法律事实、分清是非对错、准确适用法律的基础上做出公正合理的裁决,进而达到伸张正义、明辨是非的司法效果。因此,主审法官作为案件审理的"直接接触者",由其担任合议庭审判长是当然且必要的。"审理""裁判"与"负责"三者统一是"让审理者裁判,由裁判者负责"的本质要求。因此,对于合议庭法官而言,只有同时具备"承办人"和"审判长"的合一身份,才能够真正体现审理、裁判、责任的整体性和不可分割性,让主审法官成为案件的主要审理者、最终裁决者和全程负责者。由此可见,承办案件并担任审判长主持庭审是主审法官的基本职责和本质所在。②

---

① 郭人菡:《主审法官责任制的价值革新与范式重构》,《行政与法》,2014 第 10 期,第 88 – 89 页。
② 徐枭雄:《让审理者裁判,由裁判者负责——论我国司法责任制的完善》,《湖北警官学院学报》,2015 年第 3 期,第 113 – 115 页。

第二节　主审法官与其他审判组织和人员的辨析

一、主审法官与审判长

审判长是合议制审判模式下的概念，因合议庭的组成而产生。因此，独任制中的主审法官职权是清楚的，不存在与审判长重叠的问题。但合议制中的主审法官首先面临的就是与审判长职能重叠问题。

审判长在我国司法实践中有两种含义：一种是根据《人民法院组织法》和三大诉讼法的规定，审判长并不是一个固定的审判职务，而是根据合议庭审判案件的需要，由院长或者庭长指定审判员担任。同时，院长或者庭长参加审判的，由院长或者庭长担任审判长。这时的审判长职务是临时的、非固定的。当与主审法官存在冲突与重叠时直接让主审法官与审判长合二为一就可以。另一种是根据最高人民法院 2000 年 7 月发布的《人民法院审判长选任办法（试行）》规定的概念，这里的审判长不再是一个临时性的程序主持者的角色，而是具有选任条件与选任程序，按需要具体配备的固定职位。审判长有具体的任职年限，享受特殊津贴，相应的审判长也有明确的职责与权限。这里的审判长与作者主张的主审法官是一种动态的临时身份，随着一些特殊案件的开始而存在，随着特殊案件的结束而终结。因此，我们在研究主审法官制度时还是要注意辨析主审法官与审判长的交叉与区别。在合议制中，不是什么人都有资格担任审判长，审判长职位设立的宗旨是法院针对原来法官队伍良莠不齐，办案质量不高的问题，为了提高法官队伍的素质，充分发挥合议庭的职能作用，确保司法公正，提高审判效率而进行的一种司法改革举措。在主审法官担任审判长的情况下，这个问题并无大的冲突，由审判长即主审法官主持和进行案件的整个审理工作。在主审法官不担任审判长的情况下，就会出现问题。主审法官的作用在合议庭中应如何定位，当审判长不是该案件的主审法官时，在审判实践中普遍存在两类现象，一是合议庭审理案件时，在审判长宣布开庭后往往由主审法官主持接下来的法庭调查和法庭辩论等庭审活动；二是主审法官并不参加庭审，直接在幕后指导审判活动。就第一类现象而言，从形式上看，承办案件的进行庭审的虽然是合议庭，主审法官只是合议庭内部负责处理具体诉讼事务的成员，但实际上主导审判工作和庭审的只是主审法官，审判长以及其他成员的审理活动由主审法官进行。第二,主审法官对案件的最终处理结果在合议庭内有很大的影响,这种问题的存在实质上使合议庭制度和审判长制度流于形式,是另一种变形的审判分离。这种分离,实质是赋予了审判长更大的权力,但却由主审法官承担着责任,权责不一,不利于案件审理工作的开展,不利于保证案件审理的质量,影响了司法公正与效率,也增加了主审法官的工作压力。就第二类现象而言,主审法官实际担任的是"导师"角色,甚至有时只是挂挂名。这两种情况都违反"让审理者裁判,由裁判者负责"的改革精神。因此,这种职位式的审判长设计应予以纠正。①

主审法官不同于有些司法实践中审判长职位式的设计。主审法官制度的提出是为了提高审判效率,实现主审法官权责利的统一。因此,主审法官制度是将主审法官与审判长合二为一,审判长的法定职责全部交由主审法官来承担。与审判长一样,在对案件诉讼进程的控制、审判活动的协调、庭审与评议的组织等审判活动的程序性管理上,主审法官享有组织、主持、协调和指挥的权力;在对案件的实体审理、评议和裁判上,与其他成员享有平等的参与权和决策权。只有让主审法官担任审判长,才能实现审理、裁判、负责三者统一,才能使主审法官制度符合"让审理者裁判,由裁判者负责"的本质要求,才能让主审法官成为案件的主要审理者、最终裁决者和全程负责者。这样也会规避主审法官不是审判长时,出现的权责不一致的现象。

二、主审法官与一般审判员和助理审判员

审判员是指已经考取司法资格,在法院就职,经同级人大常委会任命为法官的人员。审判员可以担任任何案件合议庭的组成人员。现行制度设计下,主审法官与一般审判员在合议庭中地位平等。如果实行主审法官责任制,主审法官在办案中则居于主体地位。这与一般审判员与其同等地位是有矛盾的,助理审判员指已经取得司法资格,在法院就职,经法院院长任命为法官的人员。助理审判员属于法官,按法官序列评定级别。现行制度设计下,助理审判员可以参加各种案件的合议庭,在合议庭与审判员权利地位平等,在特定情况下也可以担当审判长职责,但不能出任审判长一职。优秀的助理审判员被选为审判长的,应当依法提请

---

① 石东洋,刘新秀:《论主审法官责任制的实现机制建构》,《实事求是》,2014 年第 5 期,第 77-78 页。

任命为审判员。人大常委会任命审判员时从助理审判员中选任。同样,如果实行主审法官责任制,主审法官在办案中就居于主体地位,这与一般助理审判员与其同等地位也是有矛盾的。在新制度下,参与合议庭的一般审判员和助理审判员应该定位于主审法官助理角色发挥参谋和助手作用。或者说可直接将一般审判员和助理审判员改为助理。[①]

三、主审法官与人民陪审员

在基层法院,一审普通案件多由主审法官与人民陪审员组成合议庭进行审理。这是司法民主原则与司法独立原则的均衡性设计安排,陪审员不属于法院编制,不从法院领取工资,陪审员也不需要考取司法资格。我国从清朝末年就有了陪审员,清末民初的陪审员多是地方绅士。延安时期到"文革"前,陪审员和人大代表相似,由公民选举产生。目前的陪审员是由群众组织推荐或个人自荐,法院认可后提请人大常委会任命的人员。陪审员可以参加一审案件的合议庭,但不能担任审判长,不能参加二审、再审案件的合议庭。实行主审法官责任制,主审法官在办案中居于主体地位。如何处理人民陪审员与其有同等地位的制度设计,考验着改革者的智慧。比较可行的方法是人民陪审员只参加事实审,不参加法律审,可适当发表仅做参考的法律建议,就像美国有的州的量刑陪审团一样,最终决定权仍在法官。但对参加的事实部分终审负责,并且陪审员应由本级法院随机抽选,抽选陪审员发表意见无后顾之忧。无论如何设计,主审法官的主体作用和人民陪审员的陪审作用都应该加强,削弱任何一方,都会有损于社会主义司法体制。[②]

四、主审法官与审判委员会

现行《人民法院组织法》第7条规定,人民法院审判案件,实行合议制,该规定确立了合议庭在人民法院中的基本审判组织地位。第9条规定各级人民法院设立审判委员会,实行民主集中制,审判委员会的任务是总结审判经验,讨论重大的或者疑难的案件和其他有关审判工作的问题。各级人民法院审判委员会会议由

---

① 孙伟峰:《主审法官办案责任制的现实困扰与治理——基于基层法庭视角的考察》,《湖南农业大学学报(社会科学版)》,2014年第6期,第107－108页。
② 李春刚:《关于司法体制改革的几个基础性问题》,《人民法院报》,2014年第10期,第75页。

院长主持,本级人民检察院检察长可以列席,使审判委员会成为人民法院内部的最高审判组织,成为重大疑难案件的最终裁判者。笔者认为,现在的审判委员会存在设计上的问题。一是审判委员会委员组成结构有缺陷。审判委员会委员的构成一般是由院长、副院长、研究室主任、业务庭庭长、办公室主任、政治部主任等组成,让审判委员会委员的身份已经成为一种地位的象征,但事实上,行政职务高并不代表审判经验丰富。二是审判委员会"判"而不"审",审判委员会的委员通常不参与案件开庭审理,也不查阅案卷材料,仅凭案件承办人对案情的汇报下结论。如果案件承办人在汇报案情时弄虚作假或因疏忽漏掉关键细节,审判委员会委员也只能根据承办人汇报的案情做出最终的结论。而这种结论,根据法律规定,合议庭又必须执行,其后果非常严重。在新制度设计下,院长主持的审判委员会与主审法官主导的合议庭,在案件办理上属于内部监督与被监督的职能关系,而不是同一法院内部低一级审判庭与高一级审判庭的关系。[1]

第三节　主审法官司法实践中存在的问题

一、主审法官与审判长的权力冲突问题

独任制中由主审法官独任审判,不会和审判长这一角色的设计相矛盾。审判长是在审判组织为合议庭制中存在的概念,在主审法官制度推行下,主审法官被赋予了诸多权力,实行中就面临着主审法官与审判长职能相重叠的问题。审判长在我国司法实践中具有两种含义。一种是依据我国诉讼法及法院组织法规定的概念,即合议庭由院长或者庭长指定审判员一人担任审判长,院长或庭长参加审判案件时,自己担任审判长。这是我国立法对审判长产生的基本规定,由此可以看出,审判长是随机指定的,只是起到程序指挥的作用,原则上,凡是参与合议庭审理案件的法官都有机会担任这种审判长角色。合议庭作为"对具体案件进行具体审理和裁判的组织,其必须以具体诉讼案件的存在为前提,只有当法院受理了某个具体的案件之后,才谈得上要确定一个审判组织"。合议庭设置的临时性决定了审判长的临时性特点,因为合议庭不是一个固定的审判单位,当一个具体案

---

[1]　胡茜茜:《法官责任追究机制之完善》,《浙江工商大学》,2013年第1期,第65–68页。

件需要合议审理时,法院内部才会针对该案件组成一个合议庭,选择适格的合议庭成员,此时才有指定审判长的可能和必要。因为合议庭在本质上属于一个集体决策组织,因为需要在集体内部设置一个领导者、协调者进行组织、协调工作,以实现合议的目标,审判长的庭审指挥者角色也正是在这个意义上产生的。随着具体案件的审结,合议庭就告解散,被指定负责该案件进程的审判长也就没有存在的可能和必要了。理论上,存在主审法官不是审判长的情况,但是由于审判长的非固定性和临时性特点,在实际操作中可以避免,直接指定主审法官为审判长;只有担任主审法官才具有承办案件的资格,当作为主审法官的庭长、院长参加合议庭审理案件时,由其作为审判长。另一种是根据最高人民法院 2000 年 7 月发布的《人民法院审判长选任办法(试行)》规定的概念,这里的审判长不再是一个临时性的程序主持者的角色,而是具有选任条件与选任程序,按需要具体配备的固定职位。审判长有具体的任职年限,享受特殊津贴,相应的审判长也有明确的职责与权限。①

主审法官责任制,突出的是主审法官在办案中居于主体地位。在由主审法官牵头组成合议庭审理案件时,如果担任该案件主审法官的法官同时又具有审判长的身份,由主审法官直接作为审判长行使案件审理的主持和协调工作,并不会产生很大的法律制度冲突问题。但是,根据现有的司法实践,主审法官有可能不是审判长,这种情况下,主审法官的作用在合议庭中很难准确定位。

首先会出现程序性职责的冲突。主审法官责任制的设计初衷就是让主审法官具有协调和控制案件审理进程的权力;组织和协调合议庭审判活动的职责;主持庭审活动和案件评议活动的职责。这三个方面的职责与审判长的职责是重叠的,而且由承办案件的主审法官承担显然更为有效。针对这一程序性职责的冲突,法院普遍的做法是"当审判长不是该案件的主审法官时,在审判长宣布开庭后,往往由主审法官主持接下来的法庭调查和法庭辩论等庭审活动"。"因为对合议庭审判活动的组织与协调能力及其作用只有在承办案件的过程中才能得以充分体现和发挥,离开对案件的承办,所谓的组织与协调就成为对合议庭的单纯管理行为。"以主审法官为主体的合议庭模式才是符合这种集体审判活动规律的。

其次是实体性职责的冲突,实行主审法官责任制的目标就是改革审、判分离的不正常现象,让审判者享有完整的裁判权。然而,《最高人民法院关于人民法院

---

① 王丹丹:《我国法院主审法官责任制问题研究》,郑州大学硕士论文,2015 年。

合议庭工作的若干规定》(以下简称"《合议庭工作若干规定》")中却赋予审判长履行着"审核合议庭其他成员裁判文书""依照规定签发法律文书""提请院长决定将案件提交审判委员会讨论决定"等职责,在主审法官不担任审判长的情况下,本应由主审法官履行的职责被褫夺了。因此,在中央推进人民法院人事改革和主审法官责任制的大背景下,应当对审判长制度进行改革,从上述分析看来,审判长的法定职责,均可以由主审法官来承担。

二、主审法官选任困难

主审法官制的构建需要法官队伍持续的供给,但目前法官存在断层式发展,缺乏持续保障。根据实证调研资料,东部山东省①35 岁以下的法官有 2181 人,占法官总数的 16%,36 - 40 岁的法官有 1646 人,占法官总数的 12%,40 - 50 岁的法官有 7290 人,占法官总数的 54%,50 岁以上的法官有 2485 人,占法官总数的 18%。东部江苏省泰和县人民法院有 44 名法官,40 岁以上的有 23 人,30 岁以下的只有 9 名,30 岁到 40 岁之间的有 12 人。中部省份河南省 2007 年一线法官总数 4887 名,但是 35 岁以下法官仅占 25.73%,老龄化十分严重。西部省份青海、西藏、云南等省份有些县法院甚至只有一名法官。2008 年全国 22.9 万名法官中,35 岁以下的占 13.72%;35 岁至 45 岁的占 21.64%;45 岁以上的占 64.64%。法官队伍出现断层式发展,年轻法官数量的不足,会使主审法官制的推行缺乏后续力量保证。一些偏远地区法院这种情况更为严重。而且,主审法官的选任与法官员额制的推行相关。《人民法院第四个五年改革纲要(2014 - 2018)》指出结合法院审级、法官审判能力、法官工作量以及法院所属辖区的经济发展情况、人口数量等基础数据确定法官,但是这样的规定,在实践中却困难重重。依据审判工作量或审判年限确定主审法官,淘汰年轻法官,对年轻法官尤其是进入法院七八年亦即 35 岁上下的法官十分不公。② 依据审判能力确定主审法官同样存在问题,对法官能力的衡量既不能完全依据数据,也不能完全抛开数据。此外,还需要注意的问题是,选定主审法官后,无法保证被分流的"前法官"完全配合审判工作,倾心于司法审判辅助工作。主审法官与司法辅助人员无法形成配合,那么主审法官责任

---

① 郭人菡:《主审法官责任制的价值革新与范式重构》,《行政与法》,2014 年第 10 期,第 82 - 84 页。
② 叶青:《主审法官依法独立行使审判权的羁绊与出路》,《政治与法律》,2015 年第 1 期,第 15 - 18 页。

制也就失去了意义。

另外,在我国虽然各个法院已经试点推行了主审法官制,但是由于没有明确的主审法官任职条件和选任程序,主审法官的任职还处于比较混乱的状态,有些法院直接让院长、庭长担任主审法官,并不算作是严格意义上的主审法官制,主审法官应该在一般法官的基础上通过二次筛选选任出合格的主审法官。各个法院如果无法解决上述矛盾和不明确主审法官的任职条件和选任程序,主审法官选任困难的现状将无法改变,最终势必会影响主审法官制在司法实践中的运行。

三、主审法官责任制实施缺乏职业保障

十八届三中全会通过的《决定》指出不得非法调离、辞退或者处分法官,但是这样一个笼统的提法并不能解决实践操作中的复杂问题。首先,我国法院法官由人大任免,对法官的管理参照公务员序列,法官执业行政干预浓重,缺乏独立性,需要承担巨大的政治压力。有法官这么说:"主审法官独立办案、独立负责的确是独立了,但是如果本院院长对主审法官所办理案件并不满意,主审法官的政治前途根本无法保障。"不改变现在法官管理模式,任何对法官审判独立性的讨论都只能停留在理论层面。并且主审法官在进行司法裁判活动时极容易受到其他国家机构的干预,主审法官也就很难摆脱外部对其职业所施加的影响和控制。可想而知,主审法官在"内部要受到法院院长、庭长等的领导,在外部其财源被行政机关控制,晋升渠道被地方组织部门控制,任职得不到保障"的情形下,主审法官的队伍如何发展和壮大,只会使得越来越多的法官选择背离主审法官的队伍。其次,我国法官薪酬参照公务员,《法官法》虽然对法官薪酬或者津贴有各种规定,但由于没有明确的规定,至今并未落到实处。主审法官如果薪酬得不到保障,却要承担追责的风险,又怎么能够专注于公正地审理案件,不用为生计而发愁。如果对这种状况不加以改善,主审法官制将继续镶嵌在行政体制下,审判资源的大幅度流失将不可避免。再次,主审法官制对主审法官职业化和专业化素质要求很高,只有这样才能保障案件的质量和效率,因此主审法官应该接受职业培训,当前职业培训无法保障也会影响主审法官制的发展。最后主审法官职业晋升也无法得到保障,虽然主审法官的晋升参照公务员,但法官的工作考核内容与其他公务员的考核内容是应该区别对待的,因此法官的晋升也应该区别于公务员,并且建立完善的法官晋升渠道,让主审法官得到更好的职业保障。

四、主审法官责任制追责标准不确定

十八大四中全会通过的《中共中央关于全面深化改革若干重大问题的决定》提出："完善主审法官、合议庭办案责任，让审理者裁判、由裁判者负责"，却没有明确具体承担责任的情况以及相关责任内容。目前主要适用的最高人民法院的两个《办法》存在着一定缺陷，对责任追究的范围并无明确规定。到目前为止，并没有相关文件出台阐述法官需要承担责任的情形，延循"错案"的标准就削减了主审法官责任制提出的进步意义，所以有必要对主审法官承担责任的情形进行具体明确。中央政法委 2013 年出台的《关于切实防止冤假错案的指导意见》中，指出办案人员要对案件终身负责。"终身"负责，对司法办案人员有很强的威慑力，起码在短时期内，会使司法办案人员压力倍增。但是司法责任终身的提法缺少基本法理的支持，因为这样一种提法或许忽略了责任追究的时效性问题。如果办案人员的不当行为达到了犯罪程度，需要追究刑事责任，但是刑法第 87 条对追诉时效做出规定，以"徇私枉法罪"为例，其法定最高刑为 10 年以上有期徒刑，而其追诉期为 15 年，这种情况要如何"终身"负责？最高法的司法解释与刑法条文之间是矛盾的。即使法官行为不构成犯罪，一般不当行为是否就可以终身追究？本文认为借鉴"举重以明轻"的原理，追究刑事责任不能终身负责，相较于刑事责任稍轻的其他罪名也不应终身追究。

第四节　主审法官制度之科学构建

一、规定主审法官选任的条件和程序

"如果在一个秩序良好的国家安置一个不称职的官吏去执行那些制定的良好的法律，那么这些法律的价值便被剥脱了，并使得荒谬的事情大大增多，而且最严重的政治破坏和恶行也会从中滋长"。司法精英化是时势使然，当下我国的法官结构在不断地调整，年龄稍大的法官办案经验丰富，但在司法理论上比较保守，而年轻法官对先进的司法理论和司法审判模式熟悉，但是经验不够。域外国家法官的选任多从经验上考虑，如英美国家多从律师中选拔，韩国、日本则是在担任法官职务之前进行严格的考核。笔者认为，我国主审法官的选任——法官员额制的实施,在选任条件上应坚持严格规范,在程序上应坚持公开透明。

如果说法院是社会正义的最后一道防线,那么法官就是这最后一道防线的守门人。随着现代社会中纠纷的日益复杂化和多样化,法律也随之变得更加复杂,这就使得具有高深法学素养和广博学识的法官对于保证公平正义的裁判所具有的关键性意义更加突出。同时,保证法官素质还是保障司法独立的一个重要条件。一个低素质的法官,必定会经常依靠或征求上级、领导或同行的意见才能判案,很难真正实现司法独立。因此,世界各国都对法官的任职资格规定了很高的标准。在部分国家,从事法律工作的人员包括法官、检察官和律师必须经过相同的司法考试,而法官在司法考试合格的基础上还必须从事相当长时间的律师或检察官业务之后,才能得到任命。日本规定高等法院法官必须担任过 10 年以上的助理法官、简易法院法官、进修所教官、法学教授或副教授等职务。最高法院的法官应当是见识高、有法学素养、40 岁以上的人担任。最高法院 15 名法官中,须至少有 10 人担任过高等法院法官 10 年以上,或是任高等法院院长、判事、简易法院判事、检察官、律师以及其他法律规定的大学法学教授、副教授累计计算 20 年以上。在美国,法官人选是否具备正规法律院校毕业学历,是否从事过司法实践,是否具有良好的品德操守,司法业务能力如何,甚至年龄是否合适,都需要总统予以斟酌思量。以联邦最高法院大法官情况为例,资料显示,曾任最高法院大法官的人当中,2/3 以上均上过名牌的或属于所谓常青藤联合会的法学院校。最高法院的 9 名大法官均毕业于美国名牌大学如哈佛大学、耶鲁大学或斯坦福大学。

我们国家的法官素质还远远无法与其他发达国家相比较,但是要推行主审法官制,就必须要致力于提高主审法官素质,像发达国家一样严格要求法官的任职条件。因此,为加强法官队伍的职业化建设,建立符合审判规律的审判组织形式,增强法官的责任感和荣誉感,调动法官的审判积极性,提高审判质量和效率,确保司法公正,根据《中华人民共和国人民法院组织法》《中华人民共和国法官法》《人民法院五年改革纲要》以及各个基层法院制定的《主审法官选任工作实施细则》的规定,主审法官的任职条件大致可以归纳为以下几条:1. 遵守宪法、法律和法院规章制度,严守审判纪律,严格依法办事,秉公执法,清正廉洁,具有良好的职业道德。2. 取得高等学校法律专业学位、已通过国家司法资格考试且符合法官任职条件,或者系本院审判员。3. 无不廉洁办案,有三年及以上的审判实践经验,能够运用所掌握的法律专业知识解决审判工作中的实际问题;能够熟练主持庭审活动,并有较强的语言表达能力和文字写作能力;能够规范、熟练地制作法律文书。

4. 无超审限判案及三年内所承办案件无违法或明显不当的违纪行为。5. 身体健康,能够胜任审判工作。6. 具有一定的组织协调能力。主审法官的任职条件是在满足一般法官任职条件的基础上,通过二次筛选。一般法官的任职条件并不像主审法官要求科班出身、有三年及以上审判经验并且三年内承办案件无违法或者明显不当的违纪行为,可见主审法官的任职条件是严格区别于一般法官的任职条件,主审法官其专业化和职业化程度更高,这样也让案件的审理质效得以保障。另外,主审法官任职并非终身制,这与《法官法》规定的法官的产生是不冲突的。主审法官和一般法官的任职条件既有重叠也有区分。

主审法官的选任必须坚持公开透明的程序,不能由院长、庭长行政决定,而是应该制定一套合理且严格的选拔程序。笔者认为,在试点改革之初,法院内部的法官人数一般都已经超出员额,不需要从外部遴选人员进入员额。内部可以采用竞争上岗的方式:第一步,公开报名。通过自愿报名和组织推荐相结合的方式,确定候选人名单。原先的一线法官都应具有报名资格,其他岗位的人员根据其法律专业背景、工作经历等给予资格。第二步,业务测评。闭卷考试参照司法考试形式和内容,对候选人的法律知识进行测评;提取一段时间的司法统计数据,对候选人承办案件的发回和改判率、服判息诉率等情况进行评判;对无法体现在数字中的具体情况,如办理重大案件的情况需加分,造成恶劣影响的情况要减分。第三步,投票选举。组织所有干警对候选人进行投票,可以将分管院领导、部门负责人、普通干警分为 A、B、C 三类票,每类票确定不同的权重;根据实际情况,还可以让与审判工作有接触的人民陪审员、案件当事人、社会公众等有一定的投票权。第四步,公示。通过电视、报纸、网络等新闻媒介向社会公示,允许人民群众提出异议。如果有异议,再通过听证程序确定候选人是否适合担任主审法官。①

从深圳市福田区法院、北京市石景山区法院、上海杨浦区人民法院主审法官责任制改革的状况来看,虽然各地各级法院的改革模式都不尽相同,但是对主审法官选任思路大体相同,即在原来的法官队伍中选任有丰富办案经验,功底过硬的法官固定担任审判长,组织固定的合议庭成员开展庭审活动,大部分案件的裁判结果审批权由合议庭和审判长独立行使,只有少部分案件须由庭长、院长把关。主审法官的选任打破了原有的行政科层模式,打破了庭室界限,由具有审判资格

---

① 王梓臣:《论主审法官责任制的逻辑结构与实现路径》,《庭审研究》,2015 年第 4 期,第 66 页。

的人进行竞争,先是自荐,然后经过笔试、面试等考核程序,最后由法院院长任命,从原有的法官队伍中挑选出最优秀的法官担任审判长,作为审判团队的领导者。这种去行政化的主审法官选任程序,有利于"正规化、专业化、职业化"法官队伍的建设,有利于增强法官自身的职业认同感、使命感和责任感,为主审法官制改革提供了实践经验。

二、建立主审法官职业保障制度

我国长期以来,对法官的执法义务强调的多,而对他们的任职保障却又不足。各级党委、立法机关、行政机关和司法机关对法官的免职、撤职、停职、降职、降薪和调任,随意性比较大。有时,法官为维护正义要付出沉重的代价。同时主审法官的薪酬上调浮动并不大,且原来作为法官的审判人员若成为辅助人员,还有薪酬下调的可能,法官辞职做律师现象正在愈演愈烈。这意味着司法职业的逆向流动,与"从律师到法官"的正常流动相背反,将加剧"隐性代理"的发生。其实,符合司法运行规律的应当是优秀律师选拔为法官,在法治发达国家已是不争的事实。中国这种反常现象的出现,根源在于责任强化与尊荣感、待遇之间的落差失当。笔者认为应当建立完善的法官保障制度,尤其是主审法官任职保障制度,以落实和尊重主审法官的主体地位,免除法官办案的后顾之忧,实现法官依法独立、公正办案。具体做法主要有以下两点:第一,建立领导干部干预司法活动插手具体案件处理的记录、通报和责任追究制度。四中全会提出这一制度,为防止领导干部干预司法活动提供了很好的思路。落实这项制度,必须明确承担记录、通报和责任追究职能的相应机构和人员、记录的形式、通报的范围和方式、责任追究的方式和程序等问题。就法官审理案件而言,因所有干预司法活动和插手具体案件处理的意见最终都要通过主审法官或者合议庭成员才能产生效力,因此,主审法官负有记录的法定义务。如果案件承办法官受到干预或有人打了招呼、批了"条子",他有责任将有关的干预、插手的情形和内容记录下来,并且将其入卷,而且这些记录应当进入可供律师查阅的外卷。那么只要法官履行了记录及入卷的义务,即使发生错案,也能因此请求免责。第二,提高一线办案的主审法官职级和物质待遇。虽然对于法官整体的职业保障,由于涉及的外部资源较多,而且法院本身无力支付这一改革成本,基层法院还不能像广东一样将财务实行省级统一管理。但是对于员额制下严格控制人数的主审法官来说,适当提高其待遇还是有一定现实可能的。探索建立并优化主审法官的绩效工资制度,实行基本工资加绩效工资的制度。如此中级及中级以下法院的主审法官的职级和物质待遇可以提至等同于甚至超越本级法院的院长,省级及省级以上法院的资深法官的待遇可以提至等同于甚至超越同级法院的副院长。对于优秀的法官,还必须肯定其审判业绩,还是非主审法官的可选任为主审法官,优秀的主审法官可以遴选到上级法院等等。

因为我国法官管理参照公务员序列,导致我国法官在晋升机制上更多取决于上级领导的决定而非根据《法官法》的规定,这也导致我国法官在审判中要承担一定的政治压力。所以主审法官责任制的推行首先需要改变法官的行政管理模式,将法官从公务员队伍中分离出来,实行单独管理,构建科学的法官晋级制度,保证法官的独立审判权,建议采取定期晋升制度,提高法官工作积极性的同时,鼓励法官队伍的梯度成长。其次配合主审法官责任制的施行,在法官队伍内部也要进行角色定位,同医院里医生、护士的分工类似,对司法审判人员亦做分工。如当前云南法院所提倡的"1 + 1 + 1"模式,一个主审法官配一名法官助理,一名书记员,法官助理和书记员负责处理司法行政事务,主审法官负责亲身审理案件,保障法官身份的唯一性。

实行院长、庭长"权力清单"和"负面清单"制度就是为实现"让审理者裁判,由裁判者负责"的司法改革目标,这两份清单很好地厘清了法院院长及庭长的权力边界,清晰地将审判权、审判监督权、审判管理权区别开来。《试点方案》指出,院长、庭长行使监督权必须全程书面留痕,全程书面留痕制度如何落实到位是整个方案推行顺畅与否的关键,如何防止院庭长以监督权、管理权的名义干预主审法官办案应该是完善审判责任制改革的重中之重,如果主审法官出于对院庭长权力的畏惧或出于对这些资深法官的尊重而违心接受其干预意见,那么完善审判责任制改革则陷入困境。行政化色彩浓厚之下的法院审判权力运行机制,如果要实现主审法官说了算,不仅仅需要"权力清单"与"负面清单"这类制度武器清除对"主审法官说了算"的羁绊,还需要继续完善配套制度改革,从根本上赋予主审法官敢于对各类干预全程书面留痕的勇气。

只有责任的加重却缺乏利益的刺激,势必导致更加严重的法官流失,主审法官责任制度提出以后,在现行法官薪酬制度没有变化的情况下,已经出现了"法官辞职潮"。2015年初北京市中伟律师事务所发布公开招聘法院、检察院辞职人员的公告得到众多响应,从中可以窥探目前法院系统中法官在压力下的躁动不安。这种现象从经济学角度很容易理解,人具有理性和天然的趋利避害性,一份工作最大的吸引力在于他是否能够满足生活需要。法官这个职业也不例外,法官身份的特殊性不仅对法官的工作有严格要求,对法官的生活圈子也有严格限制,更何况在职业过程中还存在很多风险。当前我国很多地方的法官收入偏低,主审法官责任制施行后,责任比之前加大,但是薪水并没有随之调整,所以很多法官选择其他为其个人带来更高收入和地位的工作无可厚非。鉴于这种情况,有必要对主审法官的薪酬进行调整,主审法官责任制度建立后,主审法官的待遇比普通法官、司法辅助人员要高,必须在工资上给予主审法官以看得见的"诱惑",虽然有论者提出"高薪养廉"的不可行性和虚假性,但是就目前中国的司法实际,对主审法官试行高薪制,绝对有利无害。另外,亦可参照国外法官,对主审法官设立养老基金,每个月存入定量的金额,作为对主审法官认真工作的奖励,同样会大大刺激法官的工作积极性,而不再因外界的诱惑渎职或陷入贪腐的深渊。

主审法官是运用裁判权力体现法院功能的直接主体。为了保证其职业素质的不断提高,以便适应法律、经济、社会的变化,做出及时的修正。除了日常工作过程中的业务学习和经验总结外,还有必要建立正式的主审法官培训制度。这种培训可以分为定期和不定期两种。定期培训可以按季度进行,固定培训的时间,根据就近一致的原则,按区域或最高人民法院组织远程培训。主要包括主审法官的审判经验交流、疑难案件分享及分析、职业道德等方面的内容。不定期的培训则在发生某些和审判有关的重大事件时进行,主要是掌握法律、法规和司法解释制定或修改,集中学习党中央或最高人民法院关于司法改革的纲领性文件,并商讨其所涉法律和精神的具体落实措施。

三、明确主审法官的权力范围和职责

目前我国法院的案件基本可以划分为以下四类:简单案件、普通案件、疑难案件、特别疑难案件。对于简单案件应该由主审法官审理,案情明确、证据充足的普通案件也应交由主审法官审理,疑难案件或特别疑难案件组成合议庭审理或者审判委员会审理。主审法官独任审判简单案件,独立签发裁判文书,对独任审判案件终身负责。合议庭审理案件,主审法官集体签名,集体对案件承担责任。审判委员会审理的案件则是全体成员意见均记录在案,各自对案件责任负责。笔者认为《海南省法院完善司法责任制办法(试行)》可以参考,主审法官权力主要有:组织庭审;确定案件审理方案;自主判断案件程序和实体问题;指派审判辅助人员完成辅助工作;自主撰写审理报告、裁判文书;自主决定审判相关人员的回避;自己组织主持案件研讨等,以此将主审法官在审判中的权限具体明确。

中共十八届四中全会强调:推进以审判为中心的诉讼制度改革,实行办案质量终身负责制和错案责任倒查问责制。实现主审法官制,按照一定的条件和标准,选拔优质法官担任主审法官,并对其具体权限及相应责任进行规范。在审前准备阶段,主审法官负责调查取证、举证期限、证人出庭作证、采取诉讼保全、证据交换等事项;在审理阶段,负责主持庭审活动;在案件合议阶段,负责报告基本案情并主持合议工作;在判决阶段,负责起草判决书,无论是否经过审委会讨论,均以合议成员或独任法官的名义做出,有助于全面提高办案质量和效率。一是赋予主审法官签发裁判文书的权力,取消庭长、主管院长审批案件的权力。二是明确合议庭主审法官与其他成员之间的责任。具体而言:主审法官对审前准备程序中的事项负责;在合议庭讨论案件时,主审法官对案情的介绍、说明的客观性与全面性负责;合议庭案件讨论意见一致,主审法官承担与合议庭组成人员同等的责任,讨论意见不一致,主审法官可以决定采纳何种意见。三是独任审理主审法官全权负责。在独任审理案件程序中,主审法官对案件的程序和实体问题承担全部责任。从审前程序到案件审理程序及判决的做出与签发,主审法官全权负责。

四、明确主审法官错案责任追究制度

主审法官依法独立行使审判权,从正面保障的角度来看,要求其享有相应的审判权限,从反面督促的角度来看,就要求明确错案责任的认定和承担制度,责任认定标准和承担制度不明,往往容易导致主审法官不敢独立办案,不想独立行使审判权,转而依赖层层审批案件请示等方式来化解办案风险规避审判责任,因此,要逐步统一错案责任认定标准,明确错案追究的主体和启动程序,完善我国错案责任追究机制,才能更好地推动主审法官制度的运行与发展。

主审法官制度的构建和完善不仅要强化主审法官的权力,也应当建立完善的责任追究机制,使得主审法官在行使这一权力时必须受到有效的监督和制约,防止该制度的负面效应溢出。当主审法官独立行使审判权出现错案时要追究其相应的责任。

首先,要明确"错案"的认定标准。在全国不少地方法院都存在着将上级法院直接改判或者发回重审的案件视为"错案",一旦这种"错案"超出规定标准,法院就会失去评先进或者获得奖金福利的机会,至于那些经常"错案"超标的法官,就可能因为拖累了本法庭、本审判组的业绩而备受争议和歧视。以这种强调判决结果明显错误的绝对客观标准来评价法官的审判质量虽然是简单划一,却是有失公正的。因为一个案件的判决绝不像数学题那样最终只有一个正确答案，即使法官都严格依据法律来裁判案件，对同一案件也完全可能得出不同看法。追究法官的错案责任，应结合法官违法或者不当的行为来判断。如果存在主观故意的徇私枉法、徇情枉法行为导致的错案则应依法追究其刑事责任；若是因为未尽职责、缺乏庭审基本技能等客观过失则也应依据相关处理办法做出惩戒；若是基于正当的法律程序，法官依据其中立地位和独立身份做出的判决，即使被认定为错案，也不应该追究其法律责任。在一些案件中，主审法官可能出于自己对案件事实的分析、对法律规定的看法对案件做出判决。正如美国法学家劳伦斯·弗里德曼曾说："我们很难说判决是对是错，只要判决是依法做出的就是对的，即使我们对结果感到遗憾，也不能说它是错误的。"因此，我们应该明确虽然错案不仅包括法官故意违法行为造成错案，还包括法官过失造成错案，主审法官在独立行使裁判权出现错案的情况时，被追究责任的仅应是故意违法行为造成错案的情况。

其次，完善主审法官错案责任的承担。错案责任的承担，直接影响主审法官的荣誉、前途乃至职业命运，是极其严谨的司法行为。因此，我们不能将裁判结果的正确与否作为主审法官是否承担错案责任的标准，而是应该要逐步细化和明确错案的具体类型，根据不同类型、不同情形来具体判断法官是否要承担错案责任。要知道在现实的司法操作中很难有法官可以做到将所有的法律条文、规则、原则等熟记于心，理解上的不同可以作为责任承担豁免的理由。更何况为了维护主审法官的独立性，维护其自由裁量权的行使，主审法官承担错案责任的情形为：在审理、裁判过程中出现违法性行为以及明显不当的违纪行为，并且因这种行为而产生了不当结果的情形，反之正当行为下产生的结果我们不能要求主审法官承担责任。具体地说就是承担的情形需要在客观上法官有不当行为，主观上存有故意或明显过失，这个情形承担错案责任，对法官来说才是公平正义的。

我国法院现今采取的责任追究机制主要是错案责任追究制，即通过对不依法履行职责，造成错误案件的司法人员追究纪律、法律责任，从而维护司法公正的一种管理制度。建立错案责任追究制有着一定的积极作用，有利于增强法官的责任感，提高法官的业务水平和能力，提高审判质量，保护当事人的合法权益，但最重要的还是能够一定程度地防治司法腐败，促进司法公正。即便错案责任追究制有一定的积极作用，但该制度仍然存在着一些缺陷和不足，主要体现在：1. 如上面所论述，各个法院对错案的认定标准含糊不清。2. 错案责任追究制没有统一的责任追究程序。实践中各地法院关于错案责任追究的程序各不相同，主要有绩效考核扣分、限制提拔任用、限制晋职晋级等办法,现实中也不乏因当事人采取信访等过激手段而被迫丢掉饭碗的现象。3. 错案责任追究制扼杀了主审法官的办案积极性。由于社会矛盾纠纷的复杂性,案件的情况变幻莫测,办理案件作为一种复杂的综合性工作,每位主审法官都不可能保证案件的绝对正确性,如果办理了错案就要被追究责任,无形中会加大主审法官的心理压力,法官会产生少办案件、推卸责任、不愿主动纠正错案的情绪,降低法官的办案积极性。因此笔者建议,我们可以参照上文中对于错案的认定和承担制度的观点,进一步明确在主审法官制度下,由于法官的数量会大大减少,主审法官的权力更加集中,如果仍然采用错案责任追究制,法官独立审判的地位会遭到破坏,使法官产生畏惧心理,必定会发生逃离主审法官队伍的现象。因此在主审法官制度下,我们应跟错案的认定和承担制度观点相一致,只有在主审法官出现违法性行为和明显不当的违纪行为时才追究其责任。简而言之,主审法官制度下,我国法院的责任追究机制应该进一步完善为违法行为追究制。

我国现行法律规定的法官责任追究程序充满行政色彩,必须对该程序加以规范。在法官责任追究主体上仍然保留院长和监察部门,因为院长对本院各项业务有监督的义务,独立的监察部门在责任追究上会更加公正。在主审法官责任追究程序上可以做如下规划,在法院内部设立系统的监督机制,即投诉建议机构、监察机构和起诉机构都需要相应的人员配置。在具体操作上首先要敞开投诉渠道,任何公民、团体、组织均可以针对主审法官违法违纪行为向法院专门监督机构进行投诉,专门监督机构受案后派出本部门成员对被举报法官展开调查,并在法院监察部门辅助下对该主审法官违法行为进行初步调查,并收集相关资料。经过初步调查认为有追究必要,可将案件全部转交法院监察部门,由其做出相应处罚;认为没有达到追究程度的,可以将案件移交该院院长,由院长私下进行批评教育。法院监察部门收到上一机构转交的案件后,安排调查人员对涉事法官进行深入调查核实,认为符合指控条件的可以将案件递交法院起诉部门,由起诉部门确认是否追究主审法官责任,认为应该给予处罚的可直接参考诉讼程序追究主审法官的刑事责任。认为无须做出处罚的则对该案件进行保密处理,将案件转交院长,对该法官进行批评教育。在这一套追责程序中必须注意各个部门工作的开展必须独立进行,而不应接受任何机关团体的干扰,以保持其公平公正。

最后,我们还应该注意,在主审法官制度下,除了要明确错案的追究机制和程序外,还需进一步建立法官责任豁免制度,保障法官司法豁免权。法官享有的职业豁免权,即法官履行审判职责,非因故意或重大过失,非因法定事由,非经法定程序,享有免受责任追究的权利。西方国家为了免除法官无故被追究责任的后顾之忧,保障法官独立审判,广泛实行法官责任豁免制度,在主审法官制度下法官享有的权力更大,承担的责任也更大,如果没有法官责任豁免制度作为保障,必定会使主审法官时刻担心自己的身份、地位与前途,从而不能够安心于审判,也会使主审法官独立审判遭到破坏。因此,为了保障法官的司法豁免权,在构建主审法官制度时,还应该建立法官责任豁免制度与之相配套。

五、建立科学的主审法官考核制度

鉴于主审法官在主审法官责任制施行中的重要影响,有必要对主审法官加以考核,避免主审法官的独立审判走向独裁。考核的主体应当侧重于整个审判团队。不过分突出主审法官个人,重视整个团队作用的发挥,只考核主审法官个人的工作,将审判的成果只归于主审法官一人,会损害审判辅助人员的积极性,亦容易使主审法官妄自尊大。考核的内容以主审法官实际办案效果为准,不只是以上诉率、发回重审率为参考。首先对主审法官的考核应主要集中于案件质量这样一个实际的标准,其次还应该注意主审法官审理案件的效率,避免有些法官以保证质量为由拖延案件进度。考核的评价不要单纯依赖《法官法》中合格、优秀、不称职的标准,而是要更加多元和实际。以不损害法官工作积极性为前提,以不破坏法院工作和谐为基线,以提高法官工作质量为目的。奖励优秀的审判团队,对其审判业绩加以肯定,对主审法官给予物质奖励,如养老基金,或者设定为遴选的对象,遴选到上级人民法院,对非主审法官可划定为"准主审法官",当然主审法官并非实行终身制,对虽没有违法性行为或者行为明显不当需追究其责任,但对考核不合格的主审法官应该降为普通审判员。对主审法官的考核,必须坚持中立原则,舍弃当前所规定的不合理的行政性指标。主审法官的考核应着眼于案件的质量和效率,尤其案件质量。至于由谁考评,需要仔细设计,笔者建议不应该由法院内部成立专门组织进行考核,而是应该建立一个由法官、律师、专家学者、案件当事人代表等组成的中立性的"主审法官考评委员会"。只有这样才能使评价考核更加客观真实,从而避免内部相互包庇、遮掩的现象,同时有法官、律师、专家学者、案件当事人代表等组成的中立性的考评委员会,其成员并不是固定不变的,另外它不隶属于法院、人大、政府等行政单位,不失为去行政化干预的有效手段。

第三章

主任检察官制度

第一节　主任检察官制度的法理基础

一、主任检察官制度的概念

由于主任检察官制度还是一个正处在改革试点中的制度,所以目前还没有立法层面上关于该制度的权威性界定。有学者认为,主任检察官制度是由主任检察官和一定数量的检察辅助人员所构成的办案小组,该小组成员在同级检察长和检委会的双重领导下,对各自职权内的事务享有独立行使之权利,并承担案件责任的制度。[1] 也有学者认为,主任检察官制度是根据检察院不同办案部门各自的需求,通过公开公平的方式,选举出数名主任检察官,并通过为选举出来的主任检察官配上一定数额的普通检察官、助理检察官以及书记员等辅助人员作为一个独立的办案单位,最后在主管检察长和检委会的双重领导下,对职权内承办的事务享有部分决定权,并对相关案件承担责任的法律制度。[2]

所谓主任检察官,是指在检察机关中,同时具备良好的职业精神和精湛的工作能力、并且能在授权范围内独立开展检察业务的一类检察官,并且是经过了严格的选任程序,能在授权范围内独立而正确地行使检察职权的资深检察官。主任检察官制度,则是主任检察官与数名普通检察官、书记员等辅助人员组成的办案

---

[1]　张元鹏、李寿荣:《论主任检察官办案模式》,《法制与社会》,2015 年第 4 期,第 129 页。

[2]　张龙:《主任检察官制度的去行政化研究》,《黑龙江省政法管理干部学院学报》,2014 年第 4 期,第 112 页。

小组在同级主管检察长和检委会的指导下,在职责权限之内,对承办的检察事务行使部分决定权,最终承担一定相关责任的制度。

二、主任检察官制度的特征

随着司法改革的进一步深化,不仅对检察机关办案的专业化提出了更高要求,还对检察序列中的人才管理提出了挑战,所以和原来行政性的多层级审核模式、以及先前推行的主诉检察官制度比起来,主任检察官制度的特征集中表现为如下三点。

(一)办案管理机制去行政化

首先需要明确的是,检察权作为司法权的一种,该权力的行使与行政权的行使有所不同。前者注重个体的独立性判断以及对流程的有效监管;后者强调集体创制和层层报审。具体针对行为的方式,前者要求主任检察官对承办的案件亲自进行处理,从而在案件的事实认定上和法律的适用上,要求具有亲临性以及自主性;而行政化的办案模式之下,听下级汇报以及看呈请报告的这种间接的行政式审批方法,由于缺乏亲历性,就很难形成一个客观的心证。所以,针对检察系统的这种特殊职业来说,需要在法律上明确规定主任检察官的承办权和决定权具有高度一致性,只有在疑难、重大案件上有必要对决策进行把关的,才需要由主管检察长进行审核。[1]

在主任检察官制度的办案框架下,主任检察官尽管同时还兼有副处长一职,但是在具体职责权限上,和处长严格区分,真正达到司法权和行政权完全分离的目标。此外,主任检察官只需要对其小组内部的事务负责,并对组内成员承办事务的处理结果和检察过程中的专业化课题享有一定的权威。以刑事案件一审为例,从案件最初受理、检察院审查起诉、决定起诉、检察员出庭支持公诉,一直到法院的审理判决的各个环节均是由主任检察官在其职责权限范围内对案件做出决定或者建议,而不是处长。处长只在其处室内部享有一定的行政管理权,比如有关处室的年度规划、人才建设、思想教育等方面行使其职权,相反对于内部成员承办的具体检察事务通常不会插手。通过这样的分权,使处长和副处长在各自的职权范围内行使权力,提高检察系统的管理效能和办案效率。

---

[1]　张瑞良:《检察官办案责任制改革的调查与思考》,《楚天法治》,2015 年第 9 期,第 203 页。

（二）业务决策的扁平化

行政机关各个职能的实现依赖其各个组成部门和内设机构的各司其职。与行政权相区别开来的是,司法权是以公平公正为其最终的目的,以独立为其权力运行的依据,且司法机关和行政机关在具体的人员设置、权力属性和权力运行机制等多方面都有所不同。检察官作为检察系统职能实现的主体,其检察权能的实现不是依赖于系统内部各机构职能的落实,而是依赖于检察官依法独立的履行其检察权。从这个层面来看,检察官即应该在具体业务上享有完全的独立性,这样,创建一种全新的以检察官为中心的办案组织模式,从而让检察官承担起检察权能实现的重大责任,而非意识形态领域的"机构"上。① 所以,承办检察官在具体的办理案件过程中,除了法律有明确规定需要由检察长或者检委会做出决定的,其他事务理应由办案检察官独立对案件做出决定。②

此次主任检察官制度改革的重点是放权,是专门就原来办案过程中出现的层层负责和把关所带来的办案效率不高、责任不明和错案追究难等问题提出的,因此规定主任检察官享有检察事务处理的决定权很有必要。主任检察官作为案件的承办者,通过直接接触案件,并对案件做出独立的分析判断,实现检察官的相对独立。通过这种内部分工,在检察官、主任检察官、检察长之间形成一个有机的整体,各自在职权范围内行使职责,权责分明。承认主任检察官的相对独立性,能够更好地调动检察队伍的工作积极性,从另一角度来看,对案件质量的保证也是相当有必要。另外,肯定主任检察官这一主体的独立判断性与自主决定权,对于弘扬法治精神、防范行政不必要的干预、维护司法公正也是大有裨益。

（三）办案主体的职业化

在传统的行政化管理方式之下,当前行政职级的有限性不仅会严重地限制检察官个人上升的空间,还会对其自身职业规划造成严重阻碍,目前由于专业化检察人员的缺乏,导致检察序列的精英化建设受阻。传统的案件审批方式,使得检察官在处理检察事务过程中,不仅需要事先经过该部门负责人的审核批准,同时还要求遵循检察长所做的决定。因此,身在这样的行政式层层审批的体制当中,也只有通过晋升的方式才有机会获得办案的审查权以及决定权,同时才有可能实

① 孙力、曲力慧:《从主诉检察官到检察官——对检察人员分类改革的思考》,《国家检察官学院学报》,2016 第 2 期,第 77 页。
② 王映:《主诉检察官制度研究》,《中国法学》,2009 年第 2 期,第 77 页。

现事业追求和个人目标。但是实践当中,在检察官业务熟练之后,其综合能力得到上级机关的高度认同,此时,检察官极有可能离开办案的一线,而作为二线的监管者。在当前司法行政化的背景下,真正留在一线承办案件的检察官大多为资历尚浅、经验欠缺的初级检察官。但司法活动相比较其他社会活动而言,技能化要求更高,对实践者的经验方面和法律素养要求更严格,一线由于缺少这样的检察人才,难免会导致司法质量得不到有效保证。

推行主任检察官制度,并且把主任检察官这一主体定位为一级专门的检察官官职,不仅可以更好地选任和培养检察人才,还可以有效地留住人才,真正实现检察事业可持续发展的目标。同时,关于主任检察官精英化的界定,也说明未来主任检察官这一主体有成为检察业务专家的趋势,因此将会给这类检察人员打开职级上升的渠道,使其更加集中精力在业务攻克上,这样设置的结果就是把检察队伍中的骨干精英和其他行政管理性人员、辅助性人员等区别开来,同时这样的界定也是顺应了当前司法改革过程中实现检察人员分类管理的要求。①

三、主任检察官制度的法理基础

(一)司法权理论

依照《中华人民共和国宪法》第 129 条的有关规定,检察机关作为我国专门的法律监督部门,负有法定的监督职责,这不仅体现了我国政治制度的特点,同时还体现了我国现行司法制度的特色。

检察权属于司法权的一种,和立法权、行政权一道构成现代民主法治的权力体系,各自肩负着重要的职责和使命。司法权独特的属性决定了它不同于另外两个权力的特点,比如它的独立性、中立性以及裁判性等等。② 其中裁判性与独立性主要表现为司法机关能有效地在排除外界的不当干扰的情况下,查清事实、分清是非。以此作为衡量具有司法属性的标准,而检察机关所享有的法律监督权同样也有着这样的特性。③

司法活动的内在运行规律集中体现在权力运行中所表现的亲历、独立、公开等特性,它是检察机关在办案过程中理应必须遵循的基本准则。而从现行的检察

---

① 李迅华:《检察官职业化实现之途径》,《中国检察官》,2014 年第 5 期,第 34 页。
② 韩钢:《司法权基本属性解析》,《宁波大学学报》,2011 年第 4 期,第 107 页。
③ 李学林:《我国检察权研究》,《中国检察官》,2009 第 6 期,第 37 页。

组织结构和运行模式来看,它是以"三级审批"为其主要特点,显然与独立性、亲历性等司法规律不相符,其直接后果就是影响到检察权的公正行使。

(二)检察官独立理论

检察独立并不是严格意义上的绝对独立,而是相对的。广义上来讲,它包括对内对外两个层次。对外,各个官署作为检察系统重要组成部分,对外实行独立。我国《宪法》《刑事诉讼法》以及《人民检察院组织法》均明确要求检察院作为我国司法机关,不但要在具体的机构设置上有别于立法机关与行政机关,同时还要在具体职能行使时专门设置干涉排除机制。对内,检察官作为单独的个体,主体不仅属性明确,而且地位独立。事实上,根据国际通行办法,检察机关所要求的独立通常表现为检察官个体在办理具体案件时的独立。按照1991年国际检察官协会(IAP)颁布的《检察官权利规定和责任要求》的第2条之规定,检察官在行使具体检察事务活动时,必须始终保持独立、公正、亲历以及连贯。另外,有观点提出检察官的独立还可以体现在其他方面,比如独立的司法意识、司法行为以及司法责任等。①

而主任检察官相比一般检察官而言,作为司法官员中的一员,应该有着更高的职业操守,在办理具体的案件当中,根据案件查明的事实和所应适用的法律,形成内心确信,然后做出独立的判断,而不是全然地服从上级的指令。另外,从主任检察官作为一名法律监督者的身份来看,理应享有广泛的权力,如果在其行使职权过程中,被上级肆意干涉,其结果不仅会导致个案的不公,还会造成法律监督的缺失,从而对整个法治也会造成严重的影响。因此,对主体独立性的保障,首先就需要强化主体的司法官属性而逐渐弱化其行政官属性,建立起以检察长为直接领导、主任检察官和检察长直接沟通的办案机制,打破以往行政化多层审批的格局,使检察官在处理检察事务时能够实现真正意义上的独立。②

四、主任检察官与主诉(办)检察官的关系

我国之前在部分地方曾试行过的主诉(办)检察官制度和现阶段的主任检察官制度有一些相同的地方,比如都有对检察官主体履职过程中的工作方法进行创

---

① 耿磊,孙强:《关于主任检察官职能定位的反思与建构》,《法治文明与法律发展》,2015年第2期,第12页。

② 陈宝富:《论主任检察官制度的创新实践》,《检察风云》,2013年第10期,第30页。

新的举措,都想要打破检察系统内部长久以来行政化的多级审批制,从而更好地调和办案的司法化与管理的行政化之间的紧张局面,积极探索出一条去行政化、符合司法运行规律、能够顺应时代潮流的办案模式,通过赋予检察官这一主体相应权责,实现"谁办案谁决定、谁决定谁负责"的权力机制。① 此外主诉(办)检察官制度还创建了一个独特的小组办案结构,小组中由主诉检察官担任组长,另外再配上三到五个检察辅助性人员,主诉(办)检察官以小组总责任人员的身份,对小组内部承办的案件和有关事宜进行处理,这些举措在当时取得了良好的效果,不仅对于检察人员主体素养的增强、处理检察事务效率的提高以及检察自身属性的强化有重要作用,而且对于检察权运行方式的规范化也大有裨益。这些有益的成果无疑给现阶段主任检察官制度的探索提供了非常宝贵的经验。可以说,主任检察官制度是对主诉(办)检察官制度的深化和改良。

但是从设计主任检察官这一主体地位的最初目的来说,和主诉检察官比起来,有很多不一样的地方。其一是两个制度的定位不同。主诉检察官制度在改革后期受阻,究其原因是改革过程中过度强调办案主体的责任而对具体的职级问题没有妥善处理,主诉检察官仍然只是一个普通的岗位而已。但是在主任检察官制度的探索当中,主任检察官成为一个实实在在的官职,它是根据《检察官法》做出相关规定,对检察权予以重新认识,从而将检察人员队伍予以精细化。另外,随着系统内部分类管理的进一步深化,主任检察官也成为序列中的一类,其职级最高可上升为正处或者副局。其二是权力配置的不同。依照之前主诉检察官制度改革的实践,在具体的检察事务处理过程中,处在检察长和主诉检察官中间的部门负责人会对承办主诉检察官享有部分领导权。但是在主任检察官制度改革探索中,主任检察官这一主体在办案时是独立的,直接接受主管检察长的领导,处在中间的部门负责人不能任意干涉主任检察官所作出的决定,因此,主任制成功地将行政管理活动和业务活动实现了有效分离。其三是选任要求不同。主诉检察官的选拔强调资格的考核,着重于检察人员的综合素质,但是主任检察官不仅作为办案小组的总负责人,同时作为检察长下面承办业务的骨干,其选任更偏向于精英式的选拔,是将检察人员的办案能力、工作业绩、道德品行等做一个全方面的考查。

---

① 罗昌平:《主任检察官制度构建的必然性和可行性》,《人民检察》,2016 第 1 期,第 17 页。

第二节　主任检察官制度实践中存在的问题

一、主任检察官制度在司法实践和立法认可之间尚存在一定的差距

制度的推广如果缺乏法律的承认,那么司法实践中就难免会产生一些问题。首先,即使该制度在法理基础和司法实践上都有其合理性,但是在得到法律的承认之前仍是无法可依,因此,该制度从最初的试点就有一些缺陷。且正是因为缺乏法律的认可,在运作过程中就会由于缺乏规范性,操作具有很大的随意性,再加上权责利机制的不健全以及职业保障措施不完备,无疑都对该制度应有作用的发挥产生影响。其次,主任检察官的主体地位不明确。现行的《检察官法》《人民检察院组织法》以及有关法律法规都没有在立法层面对主任检察官这一主体做出明确界定,即便是新修改的《刑事诉讼法》也同样如此。由于法律层面上的缺乏,不仅会造成主体在组织以及职级方面的地位缺失,同时还会对职责的权威性造成影响。根据《人民检察院刑事诉讼规则》的第 3 条之规定:"人民检察院办理的刑事案件,主要由检察官承办,经部门负责人审查,最终由检察长或者检委会决定。"这一规定明确把案件决定权交给了检察长或检委会,并给予中间部门负责人一定的审查权,显然和当前试点推行的主任检察官制度有冲突。所以,在有关规定正式出台之前,该主体在行使具体诉讼权力的时候就缺乏制度层面上的有效保障。

二、对主任检察官制度的性质认识还不够准确

制度探索的出发点是为了解决传统公诉部门的行政审批问题,通过选拔一批综合能力强的主任检察官,从而建立起符合司法规律的、权责利统一的检察机制。但是,改革过程中主任检察官还不能完全地摆脱原来权力化的价值倾向,许多检务人员也还没有形成专业化的认识。由于受传统检察系统人事制度的影响,试点过程中也无法完全实现改革去行政化的目的。以北京市检一分院为例,该院试图通过赋予主任检察官这一主体以副处长的行政职务,以期对原来检察人员有关权责利不对等的问题加以处理,但结果不尽如人意,究其根源,由于在职位总名额相对固定的情况下,单纯增加公诉部门的名额,缩减其他部门的名额,不具有长期性,另外,还有可能造成主任检察官更偏重于副处长的行政职位,久而久之会脱离办案队伍,异化为另一种"小处长",出现与该制度去行政化的目标相悖的结果。[1]

三、主任检察官制度的体系构建与实践流程之间存在不合理和欠规范之处

改革试点过程中,办案模式是以小组为单元,但是各地探索时难免出现形式不一的现象,比如4人组、5人组、7人组不等。此种情况的出现,有受原来办案理念的潜在影响因素,同时也和办案主体的办案习惯、小组成员内部私人关系等有着密切联系。这种情形虽然有其合理之处,但从制度改革的初衷来看,这样的办案结构的不规范性,与改革的要求不符。

四、主任检察官自身的权力需求与责任承担之间存在冲突

由于该制度将检察权能予以了重新分配,给予主任检察官更加充分地自主决定权。放权对于此次改革至关重要。由于受原来办案模式的影响,初任主任检察官对于赋予的自主决定权,尚缺乏一定的准备以及行使的信心,原来的公诉模式造成检察官对责任承担的严重依赖,因此试点初期一旦超出原来的职责权限,主任检察官就很难掌控,错案倒追机制也是其担心之一。放权的不充分,以及责任承担的不断加重,导致权责利不统一局面的出现,很容易造成主任检察官在有些情形不愿或者不敢坚持自己的观点,严重影响权利的有效行使,最终导致制度流于形式,主任检察官依然扮演着"承办人"的角色,大部分事务仍然严重依赖部门负责人的审查以及主管检察长的决定,这与改革初衷背道而驰。

第三节 主任检察官制度设计

一、规定主任检察官任职条件

鉴于主任检察官特殊的身份,因此需要建立一套相对完备的针对该主体选任条件、程序、考核、退出等方面的配套机制。由于主任检察官除有些案件需要自己办理之外,另外还需要对小组成员的办案文书进行质量把关,并承担业务指导等

---

[1] 高保京:《北京市检一分院主任检察官办案责任制及其运行》,《国家检察官学院学报》,2014年第2期,第55页。

行政管理方面的职能,因此和一般检察官比起来,尽管主任检察官享有的权力更大、社会地位更高,但承担的责任也更重。所以,在主任检察官的选任条件和选任程序等方面需要设置更高的标准,只有如此,才能保障主任检察官队伍的人员素质和办案水平。

第一,在选任条件上,《中华人民共和国检察官法》第十条针对担任检察官的条件已作了较为明确的规定,而主任检察官的选任除了要满足这一基本条件之外,另外在逻辑思维能力、案件处理能力、实际办案经验、学识功底程度以及个人道德素养等各方面都要进行综合的权衡和考量。① 以下方面是需要考虑的:1. 专业的限制,即主任检察官所学专业必须是法学;2. 资格的限制,必须已经通过了国家司法考试;3. 经验的限制,由于胜任一般检察官即需要具备一定时间的实践经验,因此对主任检察官的要求相应会更加严格,比如担任检察官至少需要有从事五年检察官助理的经验,则担任主任检察官至少需要有从事八年检察官经验才能有资格任职。

第二,在选任程序上,针对通过了主任检察官初级考核的检察人员,实行试用期制度,只有在试用期间能够认真完成各项工作,且各方面都需表现特别优秀的预备主任检察官才有可能转正。另外,在试用期间,各地检察院设立的专门监督小组会对预备主任检察官的工作进行监督,实行定期或不定期的考核,经过考核期,如果发现存在严重违法乱纪的预备主任检察官,应及时取缔其资格;而对于其中工作认真负责、能力出众的预备主任检察官,考核通过之后,由主管检察长正式任命其为主任检察官。通过对主任检察官的选任程序予以规范化,使制度运行过程中有章可循,同时根据各地方实际情况的不同,因地制宜地做出适当的变通。另外,为了避免变通的随意性,调整后的方案需要上报到上级检察机关,由上级检察机关最终予以审核。这种变通的做法不仅可以保障制度的灵活性,同时还可以有效地避免权力被滥用。

第三,在遴选机制上,坚持主任检察官在普通检察官中优先选拔、上级检察院检察官在下级检察院主任检察官中优先选任的机制,实现系统内部"普通检察官—主任检察官—上级检察院检察官"三级人才逐级流动机制。② 这种人才流动

① 曾国真:《浅谈检察官专业化建设》,《中国检察官》,2010 年第 4 期,第 83 页。
② 刘万丽:《我国检察官管理制度重构——以激励理论为研究视角》,《法制与社会》,2014 第 8 期,第 23 页。

机制对于构建主任检察官制度有着极其重要的作用:首先,它可以有效地保障检察人员队伍的科学合理配置和良性运行;其次,它可以拓宽基层检察人员职业发展空间,最大限度地调动其工作积极性;最后,它对于上级检察院检察官积累基层工作经验、提高业务能力、增进对人民群众的工作感情、增强在对下级检察院进行业务指导时的针对性和权威性等方面都有着举足轻重的作用。

这种层层递进式的选任标准会对主任检察官制度下的检察官人才队伍的素质、办案效率和办案质量起到有效地保障作用,在相当程度上推动了司法体制改革的进展。

二、明确主任检察官职权

根据目前我国主任检察官制度所处的阶段,检察系统内部的部门负责人这一职务还有其设置的合理性和必要性。因此,需要对主任检察官和部门负责人双方的职责与权限进行科学合理的界定。

目前正在进行的制度试点,重点强调主任检察官的主体地位,以期达到还权于主任检察官的目的,切实保障检察权的正常运作,通过专业化分工以及扁平化管理的构造,来打破传统"三级审批制"办案结构。① 所以,针对以前一直处在中间审批阶段的部门负责人,为了有效排除其对主任检察官办案时的干预,应当明文规定部门负责人不能再对主任检察官行使案件审批权。与之相应的是,部门负责人的职能重心也需要由原来的案件审核逐渐向事务类转移,比如部门内部行政管理和人事后勤等事务。另外依据检察一体化原则,部门负责人在履行其具体的行政管理职责时,主任检察官仍需要听从其指导。

需要注意的是,虽然规定了部门负责人不能再对具体案件行使审批权,但是不能由此就认为其对以后检察官处理的任何检察事务不再过问,特殊情况下,他也需要主动发挥监察职能,监督承办检察官办案时的部分法律和程序问题,一旦发现有任何不合法的现象,或者对案件的认识和主任检察官有很大的分歧,有权将该案提请主管检察长来决定。

如果在主任检察官和组内普通检察官、助理检察官之间的权责分配上,由具体承办检察官行使办案权,然后由主任检察官行使最终定案权,强行将办案权与

---

① 黄凯东、张建兵、张涛:《主任检察官办案责任制之制度逻辑》,《人民检察》,2016 年第 5 期,第 62 页。

定案权分开,无异于是剥夺了承办检察官原本对案件享有的决定权,严重不符合司法运行的客观规律。

新一轮司法体制改革的重点之一就是去行政化,同时,去行政化也是主任检察官制度得以试点推行的主要原因。若在该制度试点实践当中,实行主任检察官的审批制,毫无疑问会重蹈"三级审批制"的覆辙,不符合改革的目标。但是,不赋予主任检察官对案件的审批权并不意味着他就可以随意地放弃自身应当履行的职责。从各个地方试点的情况来看,由主任检察官主导的办案小组,其中,普通检察官和助理检察官都能够独立办案,主任检察官不仅可以对他们办理的案件行使一定的审查、指导权,必要的时候还可以组织召开小组内部会议对案件进行商议和讨论,提出自己的意见,尽管如此,这也并不影响承办检察官对该特定案件做出自己独立的判断。另外,当普通检察官或助理检察官在办理具体检察事务时,出现对案件的性质或者法律适用和主任检察官有重大分歧的情形,可以适当地借鉴域外做法,赋予主任检察官一定的异议权,也就是将双方观点提交给检察长,由检察长决定。

三、确立主任检察官办案责任制

中央政法委孟建柱书记调研时指出,司法体制改革要严格遵循"审理者裁判,裁判者负责"的理念,完善检察官责任制。[1] 从本质上来看,检察系统最基本的责任运行机制,仍然是承办负责制,也就是谁具体承办案件,谁就在承办的权限范围内对该案件的质量和效率负责任。检察官承办责任制将办案与决定、权力与责任有机地结合了起来,真正地体现了"审理者裁判,裁判者负责"的理念,不仅符合司法改革的精神,而且也契合世界通例。

检察官办案责任制一方面可以有效克服检察权在运行过程当中行政化色彩偏重、司法属性不足的问题,另一方面,在严格贯彻权责利相结合原则的背景下,推行检察官承办负责制,对于加强检察队伍建设,培养优秀检察人员,增强检察办案力量也是大有裨益。因此,检察官责任制必须始终坚持"谁办案、谁负责"的理念,除非是遇到特殊情形,必须组团来共同办理的,才有必要实行团组负责人责任制。

---

① 龙宗智、常锋:《加强司法责任制:新一轮司法改革及检察改革的重心》,《人民检察》,2014年第12期,第28页。

同时,需要特别注意的是,改革过程中,由于检察官承办责任制只是属于一种主导型的责任机制,并不是当然地就以主任检察官这一主体为核心。相反,案件最终是由办案检察官承担主要责任,主任检察官仅仅只是对办案检察官负有一定的监督、指导职责,并且办案检察官对于主任检察官的指导意见有选择权,若是采纳,则视为其自己的意见,并对案件负全部责任;若是不采纳,主任检察官则有权报请主管检察长,最终由主管检察长决定案件的处理。这样,权责关系就非常分明,不会出现推诿的情形。与此同时,一定程度上这也督促着承办检察官坚守自身的独立性,对自己承办的案件抱有更强的责任心。

另外,对于检察官责任制下起诉书中的署名问题,是否需要将主任检察官的名字签在上面,由于主任检察官只是对案件承担一定的审查义务,根据谁办案谁负责的原则,起诉书理应由办案检察官独立署名,不宜将主任检察官的名字也署在上面,除非是该案由主任检察官自己承办。因此,对检察官责任制的理解和执行不能脱离承办负责制这一观念。

四、健全主任检察官职务保障制度

职业保障对于保证主体公正执法具有重要的意义,因此,在主任检察官制度探索过程中,需要加强对检察队伍职业的保障,有效防止上级领导在既无法定理由,又未经法定程序的情形下,就对主任检察官的身份和职务随意变更。一旦发生,不仅会严重侵害检察官的主体独立性,而且还可能造成因办案主体的不稳定性,案件期限被延长的不良后果,使案件当事人的合法诉讼权益遭到不应有的损害,最后对司法公信力也产生严重的负面影响。因此,为了保证检察官在执行职务时的独立,必须对其职业保障加以健全,建立与主任检察官责任制相配套的职业保障措施,在具体措施的设置上,针对检察官职业的特性,进行合理规定。

正是因为主任检察官特殊的主体身份,在借鉴域外有益经验的基础上,改革过程中,可以对我国的主任检察官实行特殊保护,用法律的形式规定上级机关不得对主任检察官在未经法定程序、无任何法定事由的情况下随意做出任何降级、辞退或免职等变动处分,这对有效保障主任检察官主体身份的连续性与稳定性,以及执法办案质量的水平都有一定的提升作用。另外,在制度构建上,鉴于主任检察官主体的特殊性,可以为主任检察官队伍设立一套与普通公职人员系统不同的、具有检察队伍特色的检察官专门职务序列,并保障该职务序列的晋升渠道畅通无阻。与此同时,还需要建立起一套科学合理的主任检察官评价考核配套机制,综合年度业务绩效、廉政程度、素质能力等因素,做出一个客观的评价。

就主任检察官的薪酬待遇而言,依据"权责利"相统一的原则,在承担了更多检察责任的基础上,其工薪待遇上理应与普通检察官区别对待,从而有效提高其工作积极性。[①] 因此,需要建立与其专业性职务相匹配的工资薪酬制,按照职务晋升的进度和检察系统的序列对主任检察官的工资薪酬进行不同层级的规定。对主任检察官工薪待遇的发放也需要坚持确定、及时和足额的原则,不能无故延迟或扣减,也不能对其享有的专项办案经费擅自挪用,构建起具有稳定性与实时性的主任检察官薪酬待遇制度。

因此,建立一套适宜的主任检察官职务保障措施有其合理性和正当性。因为主任检察官在检察系统中,作为有着特殊身份和职业要求的一类检察官,并不是完全独立于检察官序列而单独另设的主体,所以有必要通过设置考核程序,为主任检察官的晋升开辟渠道。另外,通过在工资报酬方面给予主任检察官激励,使他在承担更多社会责任与更高强度工作任务的同时,获得与其付出相匹配的工资福利,提高主任检察官的生活质量,达到留住优秀检察人才、保证案件质量效率、减少体制内贪污腐败的司法改革目标。

---

① 杜颖:《论检察官办案责任制的责、权、利》,《人民检察》,2016 年第 4 期,第 106 页。

第四章

刑事审级制度

第一节　审判中心主义与刑事审级制度的关联性

　　一般认为,审判中心主义意味着整个诉讼制度和活动围绕着审判构建和展开。① 《决定》的说明中指出,以审判为中心的诉讼制度改革"有利于促进办案人员增强责任意识,通过法庭审判的程序公正实现案件的实体公正,有效防范冤假错案。② 由此可见,审判中心主义试图通过程序公正实现实体公正,从而有效地防止冤假错案。刑事审级制度作为审判制度中的重要组成部分,是一国普通程序内部纠错机制,刑事审级制度赋予当事人针对不满原审裁判的上诉权寻求救济,由上级法院再次审理对原审裁判错误进行纠正。当事人的上诉权是程序公正的一项重要标准,在刑事诉讼中,审判程序是否公正是诉讼程序是否公正的关键环节,就公正审判与程序正义的关系来说,理论界一般认为公正审判是程序正义的核心要素。根据《公民权利和政治权利国际公约》第14条第5款规定:"凡被判定有罪者,应有权由一个较高级法庭对其定罪依其刑法依法进行复审。"符合程序正义的刑事审级制度实现案件裁判的实体公正,有效防止冤假错案的发生。由此可见,审判中心主义要求构建完善的刑事审级制度,刑事审级制度的改革完善又需要依托以审判为中心的大背景,同时审判中心主义需要完善的刑事审级制度的保障。

---

① 张建伟:《审判中心主义的实质与表现》,《人民法院报》,2014年6月20日。
② 樊崇义:《解读"以审判为中心"的诉讼制度改革》,《中国司法》,2015年第2期,第23页。

（一）审判中心主义要求构建完善的刑事审级制度

审判中心主义诉讼制度改革，意味着审判是整个刑事诉讼的中心，只有在审判阶段，才能确定被告人的刑事责任，也就是说只有审判阶段才能解决围绕被告人定罪量刑方面的争议。这种被告人的刑事责任的确定，以正确性为前提。审判阶段正确确定被告人刑事责任有可能在刑事初审程序中一次性完成，当然并不能完全确保刑事初审裁判的正确性，法律赋予当事人寻求救济的上诉权，启动刑事上诉程序，由刑事上诉程序纠正原审裁判的错误，为当事人的合法权益提供救济，确保审判阶段确定被告人的刑事责任的正确性。完善的审级制度是确保正确确定被告人刑事责任的关键。

法庭审判是决定被告有罪与否的关键阶段，根据外国法治发达国家的诉讼经验来看，符合诉讼规律的刑事审级制度，不管其刑事审级制度在形式上为两审终审还是三审终审或者是两审终审和三审终审的混合，作为刑事审级制度入口的刑事初审程序具有程序设置最完善，审判内容最全面、最彻底，审理方式最集中、最公开、最直接，审判过程最复杂、最繁琐、最仔细，以及各种诉讼主体参与程度最充分的特点，再加上刑事初审程序距离案件发生的时间和地点都比较近，因此刑事初审程序相较其他刑事程序而言，最大的优势在于发现案件的事实。而刑事审级制度中的刑事上诉程序的存在，赋予当事人寻求救济的上诉权，当当事人不满原审裁判时，一方面可以对原审裁判起到监督的作用；另一方面，通过对案件的再次审理，如果原审裁判存有错误时即予以纠正，没有错误则维持原判，同时，也为当事人提供一个平台发泄其心中的不满。完善的刑事审级制度有利于在查明案件事实的基础上正确地适用法律，从而正确解决被告人的定罪量刑问题，维持刑事裁判的权威性和终局性，让民众对司法的态度由不信任转为信任。这与审判中心主义的价值目标"保证庭审在查明案件事实、安定证据、保护诉权、公正裁判中发挥决定性作用"不谋而合，只不过刑事审级制度对审判中心主义的作用是间接作用，先通过刑事审级制度实现庭审中心主义，后通过庭审中心促进审判中心主义。

审判阶段作为审判中心主义诉讼制度改革的关键，只有完善合理的刑事审级制度才能确保案件得到公平正确的处理，纠纷得以解决，即消除当事人不满的情绪，也保障当事人的合法权益，这样的裁判才有权威性、公信力和终局性，才能树立审判在整个诉讼活动和诉讼制度的中心地位。不难发现，完善刑事审级制度是支撑审判中心主义改革的关键。

（二）刑事审级制度的改革完善需要审判中心的大背景

审判中心的诉讼制度改革，为完善诉讼制度、保证司法公正指明了方向。审判中心主义的内涵之一就是一审是整个审判体系的中心，也是审级制度的中心，因为法庭审判所要解决的核心问题就是案件的事实认定和证据的采纳与排除，这类问题的解决并不因审级提高而变得更为容易，相反，会因审级越高，所需时间越长，离事实真相越远而更加棘手。① 审判中心主义意在通过审判体系内部的完善实现程序正义，从而实现实体公正，保证实体裁判的正确和公正，避免冤假错案的发生。刑事审级制度中的刑事初审程序和刑事程序各具有不同的优势，刑事初审程序如前所述，在发现案件事实方面有其明显的优势。相较于刑事初审程序，上诉法院距案件发生的时间和地点都较远，随着时间的流逝，证人的记忆与印象逐渐淡薄甚至忘记，物证之类的证据也受到了损毁，况且上诉法院并没有采取和初审法院一样全面完善的审判程序，这些原因决定了上诉法院在案件事实认定方面不具有优势。而上诉法院的法官有更高的法律素养、职业操守和司法经验，审判程序比初审程序简化，有利于上诉法院的法官将更多的时间和精力放在法律问题的处理上。刑事上诉程序除了纠正错误的裁判，对当事人受损的合法权益提供救济以外，还具有一些延伸性功能，如解释法律、创造法律、司法决策、保障法律的统一实施等。理想中的刑事审级制度当然是尊重刑事制度的运行规律，即利用初审程序和上诉程序的不同特点和功能的差异，充分发挥初审法院和上诉法院的各自优势，保障上下级法院之间相互独立的需要，使得上诉法院与初审法院之间形成一种相互制约的关系，从而促进司法的公正性。而此种理想的刑事审级制度，尤其是延伸性功能的发挥都以一审正确的认定案件事实为基础。

审判中心主义的诉讼理念表明，一审是整个审判体系的中心，也是审级关系的中心，其他审级都是以一审程序为前提和基础的，既不能代替一审程序，也不能完全重复第一审的工作。清楚地认识到一审程序的基础性作用，一审程序和二审程序的各自优势及相互关系，这些都为刑事审级制度的改革提供了方向性指引，所以说刑事审级制度的完善需要审判中心的背景。

---

① 沈德咏：《论疑罪从无》，《中国法学》，2013 年第 5 期，第 17 页。

第二节　刑事审级制度的现状及存在的问题

审判中心主义的核心理念主要是指侦查、起诉、审判三个诉讼阶段应该以审判阶段为核心展开整个刑事诉讼活动,这样的刑事诉讼活动才能整合追诉犯罪与保障人权及解决刑事纠纷这样一种刑事诉讼价值。而作为审判阶段中现行两审终审的刑事审级制度存在以下两个方面的大问题:一方面,由于省级以下地方法院人财物统一管理有可能异化为一审终审的刑事审级制度,以及第一审程序重心的失落导致无法为被告人的上诉权提供救济,影响围绕被告人定罪量刑方面的刑事纠纷的正确解决;另一方面,事实审理与法律审理的混同、一审法院与二审法院功能的趋同,使得两审终审的刑事审级制度私人目的偏向明显,不利于刑事审级制度发挥解释法律、创造法律、保障法律统一适用的功能。

一、省以下地方法院人财物统一管理背景下刑事审级制度异化的担忧

长期以来,由于地方司法机关的人财物由地方政府负责,司法权的行使受制于地方行政的干预,与司法独立原则严重相违背,司法地方化成为困扰我国司法权独立行使最大的障碍。司法权无法独立行使,案件的裁判受地方政府干预,司法裁判的公正自然无法实现,这也是我国刑事案件裁判终审不终,当事人不服不断申诉、上访的重要原因之一。司法独立被认为是实现司法公正的基础和前提,司法独立原则已经成为世界各国普遍承认的一项宪法原则和司法准则。为了克服司法地方化,党的十八届三中全会提出的"推动省以下地方法院、检察院人财物统一管理",克服司法地方化,保障依法独立行使审判权、检察权。然而,实行司法机关人财物省级统管,这在排除市、县两级党政机关干扰司法风险的同时,也可能加剧法院系统和检察院系统内部的行政化风险,增加人财物管理权滥用和腐败的风险。特别是,司法机关人财物管理权与司法业务管理权结合在一起,司法管理的行政化必然加剧。①

作为司法内部独立的审级独立是保证司法的公正性,维护当事人的合法权益,发挥上下级法院各自的功能的前提和基础。如前所述,省以下地方法院人财

---

① 谢鹏程:《司法省级统管改革路径》,《中国改革》,2014 年第 2 期,第 10 页。

物统一管理下,当司法机关人财物管理权和司法业务管理权结合在一起,法院内部上下级法院之间审判监督关系有异化为行政领导关系的风险。毕竟当地方下级法院的人财物由上级法院决定时,上级法院对下级法院有更多的话语权,对下级法院案件审理的干涉有了更多的机会。有学者担忧:"如果省级财政通过各自的系统拨发经费,那么省高级法院有可能控制中级人民法院和基层法院。"①这种行政化的领导关系导致上下级法院之间不能保持相互独立性,就会出现三种危害:第一,当上级法院随意干涉下级法院的审判活动,从而导致下级法院的裁判意见体现上级法院的意志时,刑事初审程序和刑事上诉程序难免会合二为一。而在刑事初审程序和刑事上诉程序合二为一的情况下,不仅导致刑事上诉程序流于形式,而且变相剥夺了当事人的上诉权。第二,在刑事上诉法院可以随意干涉刑事初审法院的情况下,就会打消刑事初审法院审理案件的积极性,从而在一定程度上架空刑事初审法院发现案件事实真相的功能。而一旦刑事初审法院的审理质量不高,就会对刑事上诉程序造成一定的负面影响,不利于刑事初审法院和刑事上诉法院之间形成良好的分工关系。第三,如果上下级法院之间不能保持相互独立的关系,那么将会有损司法的公正性。这是因为,在上下级法院之间不能保持相互独立的关系的情况下,作为被告人,对上诉制度产生怀疑,对于法律的公正失去信心。

二、重心失落的第一审

以审判为中心的诉讼制度改革,核心确立审判的中心诉讼地位,而一审是整个审判体系的中心。理论上讲,刑事一审程序作为刑事审级制度最基本的入口程序,对于整个刑事审级制度的正常运转起着至关重要的作用。一方面,决定被告人是否有罪及罪行轻重,刑事第一审程序是必经程序,刑事上诉程序是被告人或检察院在法定期限提起上诉或者抗诉才启动二审程序,未经刑事一审程序,就不能进入刑事上诉程序,刑事上诉程序就会成为无本之木、无源之水,刑事审级制度的某些功能(如解释法律、创造法律、统一法律适用等)就无法发挥作用。另一方面,刑事第一审法院距离案件发生的地点和时间都最近,证人的记忆与印象最深刻,物证等证据也完整,因此有利于刑事第一审法院发现案件的事实真相。另外,如果刑事一审程序的审判质量比较高,当事人自然会服从刑事一审法院的判决认

---

① http://news. sohu. com/20140619/n401025168. shtml

罪伏法,那么就会降低当事人提起上诉的欲望,这无疑有利于提高诉讼效率和节约司法资源。

而在我国司法实践中,由于实行两审终审制,第二审法院既是上诉法院也是终审法院,考虑到对当事人的救济,刑事诉讼法对当事人的上诉理由并没有做出限制,只要当事人在法定期限内提起上诉,即使上诉不附带任何理由,也可以启动第二审程序,且上诉不加刑原则的存在,上诉对当事人来说没有任何不利,甚至还可能扭转当前对其不利的局面,当事人的上诉欲望自然就变得十分强烈甚至扭曲。因为,在初审法院对案件事实的认定缺乏权威性和终局性的情况下,加上允许上诉人在上诉审中提出新的证据,上诉人必然会将精力集中在更具权威性的二审,从而将审判的中心从第一审推向第二审程序,这不仅会加重上诉法院的负担,甚至会最终影响上诉法院自身功能的发挥。

此外,实践中大量的上下级法院请示汇报、提前介入情况的存在,使得宪法明确规定的上下级法院的审判监督关系演变成行政依附关系。上级法院对于案件事实的认定功能进一步加强,更多的案件事实不是通过庭审来确认,而是通过请示、汇报、内部研究的方式解决。案件的请示汇报是下级人民法院就其管辖的第一审案件向上级人民法院请示具体的处理意见,在得到上级人民法院的答复之后,下级人民法院按照上级人民法院的意见进行裁判。而提前介入是上级人民法院在下级法院一审判决还没有做出的情况下主动介入到案件中,与下级人民法院共同探讨如何认定案件,甚至可能直接下令如何判决。上下级法院之间的监督关系与被监督关系显然成为一种上命下从的行政关系。如果说前者实际是下级人民法院主动出让自己的裁判权的话,那么后者便是上级人民法院对下级人民法院审判权的变相剥夺。[①] 这种请示汇报、提前介入的最大坏处是对刑事审级制度的违背。刑事审级制度设置上诉的功能目的之一就是通过上诉审查来纠正一审中可能存在的错误,保障对当事人的合法权益的救济,实现司法公正。但是案件请示汇报、提前介入情况的存在使得一审和二审合二为一。一审人民法院所做出的判决实际上体现的是二审人民法院的意志。

三、事实审理与法律审理的混同

事实审理与法律审理在外国刑事审级制度中是不可或缺的技术性因素。只

---

① 李昌林:《从制度上保证审判独立——以刑事裁判权的归属为视角》,《法律出版社》,2006年,第226页。

有在事实审与法律审得到相对区分的情况下,刑事初审程序与刑事上诉程序的功能才有可能加以区分。如前所述,刑事初审法院具有得天独厚的事实认定优势,距离案件发生的时间短、距离近,审判方式上采用彻底的直接言辞审理方式,因而擅长事实认定,刑事初审程序属于典型的事实审。刑事上诉程序因有更高法律素质和职业操守的法官,更多的时间和精力,更复杂的审判组织,因而比较擅长法律适用,刑事上诉程序比较适宜于采用法律审。上述规律在两大法系国家中都得到相应的体现,只不过表现的程度稍有不同而已。在英美法系实行陪审团审判的情况下,无论是第二审还是第三审,都只审查法律问题,而不审查事实问题。而在大陆法系国家三审终审中,第二审程序通常仍然实行事实审,只是第三审程序通常实行法律审。

在我国的司法实践中,两审终审的刑事审级制度以解决个案争议为导向的情况下,第二审只能是事实审与法律审的混合,无法像外国那样孕育出相对独立的法律审。第二审法院的整个审判过程主要是围绕案件事实来展开的,而法律问题并不是法庭审理的重点。第二审法院对法律问题的审查只是在审查事实问题清楚之后的附属性审查,因而不具有独立性。尤其是在第二审法院尽可能纠正一审未生效裁判可能出现的错误,第二审法院的审查范围实现全面审查原则,对一审裁判中涉及的事实认定、法律适用、证据认定、诉讼程序有无违法等所有问题都进行了审查,这使得刑事上诉程序被认为是第一审的重复,而不存在独立的法律审程序。甚至从某种程度上讲,随着第二审法院对案件事实的查明,我国的刑事上诉程序基本上宣告结束。这也难怪,我国刑事裁判文书中,法官总是不厌其烦地罗列大量事实和证据,而对如何适用法律问题却惜墨如金,控辩双方在法庭审理过程中围绕法律问题展开的争论也通常得不到充分的体现。[1]

四、一审法院与二审法院功能的趋同

我国受大陆法系及苏联的影响,就刑事审级制度中刑事一审法院与刑事二审法院之间的功能设定而言,二者的功能存在明显的趋同现象。在我国两审终审制中,由于第二审程序既是上诉程序又是终审程序,控辩双方通过普通救济程序要求第二审法院纠正一审错误裁判的机会只有一次,因此,我国刑事审级制度不仅

---

[1] 王超:《刑事审级制度的两种模式》,《以中美为例的比较分析》,《法学评论》,2014 年第 1 期,第 167 页。

没有限制第二审程序的启动事由,允许控辩双方任意以事实认定错误或者法律适用错误为由提起抗诉或者上诉。而且为了确保第二审法院纠正一审错误裁判,在审查范围上,按照《刑事诉讼法》第二百二十二条的规定,第二审法院对案件实行全面审查,不受检察机关抗诉范围或者当事人上诉范围的限制,可以对第一审的事实认定、法律适用甚至量刑进行全面、综合的审查。因此,在这种情况下,我国第二审法院就和第一审法院一样,在本质上都是基于纠纷解决或者个案公正而存在的审判型法院,而不是基于规则治理或者公共目的而存在的政策型法院。正是因为第一审法院和第二审法院的审判目的都是为了解决纠纷,所以我国刑事裁判文书都是就事论事地围绕被告人是否构成被指控的犯罪以及如何对被告人的刑事责任适用具体的刑罚来展开,而根本不可能存在对法律的解释或者创造,更不会对一些可能备受关注的社会问题提供某种司法决策。

五、侧重于私人目的的刑事审级制度功能

刑事审级的功能包括解决纠纷为己任的基础功能和统一法律适用、解释或者创造法律的延伸性功能两种,前者我们称之为私人目的的功能,后者称之为公共目的的功能。简单地来说,刑事审级制度的私人目的就是为了确保具体的案件能够得到公正的处理,顺利解决围绕被告人是否有罪以及罪行轻重问题所产生的各种争议,主要体现在保障被告人的合法权益以及保障司法裁判的正确性这两个方面。而刑事审级制度的公共目的则是为了促进法律的发展和完善,体现为保障法律的统一适用、解释和发展法律等几个方面。

研究我国刑事诉讼法不难发现,两审终审制在私人目的方面尤为明显。无论是在刑事第一审程序中还是在刑事第二审程序中,这种私人目的都体现得很明显。刑事第一审程序作为刑事审级制度的基础,自当不用说通过正当程序完成案件事实和证据的认定,以确保正确的裁判结果。我国刑事第二审程序的任务在于第二审法院对第一审人民法院所做出的判决和裁定所认定的事实是否清楚,证据是否确实、充分,适用法律是否正确,诉讼程序是否合法,进行全面的审查和审理,并依法做出判决或裁定,以维持正确的一审判决和裁定,纠正错误的一审判决和裁定。这就是我国刑事诉讼法中全面的审查原则,不受当事人的上诉或者检察院的抗诉范围限制,只求裁判的正确性。

以审判为中心的诉讼制度改革,突出审判的中心地位,这是法治的一大进步,同时意味着应当发挥司法审判的能动作用。作为审判体系中的二审程序,在完成纠正一审错误裁判,保障当事人合法权益,实现正确裁判的同时,理应在公共目的方面即统一法律适用、解释或者创造法律方面有所建树。但是令人遗憾的是,我国的刑事审级制度在公共目的方面却表现得并不明显。首先,法院无法通过上诉程序解释法律或者创制法律。因为,根据我国立法规定,尽管最高人民法院有权对立法机关制定的法律进行司法解释,甚至在某些法律条文无法适应司法实践需求的时候针对法律进行扩张,创造新的法律规则。但是,我国最高人民法院的司法解释与刑事审级制度的司法解释、创制法律功能完全是两码事。因为,最高人民法院的司法解释不是法官通过审理具体案件产生出来的,而是通过立法化的或者行政化的方式产生的,如发布"规定"、"解释"、规则、通知、批复等。也就是说,最高人民法院的司法解释与审级制度并没有关联。而在现代刑事审级制度中,法官对于法律的解释或者创制,无不通过审理具体的上诉案件并以具体的判例来实现。[①] 其次,终审法院的级别过低,保障法律统一实施的功能在两审终审制中无法实现,因为根据现行刑事诉讼法中级别管辖的规定,绝大部分刑事案件的初审法院为基层人民法院,自然绝大部分刑事案件的终审法院为中级人民法院。而对于高级人民法院和最高人民法院来说,无论是初审刑事案件还是刑事上诉案件,都比较少。这样,我国两审终审制保障法律统一实施的功能只能寄希望于中级人民法院。然而,在我国地域辽阔、中级人民法院分布较为广泛的情况下,寄希望于中级人民法院发挥法律统一实施的功能显然是不现实的。

第三节　刑事审级制度完善的具体设想

一、刑事审级制度完善的原则

(一)兼顾公正和效率原则

公正和效率是刑事诉讼活动的两个基本价值取向。刑事审级制度的科学设置与司法公正和司法效率存在十分密切的联系。如何处理司法公正和司法效率的关系将直接关系到刑事审级制度的具体设置。

司法公正是刑事审级制度设置第一顺位需要考虑的。因为司法通常被看作

---

① 朱立恒:《刑事审级制度研究》,《法律出版社》,2008 年,第205 页。

是实现社会公平正义的最后一道防线,因此理论界普遍认为,司法公正是司法的生命和灵魂,是司法工作的本质特征和必然要求。另一方面,司法的终局性决定了必须以公正作为其工作导向,即以处理各种诉讼案件和解决各种纠纷为内容的司法活动必须做到诉讼程序的公正和诉讼结果的公正,否则案件便不能得到处理,各种纠纷便不能得到有效解决,法律的实施无从谈起,社会公正将失去希望。因此,任何时候,公正的光辉都不曾暗淡过。西奥多·贝克尔在分析法院的一般功能主义的理论时也强调"公正是司法程序的心脏"。目前理论界大部分赞成司法公正包括实体公正和程序公正两部分,所谓的实体公正主要是指审判结果的公正,而程序公正主要是指审判过程的公正。

司法效率是刑事审级制度设置第二顺位需要考虑的。在目前各国诉讼资源都有限的情况下,司法效率成为司法公正的第二种含义。正如西方著名的法彦:"迟来的正义非正义。"有的学者宣称"迟延诉讼或积案实际上等于拒绝审判"①。有鉴于此,刑事审级制度设置除了满足司法公正的需要之外,还应当符合司法效率的要求。

司法公正与司法效率是辩证统一的关系。如何设置科学的刑事审级制度说到底就是如何协调司法公正与司法效率之间的关系,尽量在司法公正与司法效率之间找到最佳的平衡点,在最大限度地维护司法公正的情况下,尽量提高司法效率。为此,刑事审级制度设置应当注意以下几个问题:第一,刑事审级适中;第二,根据不同的案件,实行不同的刑事审级制度模式;第三,根据案件的繁简程度,刑事上诉程序实行不同的审理方式。

(二)审级独立原则

审级独立是司法独立的必然要求,要求各审级的法院的法官在审判中独立于其他审级,仅依据事实和法律对案件做出自主的判断。审级独立是一国审级制度构建的基本前提,是审级制约和程序分流发挥作用的重要保障。

上下级法院只有在保持相互独立的情况下,刑事初审程序和刑事上诉之间的功能区分才具有实际的意义。一般认为,在刑事审级制度中,刑事初审法院的基本功能就是通过直接、集中的审理,以便发现事实真相,对案件做出正确的裁判。而刑事上诉法院的主要功能在于纠正刑事初审法院的错误裁判,为当事人的合法

---

① [日]谷口安平著,王亚新、刘荣军译:《程序的正义与诉讼》,《中国政法大学出版社》,1996年,第55页。

权益提供救济。如果上下级法院之间不能保持相互独立,尤其是在上级法院可以干预下级法院的审判活动的情况下,就会导致下级法院的裁判意见体现为上级法院的意志,刑事初审程序和刑事上诉程序合二为一。此外,在刑事上诉法院可以随意干预刑事初审法院的情况下,就会打消初审法院审理案件的积极性,从而在一定程度上影响了或者架空了刑事初审法院发现案件事实真相的功能。而一旦刑事初审法院的审理质量不高,就不利于刑事初审法院和刑事上诉法院之间形成良好的分工。更为严重的是,如果上下级法院之间不能保持相互独立的关系,那么将损害司法的公正性。因为,在上下级法院之间不能保持相互独立的关系的情况下,作为被告人,对上诉制度会产生怀疑,对法律的公正会失去信心。作为下级法院的法官,由于不能独立办案,独负其责任,则松懈公正责任心,放弃原则,不思进取。上级法院的法官,由于已经提前介入,则先入为主,在上诉审理中得过且过,敷衍了事,要么为了保全面子,即使发现问题,也将错就错。①

因此,在审判中心主义背景下,为实现司法公正的总目标,上下级法院之间应当保持审级独立,维护当事人的合法权益,发挥上下级法院各自的功能。

(三)审级制约原则

以审级独立为前提,根据事实认定和法律适用在不同审级裁判中所占的不同比例,可以分别对不同审级的功能做出界定。一般来说,在审级的金字塔中,从塔基到塔顶,查明事实和解决纠纷的功能逐步弱化,而统一法律适用的功能则进一步加强。这在客观上形成了审级之间的相互制约:下级法院的事实认定约束上级法院,上级法院的法律解释对下级法院有约束力。

对于上级法院来说,尽管可以在需要的时候进行法律解释、法律创制、司法决策或者保障法律的统一实施,但是,这必须以初审法院提供的案件为前提。换句话说,上诉法院对于法律的解释或者创制必须与初审法院审判的案件具有内在的联系,而不是随心所欲地进行。

(四)程序分流原则

由于上诉不加刑原则的存在,以及人类天然的趋利避害的本性,刑事被告人总是有着一种寻求更高层级法院对案件进行重新审理获得救济的灼热热情。尽管从司法实践来看,上级法院通过对案件的再次审理,确实有助于纠正一审错误裁判,保障当事人的合法权益。

---

① 顾永忠:《刑事上诉程序研究》,中国人民公安大学出版社,2003年,第162页。

被告人具有浓厚的上诉欲望,而且上诉程序在客观上确实有助于保障被告人的合法权益,但是基于司法效率的考量,现代各国也并非认为刑事审级越多越好。正如美国波斯纳所言:"一个体系中复审的层级越多,每个层级的复审就会变得越不仔细。"①现代各国刑事诉讼法不仅通过刑事审级的数量来控制上诉的次数,而且通过上诉理由对被告人的上诉权加以限制。例如,在三审终审制中,被告人具有两次上诉的机会,而在两审终审中,被告人只有一次上诉机会。在两审终审制中,由于被告人只有一次上诉的机会,因此各国一般很少对被告人的上诉理由进行限制。而在三审终审制中,除了极少数国家以外,第一次上诉一般为权利性上诉,即上诉是被告人享有的一项诉讼权利,被告人在提出上诉时无论是否提出上诉理由,受理法院都不能随意加以拒绝;而第二次上诉属于裁量性上诉,即被告人的第二次是否受理,取决于被告人的第二次上诉是否提出了符合法律规定的上诉理由。这样,现代各国通过设置不同的上诉理由可以实现诉讼程序的分流,即符合条件的上诉可以启动上诉程序,而不符合条件的上诉无法启动上诉程序。

当然程序分流原则的内容除第二次上诉的裁量性上诉之外,在审级独立的逻辑前提之下,其内容还包括上诉审的有限审查。上诉法院只能对上诉或者抗诉的理由进行审查,而对于原审裁判中涉及的事实认定或者法律适用问题,凡是没有提出上诉或者抗诉的部分,上诉法院不再进行重新审理。

二、完善我国刑事审级制度的具体建议

(一)建立有限的三审终审制度

理论界曾对建立三审终审的刑事审级制度进行过广泛的讨论,普遍认为我国引入三审终审具有一定的理论依据。毕竟,刑事审级制度存在的许多问题都因审级过少,而且三审终审在许多国家被证明是一种优秀的审级制度。虽然三审终审的刑事审级制度具有浓厚的法律移植色彩,但不可否认三审终审是目前审级制度改革的最好方向,是对省级以下人财物统管下异化一审终审的有效预防,也是克服案件请示汇报导致刑事审级行政化、一审对案件事实认定缺乏权威性出现的一审重心上移二审的有效措施,是审判中心主义背景下刑事审级制度改革的需求。

着眼于中国现实国情,三审终审的刑事审级制度不可能一步适用全部的案

---

① [美]理查德·A. 波斯纳著,邓海平译:《联邦法院:挑战与改革》,中国政法大学出版社,2002 年,第 67 页。

件,而应当逐步适用一定范围的案件,主要是根据案件的性质、轻重、是否存在重大程序等违法因素来划分,即有限的三审终审。可以适用三审终审的案件,当事人的第一次上诉属于法定的诉讼的权利,能够必然引起上级法院的二审,即第一次上诉是权利性上诉。并且该上诉有明确的上诉理由,以便二审法院集中对案件的争议部分进行审理。被告人的第二次上诉则并非其固有的权利,必须经过上级法院的许可后才能引发三审,即裁量性上诉。由于三审法院的性质定位于政策型法院,其主要功能是解释法律、创制法律、保障法律的统一适用,因此被告只能就判决中的法律问题提起第二次上诉。法律应事先规定上诉的理由仅限于案件的争议具有重大的法律意义、下级法院的判决之间或与上级法院的判决之间存在着重要的法律冲突等,以便指引被告人正确地判断是否有必要提起第二次上诉。

有限的三审终审,既避免完全的三审终审改革导致整个审级制度全部做出调整,也可以克服两审终审的刑事审级制度的问题和缺陷,是一种折中且智慧的选择。有限的三审终审不但克服了一部分案件两审终审导致的对被告人救济的不充分,难以有效发挥纠错功能的缺陷,而且也可以通过对第二次上诉的审查来避免被告人对上诉权的滥用。

(二)一审程序中构建彻底的事实审

审判中心主义视野下,一审是整个审判体系的中心,作为审判中心主义关键环节庭审中心主义主要是在一审中实现庭审的实质化,从而实现在程序正义最完整形态中的一审中查明案件事实和证据。一审作为刑事审级制度的入口,对于整个刑事审级制度的正常运转具有十分重要的作用。刑事一审程序具有审判内容最全面、最彻底,审理方式最直接、最集中、最公开,审判过程最复杂、最繁琐,各项证据规则和程序规则贯彻的最为彻底最为严格的特征。① 这些特征使得刑事一审程序理应成为案件事实认定的中心,也可以为上诉程序功能的发挥起到铺垫作用。否则,便无法确保案件做出正确的裁判,也无法实现刑事审级制度的正常运转。因此在一审中构建彻底的事实审,成为审判中心主义下刑事审级制度完善的核心一环。

如何在一审中构建彻底的事实审理,而不是事实审的形式化? 第一,禁止上下级法院就事实和证据问题请示汇报、提前介入。刑事初审法院有权利和义务就

---

① 王超:《西方国家刑事审级制度功能的比较分析》,《比较法学研究》,2012 年第 6 期,第 61 页。

案件事实和证据问题进行彻底的审理,请示汇报只会剥夺当事人的公正审判权,加深了民众对司法的不信任。第二,裁判者对案件事实的当庭认定。事实审形式化最大的症结在于法官对案件事实的认定不是在法庭审理上形成,而是在法庭之外或是在法庭开庭之前形成。[1] 也就是说裁判者必须在法庭上获取案件的事实信息,当庭形成对案件事实的认定。在法庭上,法官兼听双方当事人的陈述,避免由于信息的不对称的可能出现的事实误判,通过双方当事人的举证、质证和辩论,从而对案件事实做出全面而准确的判断,真正将事实裁判结论形成于法庭审理过程中。第三,控辩双方的有效参与。形式化的事实审常规避了控辩方的实质性参与,使得法官在法庭外单方面完成对案件事实的认定过程。彻底的事实审,要求庭审的实质化,控诉、辩护和裁判的三方同时参与到事实裁判中来。案件事实总是越辩越明,当控诉、辩护实质有效参与庭审越强,裁判者得到的信息就丰富,也就越能查明案件事实。特别是加强辩护职能的有效参与,作为与案件结果存在着直接利害关系的辩护方会想方设法查明案件事实,寻求对自己有利的诉讼结果,这无疑对于案件事实的查明起到关键的作用。有效参与意味着控辩双方不仅要参与法庭审理的过程,同时还要通过举证、质证、辩论对法庭的事实裁判富有意义的施加有效的影响。第四,内心确信的独立形成。要求裁判者亲自经历证据的审查,获取事实信息来形成对案件事实的内心确信。以往,法官对案件事实的认定往往通过侦查人员制作的案卷笔录进行简单的确认而已。相反,彻底的事实审要求裁判者亲自接触各类证据,当庭通过对证据的审查来获取案件的各项事实信息,并直接从证据调查中形成对案件事实的认定。侦查阶段制作的案卷笔录对于裁判者来说不具有预定的效力,无论是侦查人员的主观认识,还是公诉方对案件事实的判断,都不能成为裁判者认定事实的直接依据。换言之,裁判者应当通过法庭上的证据调查,独立形成对案件事实的内心确信过程,而不是简单地接受侦查人员或公诉方得出的结论。

(三)重新划分初审法院与上诉法院的职能

就目前的审判中心主义的要求来看,一审是审判体系的中心,相应的制度和程序构建主要围绕着一审庭审的实质化来进行,其主要功能是全面查明案件事实,并在此基础上进行法律适用。根据前述思路,在一审程序中构建彻底的事实

---

[1] 陈瑞华:《论彻底的事实审——重构我国刑事第一审程序的一种理论思路》,《中外法学》,2013 年第 3 期,第 523 页。

审,这就为整个审级制度打下坚实的基础,二审和三审法院如果再过于纠缠案件事实的认定,则无助于发挥上诉法院的职能。从审级制度构建的原理来看,初审法院与上诉法院职能的区分是确保审级制度科学运转的重要因素,也是实现审判中心主义视野下刑事裁判的权威性和终局性的因素。因此,我国要想建立有限三审终审的刑事审级制度,并且确保上下级法院之间的相对独立,充分发挥刑事初审法院和刑事上诉法院的功能,必须对刑事初审法院和刑事上诉法院进行合理的分工。简单地说,就是我国应当将刑事初审法院定位于事实认定程序,即由刑事初审法院通过直接、言辞审理方式尽量彻底地解决案件事实的认定问题。第三审法院应当定位于纯粹的法律审程序,即由第三审法院通过法律审,专门解决法律争议问题,以便保障法律的统一实施和法律的统一解释,并在适当的时候通过对法律的解释制定公共政策,设置通过法律的扩张解释创制一定的法律规则。第二审法院应当定位于过滤程序,即由第二审法院通过刑事初审案件的上诉审查,能够最终处理绝大多数刑事案件,只有少数存在重大法律问题的刑事案件,允许上诉人向第三审法院提起进一步的上诉。

（四）建立越级上诉制度

在某些初审案件中,被告人对初审法院在事实方面的认定并不存在争议,但却有可能对该案的法律适用抱有很大的意见。如果该案件所涉及的法律问题过于重大,不适宜由中级上诉法院审理的话,完全可以允许被告人直接向三审法院就法律问题提起上诉,以此来避免二审程序的耽搁,这就是西方国家普遍实施的越级上诉制度。[1] 越级上诉是否受理,应由第三审法院自主决定,如果不受理,则应当由当事人按正常程序向原法院的上一级法院提起上诉。鉴于省级以下地方法院人财物统一管理,刑事审级制度有可能异化为一审终审的担忧,中国的越级上诉制度,不应该局限于对事实方面的认定并不存在争议但却有可能对法律适用抱有很大意见的案件,而是普遍适用于所有的案件。

越级上诉制度有效解决省以下地方法院人财物统一管理下省高级法院可能控制中级人民法院和基层法院的难题,特别是对于一些初审法院为中级人民法院的案件,这些案件往往是可能判处无期徒刑以上刑罚,对被告人自身自由和生命的影响极大,社会关注度高,当被告人对于中级人民法院的初审裁判在事实认定上存在较大的疑问,又不信任高级人民法院的情况下,允许其直接向最高人民法

---

①　俞亮、张弛:《我国刑事审级制度的反思》,《法学杂志》,2007 年第 2 期,第 119 页。

院提起上诉。最高人民法院对于越级上诉的案件事实认定和法律适用进行全面的审理,一方面可以对原审裁判起到监督的作用,通过对案件的再次审理,如果原审裁判存有错误时即予以纠正,没有错误则维持原判,同时也为当事人提供一个平台发泄心中的不满。另一方面,对于具有重要法律价值问题的审理,有利于法律问题的解决,特别是有利于保障法律的统一适用等延伸性功能的发挥。

第五章

审判中心主义与侦查程序

第一节　我国侦查程序之现状分析

一、侦查程序概述

（一）侦查程序的定义

我国《刑事诉讼法》第 106 条规定："侦查是指公安机关、人民检察院在办理案件过程中,依照法律进行的专门调查工作和有关的强制性措施。"侦查是刑事诉讼的一个基本的、独立的诉讼阶段,是公诉案件的必经程序。公诉案件只有经过侦查,才能决定是否进行起诉和审判。因此,《刑事诉讼法》第 89 条规定,公安机关对已经立案的刑事案件,应当进行侦查。侦查的目的是收集、调取犯罪嫌疑人有罪或者无罪、罪轻或者罪重的证据材料。

侦查也是一种调查,但它既不同于行政调查和一般的社会调查,也不同于其他诉讼调查,如人民法院在办案过程中的调查等。它是刑事案件立案后,由侦查机关进行的旨在查明案情、查获犯罪嫌疑人并收集各种证据,确定对犯罪嫌疑人是否起诉的准备活动。

（二）侦查程序在刑事诉讼中的地位

侦查程序作为刑事诉讼的一个重要阶段,是公安机关、检察机关和人民法院进行刑事诉讼的第二道"工序"。虽然刑事诉讼活动是从立案开始的,但是全面收集证据,揭露和证实犯罪等实质性活动却是从侦查阶段才开始的,所以它是以后各个诉讼阶段活动的基础。从侦查阶段在刑事诉讼中的作用来看,侦查是在为起诉和审判做准备。因此,侦查工作进行得如何,对案件能否得到正确、合法、及时的处理,有着直接的影响。如果侦查工作进行得好,收集的证据确实、充分,就会有利于起诉和审判工作的顺利进行。如果侦查工作有疏漏或者偏差,往往会给起诉或者审判工作带来更大的困难,有的不得不退回补充侦查,有的甚至可能给办案工作造成不可弥补的损失。

(三)侦查程序的功能

在现代法治国家的视野内,作为一种惩罚权力机制,侦查制度本质上就是国家权力机关运用侦查权力调查案件的一套程序。这一程序性结构具有两项社会功能。

1. 权力制约功能

如同其他权力形式一样,侦查权具有较强的扩张性和攻击性,侦查权的行使往往伴随着对公民个人权利的强制性侵犯,在这样的背景下,侦查程序的设置就起着限制侦查权恣意行使的"限权"功能。

2. 权力正当化功能

侦查权的行使因程序的设置而受到约制,反过来,一项受到约制的权力也更容易赢得公众的信任和依赖,侦查权因此而具备了合法性基础或正当性。这里面有一个马克斯韦伯所谓的"通过合理性获得合法性"的切换机制。在这里,侦查程序的存在实际上具有了使侦查权合法化、正当化的功能。

二、我国侦查程序之现状及缺陷

我国刑事侦查程序的架构深受我国传统法律文化的影响,几千年以来的封建专制、高度集权所形成的对社会秩序稳定的追求,重权力、轻权利的国家权力本位观念的影响,以及后期新中国成立以来所受的前苏联的行政型侦查模式的影响导致了我国现有侦查程序的形成。大体上来说,目前我国的刑事诉讼侦查结构偏向于职权主义,其重在迅速查明案件事实真相,侦查机关往往享有强大的侦查权,采用多样化的侦查手段,而很少受到外部的制约。我国现行的刑事诉讼的重心实际在侦查阶段,对案件进行全面的、实质的调查是通过侦查程序来完成的,而之后的起诉、审判程序一般只是对侦查阶段形成的卷宗和证据的进一步确认,即所谓的侦查中心主义。这种诉讼重心的前移导致了侦查权过于庞大,而且基本不受司法权的约束和控制;在侦、控、审之间的关系上,也出现了"配合有余、制约不足"的乱现象,进而导致了诉讼构造的错位。不可否认,我国目前的侦查程序的形成有其历史原因和可取之处,但是在人权重要性日益凸显的今天,其内在的缺陷也愈加明显。

（一）犯罪嫌疑人权利未能得到充分保障

犯罪嫌疑人作为被追诉的对象，与掌握国家侦查权、以国家强制力为后盾的侦查机关相比较，无法与之相抗衡，为使双方力量平衡，实现等腰三角构造，必须通过法律赋予嫌疑人广泛的权利，作为与侦查机关相抗衡的武器和盾牌。目前现代西方国家普遍赋予嫌疑人在侦查阶段一系列重要的权利，如确立了辩护权、沉默权和嫌疑人的知情权等。在英国，警察在对嫌疑人实施逮捕时必须向其告之理由，并发出警告"你不必说任何话，除非你自己愿意这么做。但你所说的一切都可能被采用为证据"。并通过所谓的"当值律师计划"，为被逮捕者提供法律援助。尤其值得注意的是，在警察对嫌疑人实施讯问时，律师有权自始至终在场，而且进行同期全程录音或者录像，以此来保证警察讯问的有效性。同时，警察在实施强制措施时，嫌疑人可申请人身保护令。在美国，根据无罪推定原则，被告人不承担证明自己有罪或无罪的责任，侦查机构不得强迫嫌疑人作不利于自己的陈述，即确立了不得强迫自证其罪规则。而且警察在讯问嫌疑人时，律师始终在场。《德国刑事诉讼法典》规定了被告人的沉默权以及必须告诉他享有沉默权和不必自我归罪原则。法国刑事诉讼法典虽然没有明确规定嫌疑人在此阶段有保持沉默的权利，但也没有赋予他进行陈述的义务，在检察官和预审法官对嫌疑人进行的讯问中，嫌疑人的律师始终在场。

我国2012年修改《刑事诉讼法》后，赋予了犯罪嫌疑人、被告人一系列的诉讼权利，从而确立了犯罪嫌疑人、被告人的诉讼主体地位。在侦查阶段，犯罪嫌疑人享有自行辩护权、获得律师帮助权、申请回避权、拒绝回答与本案无关的问题等权利。这些权利的享有无疑是我国司法文明程度的重要标志，也是侦查机关查明案件事实、保证侦查活动顺利进行的需要。但是无论在理论还是在实践中，我国在侦查阶段对犯罪嫌疑人权利的赋予以及保障上仍有诸多不足。

（二）口供中心主义

我国《刑事诉讼法》规定："犯罪嫌疑人对于侦查人员的提问，应当如实回答。"这一"如实回答"的法定义务，给予了侦查人员强迫犯罪嫌疑人自证其罪的权力，导致在刑事侦查实践中长期存在视口供为证据之王、把获取口供作为破案的主要途径的不良现象。由于过分强调口供的重要性，导致刑讯逼供之风不断滋生蔓延，从而引发冤假错案的发生。走法治之路，成为法治国家，认同沉默权势在必行。

沉默权之所以被越来越多的国家认可并立法确认,主要是因为它的最高出发点是基于对公民基本人权的保护。沉默权是"无罪推定"原则的核心,体现出对犯罪嫌疑人和被告人的人权保障。"无罪推定"要求对犯罪嫌疑人、被告人在法院判决前不得作有罪推定。在程序上,应先假定其为无罪的人,不得强迫自证其罪。实行沉默权是世界法制史上的一个重大变革,是积极、进步的。从历史上看,自沉默权产生至今,对其的争议和批评就从来没有停止过。有人担心一旦赋予犯罪嫌疑人或被告人沉默权,将不利于案件的侦破。这其实是一个认识误区。我们看看美国移植这一制度的情况就能找到相应的答案。美国是最早移植这一制度的国家。在 20 世纪 60 年代美国刚推行沉默权时,公众抵触情绪很大,新闻媒体持反对意见,刑事侦查部门也无法接受。但随着时间的推移,它的优越性逐渐被认识。正是因为有了沉默权,警察、检察官才不得不进行更为细致的调查,从而能获得更为有利的控诉犯罪的证据。《美国宪法第五修正案》中明文反对强迫自证有罪,将沉默权这一刑事诉讼原则上升为宪法原则,从而赋予沉默权以最高的人权保障内涵,巩固了沉默权的地位和作用。而在我国,侦查阶段沉默权的缺失使得口供成为侦破案件的主要方式,使得侦查机关为获取口供而不择手段。

(三)律师参与侦查活动的范围有限

我国 1996 年刑事诉讼法规定了律师在侦查阶段就可介入提供法律帮助,并赋予律师在此阶段享有一定的权利,这些权利包括会见在押的犯罪嫌疑人权,了解罪名权,法律咨询、申诉、控告权,申请取保候审权等。这些权利的享有表明律师已介入到侦查阶段中,有效地保护了犯罪嫌疑人的合法权益。但是在实践中,侦查阶段犯罪嫌疑人权利弱小,律师参与侦查活动的范围有限,致使辩方权利范围极其有限,很难与强大的侦查机关相抗衡。

在侦查机关讯问犯罪嫌疑人时,我国法律未赋予律师在场权。由于在讯问阶段,犯罪嫌疑人处于警察的完全控制之下,若此时律师不介入,这种完全封闭状态下的讯问将极易发生刑讯逼供、诱供等情况,因此有的国家法律均规定,讯问时律师必须在场,否则所获取的证据将不予采信。尤其在英国,警察对嫌疑人实施讯问时,律师有权自始至终地在场。同时还建立了同步录音录像制度,一式两份,以防止侵权现象的发生。在美国警察对嫌疑人进行讯问之前或讯问过程中,嫌疑人提出要求会见律师的,警察只能等待辩护律师到场后再行讯问。在整个讯问过程中,辩护律师都有权在场。在德国讯问时辩护律师始终在场,当然如果在场会危及侦查目标的实现时,律师的这一权利可能会受限制。我国刑事诉讼法对律师在场权规定的欠缺,使得我国讯问呈一种全封闭状态,导致刑讯逼供现象容易产生,这对嫌疑人人权的保护是极其不利的。

(四)侦查主导案件走向

长期以来,在我国的刑事司法实践中,侦查活动处于诉讼的中心地位,侦查作为公诉的基础,起诉与审判通常对其具有依附性,由此导致审查起诉与审判阶段只是侦查阶段的程序性延伸,起诉阶段与审判阶段并未在实质上对案件的事实与证据进行严格甄别与把控,甚至在结果的判定上与侦查机关的定性完全一致,呈现出侦查主导公诉的异常侦查程序。法定常常在庭审之前就能够确定无疑地知道案件的处理结果,导致庭审只是形式化地将审判程序完成。而且从事实层面看,应属无罪的犯罪嫌疑人被侦查机关错认为有罪追诉后,难以在公诉阶段有效纠正,公诉机关的法律监督职能难以充分实现。审前程序中司法审查的缺位与庭审程序的虚置,均暴露出我国刑事诉讼中的侦查权过于强势。而侦查伴随着国家强大公权力的过度行使乃至滥用,又具有侵犯犯罪嫌疑人人权的潜在可能性。近些年来一些冤错案件的曝光也反复证明,正是侦查权的过于强势,才导致侦查逐渐架空了起诉和审判,使得程序的过滤与防范机制缺失,纠错与防错的功能萎缩。还有人认为,侦查成为我国刑事诉讼事实上的中心的极端表现就是一些争议极大的案件,根本没有机会进入审查起诉和审判阶段,出现所谓的"自杀"案件。由此可以得知,在刑事司法实践中,侦查往往主导案件的发展走向,形成了极不均衡的诉讼格局。由于卷宗笔录是刑事诉讼各个主要阶段最重要的案件载体,其能充分反映案件整体事实情况与大部分证据,因此卷宗笔录成为公检法关注的工作重心。实践中,在起诉阶段与审判阶段,部分检察官与法官往往都将主要精力放在了卷宗笔录的审查与查缺补漏之上,也因此导致审查起诉特别是庭审现场流于形式化,严重影响案件的公正审理,也极不利于犯罪嫌疑人人权的保障。兼具讽刺与警示意味的是,我国刑事司法实践中法院的判决通常是公安机关起诉意见书和检察机关起诉书的翻版。类似于呼格吉勒图案、聂树斌案等典型冤案的成因,尽管由法院做出判决,但问题往往缘于侦查阶段。正是侦查环节的问题导致案件带病进入起诉与审判阶段,审判仍然以案卷笔录为中心而非以庭审为中心,由于案卷笔录反映的是侦查意见及其支持依据,因此案卷笔录中心主义实为侦查中心主义。可见,以侦查为中心容易导致侦查程序出现过度重视卷宗笔录而忽视实际案件事实调查与证据的补充完善的不正常局面,导致案件流于形式审查,在很大程度上也排除了具体刑诉规则的适用。

（五）非法证据排除困难

如前所述，由于侦查中心主义色彩厚重，起诉与审判往往被侦查绑架，直接导致检察院与法院对公安机关认定的事实难以抗拒，因而，刑事案件中非法证据排除的阻力巨大。非法证据排除制度能够充分体现三机关相互制约的关系，但其在许多案件中未能得到严格应用。譬如，在赵作海案中，侦查机关采用刑讯逼供等非法方法收集的赵作海的供述在审查起诉、审判阶段并没有依法予以排除，反而作为起诉甚至是判决的依据。总体来看，在以侦查为中心的诉讼环境下，常常面临非法证据难以排除的困境。

（六）缺乏有效的监督机制

我国宪法与刑事诉讼法均已规定，公检法三机关在刑诉活动中，应当遵循分工负责、互相配合、互相制约的原则，目的原本在于保证刑事诉讼活动的平稳进行，防止权力的过分膨胀与滥用。司法实践中有不少案件在审查起诉阶段被退回补充侦查，但侦查机关却未在期限内补充提供充分证据。在此情况下，检察机关依然做出起诉决定，而最终法院也做出了有罪判决，显然这其中存在监督侦查乏力的问题。其原因在于，我国规定了侦查机关与检察机关相互制约，即在允许检察机关制约侦查机关的同时，也允许侦查机关进行反向制约，检察机关实际上难以实现单向监督，大大削弱了检察机关对侦查行为的监督力度。同时，由于我国没有中立的法官控制和监督侦查活动，致使整个侦查程序基本上由侦查机关操控。一旦犯罪嫌疑人面对强大的侦查机关的追诉活动尤其是其滥用职权时，犯罪嫌疑人的人权容易遭到侵犯。

第二节　"以审判为中心"诉讼体制改革对侦查程序的影响

侦查是诉讼的第二道工序，是审查起诉和法庭审判的前提和基础。由此，侦查环节的功能作用不言而喻。"'以侦查为中心'的诉讼格局可被称作'顺承模式'。"中国人民大学法学院教授李奋飞表示，过去的刑事诉讼程序从侦查经起诉再到审判环节，始终处于接力传承的状态。如同一叶扁舟顺流而下，作为源头的侦查一旦成型，就将左右后续程序的走向。处于"下游"的起诉、审判通常只能承接侦查结论，很难做出颠覆性改变。以审判为中心的诉讼模式，要求从侦查环节开始所有的证据都要为庭审做准备，因此随着此项改革政策的进行，侦查程序必然受到了多方面的影响。

(一)以审判为中心对侦查理念的影响

1. 对侦查本位的观念的影响

侦查本位强调侦查在整个刑事诉讼中居于主导地位,实践中侦查人员的视野也往往局限于侦查破案、抓获犯罪嫌疑人,比较关注案件是否能顺利移送审查起诉,而不太重视调查取证是否能够满足案件审判阶段证明犯罪事实和审查判断证据的需要,在证据收集上存在欠缺,不能形成证据锁链,影响了案件的最终定罪量刑。"以审判为中心",侦查人员必须认识到侦查仅仅是整个刑事诉讼中的最初环节,破案并非侦查的终极目标,从而树立侦查取证为法庭审理服务的大局意识,树立承担刑事犯罪证明责任的意识,全面、客观地开展侦查工作。

2. 对证据裁判意识的影响

在刑事诉讼中认定被告人有罪和处以刑罚,必须以证据为根据,没有证据或证据不足不能做出有罪裁判。对于侦查机关而言,立案、拘留、提请批捕、移送审查起诉,每个环节都要依凭证据说话,没有证据或证据不足不能强行为之,其中特别是不能以证据的证明力代替证据的证据能力,从内容、形式和来源等各方面确保证据的合法确实和充分。目前,侦查人员对证据裁判的意识不强,理解上存在偏差。由于犯罪案件存在一对一证据多、实物证据偏少的特点,传统上我国犯罪侦查多采用"由供到证"侦查模式,也就是侦查人员着重收集口供、证言等言词证据作为侦查的出发点和主要突破口,从而带动全案侦破。这种侦查模式在口供属实、程序合法的情况下,办案效率很高。但是这种依赖口供的侦查模式也存在明显的弊端,难以有效应对犯罪嫌疑人翻供和庭审中的严苛质询。"以审判为中心"要求庭审实质化,而庭审实质化的关键是让各类案卷笔录、书证、物证等证据在庭审聚光灯下充分"曝光",通过诉讼参与人举证、质证,充分发表意见,最后判断证据的证明力。说到底,庭审就是打"证据仗",侦查取证显得尤为关键,这需要侦查人员增强证据意识,把证据裁判的原则贯穿于侦查的各个环节之中。近年来,侦查机关已经在转变犯罪侦查模式方面作了很大努力,产生很好效果。随着"以审判为中心"的诉讼制度的变化,侦查机关必须进一步转变观念,加快实现从"由供到证"到"由证到供""以证促供""供证结合"的模式转变,弱化口供对案件侦查的决定作用,更加重视在侦查活动中以客观证据为核心。与"由供到证"式侦查模式只需要在室内对犯罪嫌疑人进行讯问相比,"由证到供"模式会涉及更广泛的侦查空间和复杂的侦查操作,因而也就需要各方面的司法投入。今后侦查机关应当加强对侦查人员的思想教育和业务培训,切实转变执法观念,不断优化侦查队伍的专业结构,并应坚持科技强侦,提高侦查工作的技术含量,强化秘密侦查措施和技术侦查手段的规范运用,充分发挥科技手段在犯罪侦查工作中的作用,利用新的技术装备及时发现、收集、固定各种证据,摆脱对口供的过分依赖。

3. 对诉讼意识的影响

根据司法最终解决的原则,在刑事诉讼的过程中,始终都包括控辩审三方的关系和结构,长期以来我国侦查工作中的超职权主义的秘密、单方、封闭的行政处理方式和运行状态也会发生改变。这首先需要侦查人员转变观念,树立诉讼的意识。一是在侦查过程中,司法权将会介入侦查程序,在侦查活动中也将有作为裁判者的第三方——中立司法官员的参与。二是对侦查人员出庭作证应有足够的心理准备。警察出庭作证已在我国多地试行,但是由于法律规定的不足及传统执法理念的影响,警察出庭作证制度在建立和实施上仍然存在一些问题。2012 年刑事诉讼法明确了警察针对程序性事实和实体性事实都有出庭作证的义务,而目前,很多侦查人员心理准备还不充分,应对的技巧也有待提高,需要侦查人员进一步提高出庭的技能,适应对抗性的庭审。

(二)以审判为中心对证据原则的影响

"以审判为中心"下将全面贯彻作为现代刑事诉讼普遍遵循的基本原则之一的证据裁判原则。该原则要求认定案件事实和定罪量刑,必须根据依法查明的证据进行,裁判案件要以事实为根据,认定事实要以证据为根据,证据是认定案件事实的唯一根据。没有证据不得认定事实,更不得认定犯罪。因此,侦查阶段必须更加注重对证据的收集工作。2012 年新修订的《刑事诉讼法》对刑事侦查程序进行了大篇幅的规定,也为大多数冤假错案进行了平反,比如聂树斌强奸杀人案、内蒙古呼格吉勒图奸杀案,这些都是 2012 年《刑事诉讼法》修改后带来的正面影响,也间接说明中国刑事诉讼法的大致修改方向是对的。从这些冤假错案中我们不难发现,刑讯逼供、屈打成招在其中扮演着很重要的角色。刑讯逼供等非法手段获取来的证据在我国法律规定中应当是属于直接摒弃的证据,但是最后为什么法庭依旧采纳呢? 这其实是由当时中国刑事诉讼法上的"以侦查为中心"的法律制度决定的。"以侦查为中心"实际上就是法院在审判案件时以侦查机关获取的证据作为定罪的依据,没有当堂出庭作证的证人,导致法官在刑事审判中被部分证据蒙蔽,无法持续保持中立的地位,最终无法实现法律上的公平正义。而与之相对的"以审判为中心"则要求法官在审判中保持绝对清醒,根据内心确信来认定案件事实,并竭力支持证人出庭作证制度。这就间接要求刑事侦查机关在具体案件中收集的各项证据的来源、途径等方面都要符合法律规定,否则犯罪嫌疑人随时有可能当庭翻供。侦查机关的证据只要有一方面无法达到法官内心确信的程度,该证据的证明力度就会受到相应的减弱,刑事侦查机关证明被告人有罪或无罪的证据就不充足,被告人就有可能无罪释放或加重刑罚。因此,"以审判为中心"要求刑事侦查机关搜集证据、调取证据、讯问犯罪嫌疑人、询问被害人时严格符合法律规定。

1. 对调查取证方式转变的影响

在"由供到证"式的侦查模式下,侦查活动的核心取决于获取犯罪嫌疑人的供述,对物证等实物证据的收集通常也依赖于对口供的获取,口供是一个贯穿刑事侦查始终的核心问题,或者说,整个刑事侦查程序的发展在很大程度上就是围绕口供展开的。在"由供到证"式的侦查模式下,口供不仅是一种重要的证据形式,更是侦查破案的主要突破口。此种侦查模式下的侦查活动经常是秘密的,刑讯逼供的盛行不可避免地成为"由供到证"式侦查模式的必然特征。"以审判为中心",要求实行直接言词原则,审判将贯彻交叉询问规则,使庭审活动更具对抗性。鉴于言词证据先天不足,受外在因素影响较大,特别是犯罪嫌疑人口供,因犯罪嫌疑人与审判有着直接而重大的关系,口供这种证据的真实性将面临巨大的考验,依赖口供的侦查行为在证据上存在重大风险。而且,"以审判为中心",审判是所有证据成为定案依据的最终环节,犯罪嫌疑人在审判中的供述将具有优先性,这必将加大犯罪嫌疑人翻供的概率,而一旦翻供,依赖口供而进行的侦查成果将付之东流。这样,传统依赖口供的侦查模式弊端明显,也难以应对犯罪嫌疑人翻供。随着"以审判为中心"的诉讼制度的确立,侦查机关必须以实物证据的调查、收集和运用为主、以言词证据为辅,更多注重物证、书证、电子证据等客观证据的提取,增加侦查工作的技术含量,强化秘密侦查措施和技术侦查手段的运用,提高利用新的高科技手段及时发现、收集、固定各种证据的能力。同时,也必须采取有效措施加以规制,以避免高科技手段的不规范使用而导致侵犯人权、取证错误等问题。

2. 对证据审查标准的影响

"以审判为中心"要求案卷笔录、书证、物证等各种证据均要通过诉讼参与人举证、质证,充分发表意见,最后才由法院判断证据的证明力。因此,侦查机关不仅仅是要收集证据,更应对收集到的证据加大审查力度,围绕证据的客观真实性、与案件的关联性、取得证据的合法性以及证据链条的完整性等进行全面细致的分析研究和审查判断。首先,证据审查应该达到"确实、充分"的标准。要结合案件的具体情况,从证据与待证事实的关联程度、各证据之间的联系等方面进行审查判断,按照"确实、充分"的证明标准来构建完整严密的证据体系。其次,应强调对非法证据的排除。法院通过对证据的终局性裁判为引导,来"倒逼"侦查机关按照非法证据排除规则的要求,严格审查收集的证据,确保进入庭审环节的证据均具有合法性。最后,应考虑证人出庭对证据可能产生的影响。从侦查环节收集审查证据开始,就必须考虑证人出庭作证可能带来的证据变化和对案件定罪量刑产生的影响,更加注重证据的全面性、合法性和有效性。"以审判为中心",严格贯彻证据裁判原则,所有案件事实均要求确实、充分的证据加以证明,审判不再是简单的宣读各种各样的笔录,审判的主要内容就是证据的质证,法官依证据裁判成为整个审判的核心,口供等各类言词证据的作用明显降低,而物证、书证等类型证据在审判中的重要性大幅提高。这种审判实质的变化必将影响侦查人员调查取证的偏好,有助于"重证据轻口供"的侦查模式的形成。

"以审判为中心"各种证据规则得以确立,除了"严禁刑讯逼供"的制度执行明显加大了侦查讯问的难度,"非法证据排除规则""不得自证其罪"证据规则的确立也进一步降低了侦查人员对犯罪嫌疑人口供的依赖度。而且,讯问场所的独立,审讯全程录音录像的实施,使得整个讯问过程完全置于阳光之下,过度依赖口供进行侦查破案必将事倍功半,也极大地降低了侦查人员获取口供的积极性,促进了"重证据轻口供"的侦查模式的转变。

(三)以审判为中心对侦诉审三者关系的影响

如何定位侦、诉、审三者之间的关系,从来都是刑事诉讼中非常重要的问题,这不仅关涉各程序功能的正常发挥,也影响到人权保障与犯罪控制、公正与效率等诉讼价值的实现。长期以来,我国公检法三机关的关系被定位为分工负责、互相配合、互相制约,以保证准确有效地执行法律。这导致在刑事诉讼中侦、诉、审结构呈流水式的线性结构,刑事诉讼程序中的重心在侦查环节,案件的实质调查在这一环节基本完成,之后的审查起诉和审判只是对侦查环节形成的卷宗和收集的证据予以确认。近年来曝光的冤假错案,无一不是与侦查环节收集证据出现问题但在审判环节未予以排除有关,于是审判的苦果接在了侦查和审查起诉的病枝上。因此,要实现"以审判为中心",必然会导致侦诉审三者之间关系的重塑。

"以审判为中心"的诉讼制度改革是诉讼模式的变化与革新。有学者认为,我国原有的刑事诉讼模式实际重心在侦查阶段,案件的实质调查都在这一阶段完成,之后阶段一般是对侦查阶段形成的卷宗和证据的确认。还有学者提出,由于侦查职能过于强大,公诉职能很大程度上从属或依附于侦查职能,这种侦诉关系不但不利于保障人权,也不利于在审前阶段形成合力。"以审判为中心"可以视为对实践中"以侦查为中心"现象的反思与革新,它意味着审判阶段是诉讼活动的中心环节,是审前活动的终极目的,控辩双方的对抗在审判阶段会更为激烈,承担追诉责任的侦查、起诉一方只有更为紧密的结合,才能形成合力,有效查明案件、打击犯罪。因此,应当逐步构建新型的侦诉关系,强化公诉对侦查的引导和规制功能,公诉人应根据庭审证明需要,以客观公正的视角,从应对法庭质疑和律师挑战的角度有针对性地引导侦查人员收集、补充证据,更加注重证据的真实性、合法性和证据链条的完整性,从整体上提高追诉质量。这种新型的侦诉关系是为了实现"以审判为中心"的诉讼制度变革而对侦查权和公诉权关系做出的必然理解,并不是要求检察机关与公安机关两个权力主体之间建立管理关系,而是为了适应庭审需要,在原有基础上发展出的更为合理科学的关系,也是"以审判为中心"的诉讼制度改革的必然方向。

建立新型侦审关系的重点是强化审判对侦查的制约。不论是从刑事诉讼立法还是从司法实践来看,目前我国侦审关系并非完全体现公检法三机关互相配合互相制约的原则。从规则层面看,除了人民法院在决定逮捕时由公安机关执行之外,侦审之间是一种既不配合也不制约的关系。特别是搜查、扣押等强制性侦查措施都由公安机关自行实施,除了逮捕之外的刑事强制措施都由公安机关自行决定,审判对侦查没有制约权。实践中则是侦查主导审判的样态,对于侦查机关开展的诉讼活动、收集的证据和认定的实施,审判机关倾向于相信和认同。确立以审判为中心,建立新型侦诉审关系,需要切断审判对侦查所收集证据的过分依赖,不能仅仅根据侦查卷宗材料进行定罪判刑。另外,应加强审判对侦查活动的监督制约,从源头上防止侦查机关采取违法手段收集证据。

第三节 "以审判为中心"要求下我国侦查程序的应对

由于现行的刑事诉讼模式呈现的"以侦查为中心"存在着种种弊端,因此我们应当尽快建立健全"以审判为中心"的刑事诉讼模式,促进司法权对侦查、检察权的合理制约。这样才能保障刑事司法在实体和程序上都符合司法公正的要求。

在侦查中心主义模式下,侦查权由于缺乏有效制约容易扩张,尤其在取证环节易于发生非法取证等问题,这决定了对侦查权进行有效制约的必要性。为全面落实"以审判为中心",一方面,需要通过审判机关以司法令状的形式对有关限制犯罪嫌疑人人身、财产权利的刑事强制措施加以事前审查。另一方面,法院在案件审理过程中应杜绝形式虚化主义倾向,着力解决证人作证、非法证据排除以及被告人诉讼权利保障等问题,以事后审查的方式约束侦查权,通过排除存疑证据,从根本上抵消侦查机关非法取证的动力。当然,推进这项诉讼制度改革,并不是要求公安、检察和法院三个部门之间的关系发生转变,一切活动围绕法院展开,也不是要求改变侦查、起诉、审判这一诉讼流程和分工负责、相互配合的机制,其实诉讼模式的"'中心论'与'阶段论'是辩证统一的,二者之间并不矛盾"。所以,这项改革并不是对以往刑事司法模式的全盘否定,更不是对现今已经取得成果的否定,而是在汲取以往司法活动经验和教训的基础上进行的纠偏,是在借鉴法治国家刑事司法经验的基础上探索符合我国国情的刑事诉讼模式。

推进以审判为中心的诉讼制度的改革,从大的方面讲,刑事诉讼法典需要调整,侦查机关与检察机关的关系,司法权与侦查权的关系,也可能需要重新设定,相关证据制度需要加以完善。在刑事诉讼法修改以前,要做好"以审判为中心"的诉讼制度改革,侦查阶段必须更新理念,完善相关机制。具体而言,可以着力做好以下几个方面的工作。

(一)转变侦查理念

1. 树立法治理念

依法治国的理念正在全面推进,这种法治理念也在不断地深入人心,随之而来的就是全民法治意识的不断增强,同时,对于尊重和保障人权方面的要求也在不断地提高,对此,侦查机关必须要树立起法治意识,将法治思维贯穿到侦查工作之中。要追溯到刑事诉讼的源头,做到有法可依、有法必依。而在接受这些法治知识时,也要将中国特色社会主义法治理论纳入所要学习的范畴,同时对这些法治思维和法治能力的培训予以加强,来加深侦查人员对法治的理解并且提高他们学法用法的能力。但若要进一步强化法治学习,则需要掌握法的基本价值及其相互之间的关系,以及了解公安重要法规制定的必要性、立法背景、立法过程等等内容,务必做到让侦查人员对于相关法律、法规和规章的规定的了解达到一个很全面的程度,让他们不仅知其然而且知其所以然,并且加强他们运用法治思维和法治方式思考问题的意识、提升他们用其解决问题的能力。

2. 树立"以审判为中心"的理念

要牢固树立和正确理解"以审判为中心",使该理念内化于心,外化于行。以审判为中心,不是以法院为中心,也不是以法官为中心,而是以审判程序为中心。以审判为中心,不涉及公检法各专门机关地位高低、作用大小等问题,它是程序法治应有的一种状态。侦查人员、公诉人员、审判人员、刑罚执行人员也不存在孰高孰低的问题,一切工作的出发点和落脚点是为了将审判工作做好,一切工作都是围绕审判工作而展开,目的是为了让人民群众在每一个司法案件中感受到公平正义。只有在这个理念的指导下,侦查、起诉、审判、刑罚执行等各项工作才能做得更好,也才能解决有些地方存在的公检法司各机关工作上互相不配合、心理上互相不服的问题。

3. 树立刑事诉讼各阶段证明标准可以存在差异的理念

树立刑事诉讼各阶段证明标准可以存在差异的理念可铲除以侦查为中心赖以生存的土壤。我国刑事诉讼法规定刑事证明标准为证据确实充分,排除合理怀疑。在司法实务中,在不同的诉讼阶段,均贯彻同一的证明标准。其实,在不同诉讼阶段,其直接任务、诉讼主体及其采取的诉讼行为均有不同,这些因素要求适用不同的证明标准。就直接任务而言,侦查阶段的直接任务主要是收集证据,抓获犯罪嫌疑人。因此,这一阶段只需对案件事实进行初步的证明,足以查获犯罪嫌疑人并对其采取相应的强制措施即可。起诉阶段的主要任务,是对侦查终结移送起诉的案件进行审查,确认是否将犯罪嫌疑人交付审判。在此阶段,只需公诉机关具有明确证据证明犯罪嫌疑人具有定罪的较大可能性即可提起公诉。审判阶段将集中并最终地确定对被告人的定罪量刑问题。侦查、起诉、审判阶段由不同的机关主导并作出相应的决定,对犯罪嫌疑人和被告人产生不一样的影响,有必要适用不同的证明标准。当然,从工作要求上看,侦查阶段、起诉阶段的证明标准应当向审判阶段的证明标准看齐,但如果强调标准统一的话,就容易导致出现以侦查为中心的局面。

4. 要树立程序公正优先理念

正义的实现让人民群众看得见、感得到。虽然从本质上看,程序公正与实体公正应当并重。但从具体案件的处理过程来看,程序先于实体而启动,客观上程序公正先于实体公正而存在,并且程序公正是"看得见的正义",具有独立的价值和法治意义。因此,在个案的办理上,办案机关要严格按照法定程序办案,使诉讼各方能够围绕定罪和量刑问题,充分提出证据、发表意见,充分进行交叉询问,开展辩论,充分发挥举证、质证、认证各环节的作用,特别要充分尊重和保障辩护律师依法履职的权利,真正使诉讼各方有证举在庭上、有理说在庭上。

5. 树立有限司法理念

我国司法机关传统上是持无限司法论观点的,认为通过司法机关的努力,犯罪事实总是可以查明的。然而,这本身就与司法规律相违背。因为侦控审机关查明或者确认的事实都是法律事实或者是证据事实,并不是实际发生的事实。"对事实的认定,只是说诉讼中认定的事实就性质而言是通过诉讼法律规则(包括证据规则)的运用而得出的'法律事实'或'形式真实',而非客观事实"。① 由于案件具有一维性及不可逆性,无论多么高明的侦控手段也不能穿越回到案件发生当时的情景中,这就决定了存在事实不能查明的可能性,这也是无限司法论不能自证其说的原因。因此,即使法官判决被告人无罪或者建议检察机关撤回起诉,也是符合司法规律的表现,并不是对检察机关工作的否定。因此,检察机关应改变以往狂热的追诉主义的做法,如果确实难以定罪或者量刑,在法院判决被告人无罪的情况下也应当尊重法院的司法裁判。这也是"以审判为中心"的含义之一,从而在理念上实现从无限司法论向有限司法论的转化。

6. 树立人权保障理念

"徒法不足以自行",在我们社会主义的法治进程中,人权写入刑事诉讼法的重大意义,需要全社会的共同努力以使其现实化,而其中执法人员尊重和保障人权的法治理念的树立,更是具有不可小觑的重要作用。树立尊重和保障人权的法治理念,不但是"以人为本"国家价值观的要求,更是我们这个时代精神的呼唤。这是我国民主法制建设进程中的一件大事,是中央深化司法体制改革的重大成果,是党的主张和人民意志的有机结合,对于健全中国特色社会主义法律体系、完善中国特色社会主义司法制度、树立社会主义法治国家良好形象,具有十分重要的意义。

贯彻尊重和保障人权的法治理念,首先要强化人权意识,实现惩罚犯罪与保障人权的统一。尊重和保障人权是宪法确立的一项重要原则。2012 年《刑事诉讼法》的修改,强化了对人权的司法保障,不仅将尊重和保障人权写入了《刑事诉讼法》总则,而且贯彻到具体的刑事诉讼制度中,体现了中国特色社会主义司法制度

---

① 牟军:《理念、事实与证明标准——以英美国家刑事司法审判为中心》,《西南民族学院学报(哲学社会科学版)》,2002 年第 8 期。

的本质属性,体现了我国人权事业新的发展进步。各级政法机关要强化人权意识,必须按照刑事诉讼法要求,切实在侦查、起诉、审判、执行活动中尊重和保障人权,彰显我国社会主义司法制度的优越性。要牢固树立惩罚犯罪与保障人权并重的观念,防止把两者对立起来,既注意准确及时地惩罚犯罪,依法维护公民、社会和国家利益,又注意保障犯罪嫌疑人、被告人和其他诉讼参与人的合法权利,努力实现惩罚犯罪与保障人权相统一。其次尊重和保障人权的法治理念,在政法工作的不同环节有不同的要求。刑事诉讼中,对犯罪嫌疑人、被告人诉讼权利的保护是尊重和保障人权的关键。对犯罪嫌疑人的拘留、逮捕要严格按照法律的规定,不能错拘、错捕。只有对犯罪事实已经查清,证据确实、充分,依法应当追究刑事责任的,方可提起诉讼。在刑事诉讼中还要特别注意超期羁押问题,对不能及时侦查、检察、审判的,应当及时变更强制措施。

(二)加强侦查机关自身建设

首先是要加强侦查人员的法律培训。徒法不足以自行,只有侦查人员掌握了规则,才能保证侦查行为及侦查程序的合法。可以考虑建立侦查取证的资格认定,也就是对侦查人员的侦查行为进行专门的培训并且需要通过专门的考试才能取得进入侦查程序进行案件办理的资格。同时要提升规范执法行为的能力,全面规范警方的侦查行为。从规范侦查过程、规范执法角度,加强警方内部的监督管理,严格区分刑事与行政职权,建立事先约束和事后审查机制,将侦查人员的侦查行为始终处于有效监督控制之下,使整个侦查活动在法庭上既合法又合理。还需要规范鉴定程序,侦查机关独家垄断鉴定的格局将被打破,需要接受法官及控辩双方对鉴定结论的质证。

其次是要提升证据收集的能力。促进证据的全面收集,要坚持"无罪推定"的思想,要把收集犯罪嫌疑人无罪、罪轻的证据摆在与收集其有罪证据同等重要的位置。不能只收集其有罪证据,而忽视无罪及罪轻证据的收集。要把"证据对抗"理念贯穿到整个侦查活动中,从辩护人、检察官、律师、法官的角度出发,对自己收集的证据进行审视和判断,使证据能够经得起庭审的检验。要改变对口供的过分依赖,着重从证据之间的关系、链接、印证上下功夫,建立起以物证、书证、电子证据和鉴定意见等客观证据为主体的证据体系,把侦查工作的重心从对犯罪嫌疑人口供的提取转移到物证收集上来。要秉承和贯彻非法证据排除理念,围绕证据的客观真实性、与案件的关联性、取得证据的合法性以及证据链条的完整性等方面进行完全细致的分析研究和审查判断。

再者是提升信息化条件下刑侦部门自身建设能力。要建立整合运用公安情报、技术侦查、网络安全监管、图像侦查等多种手段共同协力破案的工作机制。积极探索通过新的路径和手段开展侦查工作,利用信息化手段调取视频信息、查询嫌疑对象轨迹,将案件信息、图像信息、人员信息进一步关联碰撞,从而实现确定犯罪嫌疑人、固定相关证据的目的。大力提升侦查职业化水平,建立以主办侦查员制度为核心的侦破工作体系和职业化建设体系,改革侦查工作的绩效考评机制,使之直接与庭审结果挂钩。保持侦查员队伍相对稳定,建立与侦查内部职业衔接对称的收入分配、内部激励机制,使侦查工作做到专业、专责、专心。

最后要提升侦查人员应对庭审的能力。警方侦查员、鉴定人要习惯在辩方的当庭对质下加深法官对证据的内心确认,并反驳辩方对证据的质疑,从而使整个侦查的价值得到实现。而这一切,必然要求侦查员具备敏锐的反应能力、较强的逻辑思维能力、缜密的判断能力和相应的口才,否则会影响侦查绩效的实现。因此要加强侦查员的证据裁判规则、法庭审理程序的学习,通过对法庭庭审的观摩,进行相关场景实景展示的模拟法庭的训练,熟悉掌握相关的原则、程序以及技巧。

（三）重构侦查程序

在以审判为中心的诉讼改革大背景下,构建新型侦查程序是我国侦查程序改革的必然选择。合理调适侦查程序的关键在于需要打破以侦查为中心的传统侦查程序体系,重新科学地构建"以审判为中心"的新型侦查程序。

1. 建立新型侦诉协作机制

为充分适应以审判为中心的诉讼制度改革,应当构建新型侦诉协作机制。所谓侦诉协作,是指侦查机关与公诉机关为了更好地行使指控犯罪的职能,而在侦查与起诉过程中相互紧密配合协作所形成的诉讼关系。

首先,应加强审前的协作。审前协作要求侦查人员和检察人员改变侦查中心主义的传统办案思想,所有侦查与公诉行为严格遵循以庭审为中心。在以审判为中心的诉讼模式下,侦查机关在证据意识、取证能力等方面都面临着新的挑战。侦查机关应在转变理念、改进模式方面更加关注,努力实现"由供到证"向"由证到供"的转变。如果过分依靠被告人口供,在庭审中心主义的指导下,一旦被告人在法庭上翻供,公诉人将面临十分不利的局面。因此侦查机关与公诉机关应当在审前加强协作,在证据上要下足功夫,严格适用非法证据排除规则,以避免在庭审中指控不力或者追诉错误。

其次,应加强侦诉两方在庭审中的协作。为应对以审判为中心下越来越多案件要求侦查人员出庭的现象,一方面公诉机关可以邀请侦查人员亲身观摩庭审,感受庭审中被告人、辩护人对侦查人员的讯问,从而让侦查人员增加参与庭审的经验。另一方面,还可以通过在重大疑难案件庭审前,通过模拟庭审对侦查人员进行模拟出庭演练,从而让侦查人员进入角色,保障侦查人员在真正庭审压力下正常表达,取得良好的庭审效果。此外,单就公诉人而言,也应切实提高其在法庭上的举证、示证、质证以及辩证等方面的能力。

总之,侦诉机关应当共同努力形成充分、融洽与和谐的协作局面,形成强有力的侦诉一体的"大控诉"格局。侦查程序的完善要求在符合诉讼规律的前提下,以提升追诉质量为目的建立侦查机关与公诉机关之间的相互协作机制。

2. 建立检察介入侦查、公诉指导侦查制度

新型侦查程序的构建应当探索建立检察介入侦查、公诉指导侦查制度。以审判为中心的诉讼改革,要求确立公诉在诉前程序中的主导地位,通过检察介入侦查、公诉对侦查取证方面予以指导,以切实提升起诉的效果与质量。事实上,最高人民检察院在2015年就已将"推动建立重大、疑难案件侦查机关听取检察机关意见建议制度"作为年度工作重点之一,且全国检察机关第五次公诉工作会议也进一步提出公诉部门要发挥"诉前主导"作用。

具体而言,应强化检察机关提前介入侦查的力度,侦查机关在侦查人员覆盖面广、案情复杂的重大案件时,要主动告知检察机关,从而方便检察人员介入侦查,指导公安人员调查取证。同时注重侦查调查程序的规范,严格按照相关程序法律规定进行讯问、搜查、扣押等侦查行为,坚决杜绝刑讯逼供、引诱、恐吓证人做证,防止"毒树之果"。重视证据规则的适用,健全证据规则体系和证据调查程序,是解决庭审流于形式问题不可忽视的对策。

公诉对侦查具有引导作用,即公诉部门从公诉思维角度出发在取证方向、证据证明标准等重要方面应当给予侦查部门以指导性意见或建议,但并不意味着可以对侦查过程进行任意干预。所以,强化公诉对侦查的引导与规制功能,公诉人应当根据庭审证明的实际需要,以客观公正的视角,有针对性地从应对法庭质疑与律师挑战等角度引导侦查人员收集或补充证据,更加注重证据的真实性、合法性以及证据链条的完整性。当然,对于公诉指导、介入侦查的案件范围、条件和具体程序也有必要进一步明确,并且需要明晰侦查机关不执行检察建议的程序性后果。

3. 强化侦查监督与动态制约机制

因犯罪嫌疑人的人权保障在侦查阶段显得较为薄弱,故侦查阶段应视为刑事司法保障人权之关键阶段。权力的行使如若不受限制,那么强者往往会出现压迫或剥削弱者的倾向,所以要求监督和制约侦查权,防止侦查权被滥用。具体而言,要求对侦查权的监督从被动监督与事后监督向主动监督与同步监督进行转变,逐步形成动态持续有效的制约机制。公诉部门应切实发挥"过滤网"的作用,严格掌握证明标准,依法对侦查所获取的证据材料的合法性、客观性以及真实性进行全方位审查,不能简单地做案件的"二传手",应运用多元监督方式,坚决纠正侦查违法行为,切实依法排除非法证据;积极配合法院落实侦查人员、证人、鉴定人出庭制度,保证庭审质量。凡属重大疑难的案件,犯罪嫌疑人、被告人不认罪的案件,人民检察院都应当介入到侦查中,公安机关立案侦查所有案件都应当向检察机关报备,以便检察机关根据案情及时地参与和进行有效的法律实务研究。

(四)完善侦查阶段的证据规则

1. 强化对证据的审查

以审判为中心,庭审实质化要求案卷笔录、书证、物证等各种证据均要通过诉讼参与人举证、质证,充分发表意见,最后才由法院判断证据的证明力。因此,侦查机关不仅仅是要收集证据,更应对收集到的证据加大审查力度,围绕证据的客观真实性、与案件的关联性、取得证据的合法性以及证据链条的完整性等进行全面细致的分析研究和审查判断。以审判为中心导致在证据审查的标准、重点等也会发生相应的变化。首先,证据审查应该达到"确实、充分"的标准。要结合案件的具体情况,从证据与待证事实的关联程度、各证据之间的联系等方面进行审查判断,细化审查标准,强化审核责任,按照"确实、充分"的证明标准来构建完整严密的证据体系。正如习近平总书记在对《决定》所作出的说明中指出的:在司法实践中,存在办案人员对法庭审判重视不够,常常出现一些关键证据没有收集或者没有依法收集,进入庭审的案件没有达到"案件事实清楚、证据确实充分"的法定要求,使审判无法顺利进行。如果强行判决,则可能造成冤假错案。其次,应强调对非法证据的排除。随着以庭审为中心改革的推进,非法证据排除制度将成为辩护律师对抗控方的有力武器,最高人民法院也提出"应当依职权调查取证"和"严格执行非法证据排除制度"。由最高人民法院牵头起草、最高人民检察院、公安部、司法部、国家安全部共同参与制定的《关于严格实行非法证据排除规则若干问题的规定》对刑讯逼供、变相刑讯逼供等非法取证行为做出了更广泛的界定,包括建立和完善监所值班律师、同步录音录像等制度，还优化了非法证据排除程序，并规定裁判文书对于非法证据的审查不能视而不见，必须提及审查情况并说明理由等等。上述变化意味着法院将通过对证据的终局性裁判为引导，来"倒逼"侦查机关按照非法证据排除规则的要求，严格审查收集的证据，确保进入庭审环节的证据均具有合法性。再次，应考虑证人出庭对证据可能产生的影响。证人是否出庭作证是区别审判中心主义和侦查中心主义的重要标志之一。如果证人不出庭，调查在法庭、质证在法庭都无法落实。尽管2012年新《刑事诉讼法》实施以来证人出庭作证率仍然较低，但是随着以审判为中心的确立，证人出庭作证的比例将会大大增加。所以，从侦查环节收集审查证据开始，就应该也必须考虑证人出庭作证可能带来的证据变化和对案件定罪量刑产生的影响，更加注重证据的全面性、合法性和有效性。

2. 完善调查取证的方式

以直接言词为中心使庭审活动更具对抗性，这对我国传统的"由供到证"侦查模式提出更为严峻的挑战。尽管多年以来在推行刑侦改革中，侦查模式的转变和变革就是其中的内容之一，但是在实践中，侦查人员仍然重视收集口供、证言等言词证据，并以此作为侦查的出发点和突破口，从而带动全案侦破。这种依赖口供的侦查模式弊端明显，也难以有效应对犯罪嫌疑人翻供以及庭审中心主义下的严苛质询。随着以审判为中心的诉讼制度的确立，侦查机关必须加快实现从"由供到证"到"由证到供"的模式转变，转变为以实物证据的调查、收集和运用为主，以言词证据为辅，更多注重物证、书证、电子证据等客观证据的提取。正如公安部刑侦局局长刘安成所讲，在新形势下，要更准地办好案，其中在办案方式上，需要从传统的"先抓人后取证"，向"先取证后抓人再补证"的方式转变。① "由证到供"模式的确立需要一定的司法投入、科技投入等等。只有坚持科技强警，不断增加侦查工作的技术含量，强化秘密侦查措施和技术侦查手段的运用，提高利用新的高科技手段及时发现、收集、固定各种证据的能力，才能摆脱对口供的过分依赖，也才能实现《决定》中提出的"确保案件处理经得起法律和历史的检验"的目标。另一方面，也必须采取有效措施加以规制，以避免高科技手段的不规范使用而导致侵犯人权、取证错误等问题。

---

① 王志祯、毕玉婵：《创新新形势下的打击犯罪新机制——本刊专访公安部刑事侦查局局长刘安成》,《现代世界警察》,2014年第6期。

第六章

审判中心主义与起诉程序

第一节　侦诉关系之重构

一、我国侦诉关系现状之反思

根据《宪法》《刑事诉讼法》《人民检察院组织法》及司法解释的相关规定,我国侦诉关系以人民检察院依法对刑事诉讼实行法律监督为前提,公检机关分工负责、互相配合、互相制约。一方面是检警分立,检察院与公安机关之间诉讼职能存在明确分工,二者相互独立、相互平行,彼此间不分主次,各自行使法定权限;另一方面是检警制约,公安机关与检察院之间双向制约。检察机关作为法律监督权主体,有权对公安机关的侦查活动进行合法性审查,通过批准逮捕及审查起诉等方式对侦查行为进行事后监督,并对侦查人员取证过程中刑讯逼供和以威胁、引诱、欺骗及其他非法的方法收集证据等情况进行监督;同时公安机关亦可在法定情形下通过提请复议、申请复核等方式对检察院进行反向制约。"实践中,由于侦查职能过于强大,公诉职能在很大程度上还从属或依附于侦查职能,致使检察机关对侦查活动监督乏力,检察权对侦查权的控制相当微弱。"①检察监督的落实情况甚异于立法预期,警检关系呈现出警主检辅的格局。张建伟教授用"葫芦"来比拟我国刑事诉讼程序构造,侦查膨胀为底端的大头,而检察院沦为了连接侦查与审判之间的细腰。②

---

① 樊崇义、张中:《论以审判为中心的诉讼制度改革》,《中州学刊》,2015 年第 1 期,第 56 页。
② 张建伟:《审判中心主义的实质与表象》,《人民法院报》,2014 年 6 月 20 日。

（一）检察监督乏力

由于我国并未建立起令状主义与司法审查制度，检察监督是保证侦查权合法运行的主要方式。然而，从现有的立法与实践来看，检察机关对侦查机关的监督效果并不理想，侦查机关的违法行为屡见不鲜，检察监督的践行情况难以达到立法的预期。一方面，检察机关对侦查权的制约机制不足。侦查机关有权自行开展除了逮捕之外所有涉及公民人身、财产的强制性措施，检察机关仅能通过审查起诉等事后监督方式对侦查程序进行滞后的管控；另一方面，针对审查起诉过程中发现的问题，检察机关的处理方式限于提出纠正违法通知书或者检察建议书，侦查机关在收到相应文书后的处理并不在检察机关的控制范围之内，使得这种监督难以产生实质效果。若检察机关经审查发现案件证据达不到起诉标准的，一般采取程序倒流的方法，要求侦查机关重新侦查补充证据，这种处理方式具有明显的被动性和滞后性，不可避免地会导致诉讼效率的低下，还容易因为时间迟延无法准确纠正补错、追诉犯罪。总的来说，由于检察机关针对侦查机关监督的范围和手段上均存在不足，检察监督乏力，加上侦查机关先天权力的强势，审查起诉往往沦为了对侦查结论的再次确定，这就不难理解为什么有俗语将侦查机关比作做饭的，而检察机关仅仅是端饭的了。

（二）权责主体错位

"在刑事诉讼中，公安机关的取证行为是检察机关举证的基础，检察机关的举证行为是证明责任的具体落脚点。"①我国《刑事诉讼法》将公诉案件的举证责任分配给检察院，而公安机关作为诉讼程序的开启者及具体侦查工作的实施者，并不需要在之后的审判程序中承担相应责任。在实践中，公安机关往往将案件提起公诉视为案件圆满终结的标志，嗣后的审理过程及审理结果则在所不问，诉讼风险及错案追责全部由检察机关承担，追责路径的断裂使得侦查机关缺乏主动严格约束自身侦查行为的动机，反倒使得流于形式的检察监督成了归责口袋，这不仅会导致检察机关在诉讼中处于孤立地位，而且也违背了权责一致原则的要求。

（三）侦诉协作不足

侦诉机关是控诉职能的共同承担者，其诉讼目标具有天然的一致性，"若警检不是相互配合与协作，而是相互牵制，则会分散控诉力量，导致侦查与公诉脱节，

---

① 潘金贵：《侦诉协作：我国检警关系改革的目标模式》，《甘肃社会科学》，2008 年第 4 期，第 219 页。

影响国家追诉犯罪的质量和效率。"①然而我国侦诉协作在立法及司法实践中均存在诸多问题,一方面侦诉协作阶段狭窄,侦诉机关之间配合从目前来看仅限于审查起诉阶段,侦查阶段中侦查机关自成一体,审判阶段则基本由检察机关独立支撑。另一方面侦诉协作方式有限,在实践中,侦诉协作主要以侦查机关邀请检察机关派员介入或由侦查机关针对特定案件向检察机关通报初步案情、进行案件讨论的方式进行。在这些活动中检察机关一般也是通过浏览案卷来参与的,实际上也属于一种间接介入模式,与审查起诉并无显著区别,难以从实质上发挥引导侦查的作用。

二、新型侦诉关系之构建

专家学者针对我国侦诉关系存在的诸多问题,从不同的角度提出了多种改革设想及方案。有学者提出了主张确立检察官在侦查阶段的主导核心地位,突出检察机关在刑事诉讼中对公安机关侦查行为的领导、指挥、监督权,实现"侦检一体化"②。也有学者主张对公安机关的刑事侦查活动实行公安机关与检察机关双重领导的体制,既有利于形成侦查合力,也有利于强化和落实检察监督。③ 笔者认为在现有制度框架下,贯彻审判中心主义,就必须变互相牵制的侦诉模式为侦诉相互协作及检察机关引导侦查活动的诉讼模式,构建新型监督关系。

(一)加强检察对侦查的引导

以审判为中心的改革,更加凸显庭审在诉讼中的关键地位。作为以审判为中心的诉讼制度的关键环节,应保证控辩双方意见的充分表达。因此,控、辩双方的对抗在庭审中将会更加激烈。在此背景下,承担追诉责任的侦查、起诉方必须更为紧密地结合,形成合力,以有效查明案件、打击犯罪。公诉方应当利用自身专业素质,根据庭审证明需要,有针对性地引导侦查人员做好调查取证工作,以便更好地应对审判中法官及辩护人的质疑。最高人民检察院在2000年全国检察机关第一次侦查监督工作会议上提出要"依法引导侦查取证";在2002年召开的全国刑事检察工作会议上又提出了"坚持、巩固和完善适时介入侦查、引导侦查取证、强化侦查监督的工作机制"等四项改革措施;2012年《刑事诉讼法》中也对检察机关

①　周标龙:《从刑事诉讼目的角度看警检关系》,《政治与法律》,2007第1期,第146页。
②　陈卫东:《侦检一体化模式研究》,《法学研究》,1999年第1期,第64页。
③　龙宗智:《评"检警一体化"——兼论我国的检警关系》,《法学研究》,2000年第3期,第60页。

的提前介入做出了粗略的规定。然而,尽管有上述规定的存在,但其在实践中运行效果仍不尽如人意,缺乏成熟的制度化构建,需要对检察官提前介入引导侦查的案件范围,提前介入的职责,提前介入案件的信息来源进一步规范。

首先,应当将公诉引导侦查的案件范围限制为涉黑、涉恐、危害国家安全及有可能判处十年以上有期徒刑、无期徒刑及死刑的具有广泛社会影响的重大、复杂案件。审判中心主义下司法资源高度集中,检察机关要真正提前介入并有实效地引导侦查要求投入相当数量和质量的检察人员,仅针对特定案件进行介入侦查更符合效率原则的要求。其次,要将检察人员介入侦查的时机确定为立案之时,自立案时起便从审查起诉的角度及时帮助和引导侦查机关依法收集、固定证据,这有利于提高诉讼效率,保证取证活动的准确性与合法性。① 再次,检察机关介入侦查并不是说由检察人员亲自参与侦查,而是通过了解侦查收集的证据情况,对侦查活动进行的方向、目标及工作进程进行指导,可以通过口头、书面或者召开案件联席分析会议的方式进行。最后,关于提前介入侦查的案件信息来源的解决问题,有学者指出应当搭建侦诉信息互通平台。② 在大数据时代,想要卓有成效地开展侦诉协作,其首要前提是实现信息共享。公安机关将其在整个侦查阶段中各项工作的开展情况通过信息平台与检察机关共享,而检察机关也及时通过公诉信息平台将是否提起公诉、法院具体审判情况等与公安机关共享。侦诉信息共享平台的建设有助于侦诉工作的开展,增加了侦诉协作的操作性和可能性。

(二)明确权责主体及职责

侦诉权责承担主体的错位将带来一系列的负面影响,要解决这一乱象,首先,要重新分配审判中指控犯罪的证明责任,由侦诉机关共同对审判中认定被告人有罪的证据的真实性、合法性和关联性承担证明责任。侦查机关不仅要在必要的时候出庭作证,协助检察机关完成举证,而且要在因侦查机关自身原因导致证据被排除、证据链条断裂等严重后果时承担相应的责任。这样才能有效整合侦诉力量,防止侦查机关单方的推诿扯皮。其次,建立双向追责制度,按照侦诉双方各自的过错程度分别追究责任,避免让法律监督权成为责任口袋。这样不仅符合权责一致原则的要求,而且可以对侦查机关形成倒逼机制,督促其在侦查过程中严格

① 汪建成:《检察职能与检察机关内设机构改革》,《国家检察官学院学报》,2015年第1期,第57页。
② 黄曙:《"审判中心"背景下侦诉关系的检视和完善》,《人民检察》,2015年第8期,第17页。

依法办事。

（三）强化侦查监督

"中外刑事诉讼的历史已经反复证明,错误的审判之恶果从来都是结在错误的侦查之病枝上的。"①以侦查为中心所带来的弊端是毋庸置疑的,从比较法的角度看,外国通常强化侦查阶段辩护力量、采用司法令状制度的方式来制约侦查权的肆意行使,但我国并没有采用这两种方式的传统土壤。通过检察监督对侦查权予以制约不仅符合我国司法实际,而且具有理论上的合理性。"从发展的角度看,即便是将来我国对刑事审判前程序的诉讼构造进行了较大改革,警察的侦查活动可以受到来自法官和律师的较为有效的制约,基于完善追诉权主体内部结构和追诉职能的需要,也应当进一步强化警检关系中的制约机制。"②因此,如前文所述,为提高控诉质量及效率必须加强侦诉协作,但并不意味着将偏废侦查监督制度。侦查监督的目的在于保证侦查程序目标的实现,保证侦查权依照法定授权和程序正确行使。通过检察监督防止侦查权滥用,提升侦查程序的法治化与人权保障水平,是在侦诉程序中贯彻审判中心主义的应有之义。

首先,检察机关要真正承担起"法律守护人"的职责,发挥其法律监督者的作用。在刑事诉讼过程中牢记自身的双重属性,避免为追求惩罚犯罪,或偏重侦诉合作而对侦查环节中的诸多违法行为采取放任态度。其次,要完善监督手段、改进监督机制。在建立侦诉信息互通平台的同时着重建立强制处分性措施的告知机制,方便检察机关对搜查、扣押等直接涉及公民人身、财产权利的强制处分措施的监督,将滞后被动的事后监督转变为及时同步的事前监督,在相互配合的过程中切实进行法律监督。最后,应当明确检察监督的方式和处理权限。当前检察监督主要通过发出纠正违法通知书和检察建议书的方式进行,公安机关后续的改正情况是否合法合理则不在检察机关的掌控范围之内。若不适当赋予检察机关必要的实体处理权限,检察监督将难以达到理想的监督效果。笔者认为要加强法律监督,就必须明确检察机关的实体处理权,明确侦查人员在无正当理由的情况下拒绝接受检察建议的程序及实体后果。当侦查工作出现违法情形时,检察机关有权视情节轻重采取建议纠正、责令改正、要求上级侦查机关直接追责等处理方式。检察人员在监督过程中发现侦查人员滥用职权、徇私舞弊或刑讯逼供构成犯罪

① 李心鉴:《刑事诉讼构造论》,中国政法大学出版社1992年版,第179页。
② 宋英辉:《刑事诉讼原理》,法律出版社2003年版,第248页。

的,及时移送相关部门立案侦查。

第二节　撤回公诉制度

一、撤回公诉制度的立法及司法现状剖析

学术研究的基本价值就在于解决实际问题,忽视具体问题的高谈阔论都是没有用处的。要解决问题首先要了解问题所在,只有深入挖掘、分析问题的实际情况才能为解决问题提出有建设性的方案。换言之,要使我国撤回公诉制度走出困境,首先必须将对撤回公诉制度运行现状的考察纳入到研究视野中来。

(一)立法缺失与司法解释蓬勃发展间的两极化

检察机关撤回公诉相关法律规定的演变呈现一个两极化趋势:在立法上,它在 1979 年《刑事诉讼法》上初现身影,1979 年《刑事诉讼法》第 108 条规定,人民法院对于不需要判刑的,可以要求人民检察院撤回起诉。此规定在赋予法院要求撤诉权的同时,也为撤回公诉制度提供了法理依据。[①] 基于对控审分离原则的贯彻,1996 年《刑事诉讼法》第 136 条规定,"凡需要提起公诉的案件,一律由人民检察院决定"。这一修改回应了 1979 年 108 条法院超越审判权,违反国家起诉原则等相关基本规则的质疑,同时使得检察机关撤回公诉制度失去了法律层面的直接明确规定,而该项立法上的空白在 2012 年《刑事诉讼法》中亦未得到填补。至此,检察院撤回公诉权并未得到刑事诉讼法这一基本法的认可。

与法律层面的销声匿迹相反的是,检察院撤回公诉的相关规定在关于《刑事诉讼法》实施的系列司法解释中日渐明晰,呈现出蓬勃发展的态势。

1996 年《刑事诉讼法》修改之后,最高法于 1998 年《最高人民法院关于执行〈中华人民共和国刑事诉讼法〉若干问题的解释》(以下简称"司法解释")中,对于检察院撤回公诉做出两个条文的规定,分别是 157 条第 2 款的补充侦查期限届满未恢复审理的案件应当按检察院撤诉处理和 177 条检察院在案件宣判之前,可以向法院申请撤回公诉的规定。1999 年《人民检察刑事诉讼规则》(以下简称"最高检刑诉规则")对于检察院撤回公诉进行了颇为详尽的规定,除开对于上述所提及

---

① 龙宗智:《论新刑事诉讼法实施后的公诉变更问题》,《当代法学》,2014 年第 5 期,第 17 页。

的补充侦查期满未恢复审理按照检察院撤回诉讼处理之外,1999 年的最高检刑诉规则第 351 条大致将检察院撤回诉讼的情形分为三大类:发现不存在犯罪事实、犯罪事实并非被告人所为和不应当追究被告人刑事责任的。并且在 351 条对与检察院撤诉的相关程序和撤诉后再次起诉的条件进行了笼统的概括:检察院在判决宣告前撤回公诉需要征得法院的同意,撤诉后再次起诉需要具备新事实或者新证据。在这个时间段内,按照是否遵循检察院主观意志为标准,可以将撤回公诉分为两大类:一类是侦查期限届满,按照检察院撤回公诉处理的情形;另一类是检察院主动要求撤回公诉,即满足上述三类情形。撤诉之后只要满足发现新证据或者新事实的条件,就可以再次起诉。

　　针对撤回公诉权在各基层司法部门出现滥用和误用的情况,最高人民检察院在 2007 年印发了《关于公诉案件撤回公诉若干问题的指导意见》的通知,该意见对于撤回诉讼案件的类型、程序、禁止滥用撤诉的情形以及撤诉后再起诉的条件都进行了详尽的规定,并且大部分为 2013 年《人民检察刑事诉讼规则》所吸收。2013 年《人民检察刑事诉讼规则》第 459 条明确了撤回公诉的具体情形:(一)不存在犯罪事实的;(二)犯罪事实并非被告人所为的;(三)情节显著轻微、危害不大,不认为是犯罪的;(四)证据不足或证据发生变化,不符合起诉条件的;(五)被告人因未达到刑事责任年龄,不负刑事责任的;(六)法律、司法解释发生变化导致不应当追究被告人刑事责任的;(七)其他不应当追究被告人刑事责任的。同时规定,检察院在撤回公诉后的 30 日内应当制作"不起诉决定",对于需要侦查的案件也应当将案卷退回公安机关,明确了再次起诉的新事实和新证据的具体标准。相对于之前的司法解释来说,2013 年《人民检察刑事诉讼规则》显然具有较强指导性和可操作性。

　　追寻撤回公诉立法沿革路径的过程揭示出一系列问题。

　　首先,比对《刑事诉讼法》和司法解释,不难发现这个让人匪夷所思的问题:既然,撤回公诉制度的"出身"值得怀疑,为何在司法解释这一面向上呈现出更加蓬勃的趋势,有关撤回公诉的规定越来越详尽和细化?想来在立法上不能够提供足够的法律支持的情况下,司法机关基于自身职能的需要,势必通过制定抽象而完备的司法解释来进行"二次立法",以弥补刑事诉讼立法的不足。[①]

　　其次,将检察院撤回公诉的相关条文进行归纳分析,按照是否遵循检察院主

─────────────────

　　① 　谢佑平、万毅:《刑事诉讼法原则:程序正义的基石》,法律出版社 2002 年版,第 120 页。

观意志为标准,可以将撤回公诉分为两大类:一类是按撤诉处理,补充侦查期限届满后,经法庭通知,人民检察院未将案件移送人民法院且未说明原因的,人民法院可以决定按人民检察院撤诉处理;另一类是检察院主动要求撤回公诉,即满足 13 年高检规则上述七类情形。按照撤回公诉的理由为标准,可以将撤回公诉的情形分为两大类:一类是"错案",这类案件原本就不应当提起公诉。高检规则 459 条第 3 款与《刑事诉讼法》第 15 条第 1 款法定不起诉的规定同一,第 5 款符合《刑事诉讼法》第 15 条第 6 款的规定。具体包括法定不起诉和酌情不起诉案件。检察院对于这类案件的处理方法主要是在法院准许检察院撤回公诉之后 30 日内制作不起诉决定书。另一类是"疑案",主要是证据不足或者变化时,无法满足当初提起公诉的条件。这类案件的处理方法较为灵活,视案件情况可以是撤销案件,亦有继续侦查。那么撤回公诉的性质是什么?是程序的终结还是中止?撤回公诉之后是否能够退回侦查机关补充侦查,而撤回公诉之后再诉是否没有次数的限制?

所以,一方面,针对"以证据不足或证据发生变化而撤回公诉"的生存状态亟须探讨;另一方面最高检刑诉规则对于检察院撤回公诉条件规定得更加具体的同时,折射出的是对于撤回公诉这一诉讼行为所具有的"广泛的市场",因为法律的更迭往往来源于实践的需求。如何规范检察院"撤回诉讼"的程序亦是问题解决的关键。

(二)撤回公诉制度司法现状之考察

如前所述,撤回公诉制度在法律文本与司法解释之间呈现出截然不同的发展态势,制度设置层面经历了立、废、改三个阶段,颇具坎坷之意。但是立法上的先天不足并没有减损撤回公诉制度在司法实践中常年保持的旺盛的生命力,甚至因为司法机关对撤回公诉的时间、范围、程序、效力等问题长期不能达成共识,使得公诉案件撤诉实践中的混乱局面愈演愈烈。

1. 撤回公诉司法实践数据整理

在《2007 年指导意见》发布以前,根据全国性的司法统计数据,2001 年到 2005年五年间,共计 7112 件刑事公诉案件被作撤诉处理,相继有 10 余万人曾经被送上法庭接受审判而后又撤回起诉。[①] 从地方性数据来看,广州市各检察院 2000 年

---

① 郝银钟:《"撤回起诉"现象应予废止》,《法制日报》,2006 年 9 月 28 日。

至2002年11月全市撤诉案件共302件,无罪案件24件。① 另外,C市2003年至2005年撤回起诉的案件数分别为:35件、47件、33件,占提起公诉案件数的比例为:0.43%、0.55%、0.37%。② 在《2007年指导意见》颁布之后直至《2012年规则》实施以来,撤回公诉的案件仍然维持着一定的数量和比例。根据统计,北京H区检察机关2007年至2009年间撤回起诉的案件在起诉案件中所占比例分别为0.12%、0.14%和0.1%。③ B市2009年至2013年撤回起诉的人数分别为:36人、41人、65人、38人、43人,占提起公诉人数的比例分别为:1.31%、1.55%、2.49%、1.21%、1.85%。④

为从宏观上把握我国检察机关撤回公诉案件的实践情况,笔者以"刑事案件""检察院撤诉"为关键词在中国裁判文书网⑤中进行检索,整理统计了2014年1月1日至2016年12月31日间共757份司法文书。从案件分布来看,撤回公诉案件不存在明显的地域性规律,与区域经济发展水平也没有直接的关联(见表6-1)。按裁判年份划分,2016年共有案件310件,2015年共有案件106件,2014年共有案件239件。总的来说,撤回公诉制度在司法实践中一直保持着旺盛的生命力。

表6-1

北京	8	山东	60	河南	30	湖北	38
广东	21	湖南	28	天津	1	河北	153
四川	41	重庆	7	海南	3	广西	21
贵州	4	云南	4	陕西	28	甘肃	9
山西	25	内蒙古	13	辽宁	25	吉林	23

---

① 广州市人民检察院课题组:《关于撤诉案件和无罪判决案件的调查报告》,《中国刑事法杂志》,2003年第5期。

② 王昕、黄维智、廖耘平:《从撤回起诉的实际状态透视公诉条件的形成》,《人民检察》,2010年第2期。

③ 邢永杰、侯晓焱:《撤回公诉问题评析》,《国家检察官学院学报》,2013年第3期。

④ 李佳:《无罪案件司法运行状况分析———以无罪判决和撤回起诉案件为研究样本》,检察论丛(第二十册),2016年。

⑤ 2014年1月1日,《最高人民法院关于人民法院在互联网公布裁判文书的规定》正式实施。该司法解释明确,最高法在互联网设立中国裁判文书网,统一公布各级人民法院的生效裁判文书;中西部地区基层人民法院在互联网公布裁判文书的时间进度由高级人民法院决定,并报最高法备案。以中国裁判文书网为数据来源,可以保证数据资料尽可能地具备全面性、真实性和代表性。

续表

北京	8	山东	60	河南	30	湖北	38
黑龙江	37	上海	1	江苏	12	浙江	35
安徽	43	福建	12	江西	7	青海	41
宁夏	5	新疆	22					

2. 典型案例折射出的撤回公诉司法实践之殇

案例一:河南胥敬祥"抢劫、强奸案"①

1992年4月,河南省鹿邑县农民胥敬祥因涉嫌抢劫、强奸被捕,1992年8月移送审查起诉,经有关部门多次"协调"至1996年12月起诉到法院,4年内先后6次退回补充侦查。1997年3月鹿邑县法院做出一审判决,认定胥敬祥构成抢劫罪、盗窃罪,决定合并执行有期徒刑16年。1999年12月,河南省检察院指定周口地区检察分院(后改为周口市检察院)向周口地区中级人民法院(后改为周口市中级人民法院)对胥敬祥案件提出无罪抗诉。周口市中级法院审理后,认为原判认定事实不清,证据不足,指令鹿邑县法院再审。2002年4月鹿邑县法院裁定"维持原判"。胥敬祥提出上诉,周口市中级人民法院于2003年3月终审维持原判。2003年6月,河南省检察院向河南省高级法院提出无罪抗诉。2005年1月,河南省高级法院以事实不清为由撤销一、二审法院对胥敬祥的三次有罪判决和裁定,发回鹿邑县法院重新审理。河南省检察院指令鹿邑县检察院申请撤回起诉,鹿邑县法院裁定准许撤回起诉,并对胥敬祥做出了存疑不起诉处理。

案例二:河北刘志连"故意杀人案"②

2006年6月河北邯郸市涉县刘志连因涉嫌毒害同村陈锦鹏被捕,同年10月20日,邯郸市人民检察院对刘志连以故意杀人罪向邯郸市法院提起公诉。开庭后,迟迟未见判决。2009年6月,邯郸市检察院向邯郸市中院发出《纠正违法通知书》,指出刘志连案于2007年3月31日已超过法定诉讼期限。2009年8月,邯郸市中院终于做出一审判决,判处刘志连犯故意杀人罪,处死刑,缓期两年执行,剥夺政治权利终身。刘志连不服判决提出上诉,2009年12月,河北省高级人民法院

---

① 杨维汉:迟到的正义——河南胥敬祥13年冤案纠错记,新华网 http://news. xinhuanet. com/legal/2005 – 07/28/content_3280493. htm. 最后浏览日:2017年1月2日。

② 朱峰:《河北刘志连故意杀人案被告被免于起诉》,载新华网,http://news. xinhuanet. com/2011 – 08/08/c_121830346. html,最后浏览日:2017年1月3日。

撤销原判决,发回邯郸市中级人民法院重审。2010 年 7 月再审开庭,邯郸市检察院主动撤诉。随后在没有任何新证据出现的情况下发出了一份指定管辖通知,将刘志连案指定给涉县检察院再次审查起诉。2010 年 12 月涉县检察院以同样罪名将刘志连起诉到涉县人民法院。2011 年 5 月,涉县法院做出《不予受理决定书》,理由是涉县检察院隐瞒了此案曾经由邯郸市检察院撤诉的情况,而且在没有任何新事实与证据的情况下再起诉没有法律依据。2011 年 8 月 6 日,涉县检察院撤回起诉,当日移交邯郸市检察院,2011 年 8 月 7 日,邯郸市检察院宣布"存疑不起诉",刘志连被释放。

案例三:河南胡电杰"故意杀人案"①

2002 年胡电杰被怀疑以极其恶劣的手段杀害同村郭瑞英及其子女,7 月,胡电杰被濮阳市人民检察院指控犯有故意杀人罪,起诉到濮阳市人民法院。2003 年 10 月,濮阳市中级人民法院判处胡电杰死刑,不立即执行。胡电杰提出上诉,因最重要的杀人凶器没有起获,造成本案证据严重不足,故河南省高级人民法院以"事实不清,证据不足"发回重审。直至 2009 年 8 月,因三次被河南省高院发回重审,濮阳市中级人民法院三次判处胡电杰死刑,但是最终仍旧被发回。第五次审理时,濮阳市人民检察院以"事实、证据有变化"为由,决定撤回起诉。2011 年 1 月,河南省高级人民法院下达终审裁定,准予撤诉。撤诉不等于无罪,胡电杰离开看守所后,因此案"不能在法定期限内办结,需要继续侦查",根据刑事诉讼法第 74 条的规定,经南乐县公安局决定,被采取监视居住的措施。

案例四:重庆李庄"伪证案"②

2009 年 12 月 28 日,重庆市江北区人民检察院以李庄作为诉讼代理人毁灭证据、伪造证据、妨害作证等罪名向重庆市江北区人民法院提起公诉。2010 年 1 月 8 日,重庆市江北区人民法院做出判决,李庄被判有期徒刑 2 年 6 个月。李庄不服,坚称自己无罪,以原判认定事实不清,证据不足,提出上诉。2010 年 2 月 9 日,重庆市第一中级人民法院做出判决,李庄被判有期徒刑 1 年 6 个月。2011 年 4 月 2

---

① 李丽:《河南一嫌犯 4 次被判死缓均被发回重审》,载凤凰网,http://www. ppkulaw. cn/full-text_form. aspx? Db = news&Gid = 30715&keyword = % E6% 92% A4% E5% 9B% 9E% E8% B5% B7% E8% AF% 89&Encoding Name = &Search_Mode = accurate,最后浏览日:2016 年 12 月 25 日。

② 王岩、贺信:《李庄案大转折》,载财新网,http://china. caixin. com/2011 - 04 - 22/100251516. html,最后浏览日:2016 年 12 月 24 日。

日,重庆市江北区检察院以李庄妨害作证罪为由向重庆市江北区法院提起公诉。2011 年 4 月 22 日,重庆市江北区法院开庭审理此案,重庆市江北区检察院以本案证据发生变化,导致认定李庄犯辩护人妨害作证罪的证据存质疑对此案撤回起诉,重庆市江北区法院经过合议庭评议后认为重庆市江北区检察院在判决宣告前,申请撤回起诉的理由成立,裁定其准许撤诉。

案例五:杨波涛"强奸杀人碎尸案"①

2004 年 6 月 27 日杨波涛因涉嫌强奸、杀害 22 岁被害人李月英被刑事拘留,7 月 6 日被逮捕。同年 7 月 29 日梁园分局向梁园区检察院递交起诉意见书,9 月 5 日移送审查起诉。经两次退回补充侦查,2005 年 7 月 25 日商丘市人民检察院以"故意杀人罪"向商丘市中院提起公诉,2005 年 8 月 8 日商丘市中院开庭审理。2005 年 9 月 1 日,商丘市中院以故意杀人罪,判处杨波涛死刑,缓期两年执行。杨波涛不服该判决,以遭受刑讯逼供为由,提出上诉。2006 年 6 月 7 日,河南省高院做出刑事附带民事裁定,以原判认定"事实不清"为由撤销原判、发回重审。2012 年 4 月 6 日,商丘市中院开庭审理杨波涛案,一直未下判决。2013 年 8 月 23 日,商丘市检察院以本案"事实不清、证据不足"为由,决定撤回起诉。同年 8 月 26 日,商丘市中院下达刑事裁定:准许商丘市检察院撤回起诉。

上述五个案例尽管发生时间、涉案对象、涉案事由均不相同,但其在案件的处理流程上却大同小异,期间集中反映了撤回公诉制度在司法实务中存在的诸多问题。

第一,撤回公诉成为检察机关规避无罪判决的常规性手段

通过仔细研读上述案例,我们不难发现胥敬祥案、刘志连案以及杨波涛案是以事实不清、证据不足为由撤回公诉,而胡电杰案和李庄案则是以事实、证据发生变化为由撤回公诉,总的来说这五个案例都是由于证据问题而撤回公诉,但是依据我国刑事诉讼法的规定,刑事案件证据不足的,应该直接做出无罪判决,而这五个案例中均可以看见法检机关之间的相互推诿,最终以撤回公诉为遮羞布,将案件草草进行处理,在此我们似乎可以得出结论,在很大程度上撤回公诉的长期活跃,是出于对无罪判决的回避。当然,仅以上述五个案例中检察机关撤回公诉的情况来说明问题,未免过于简单化,陷入统计偏差的泥淖,那么以下的数据可能更具说服力。根据统计,北京市检察机关 2011 - 2013 年撤回起诉共计 145 人,其中,

---

① 孙旭阳:《羁押十年归来》,《海南人大》,2014 第 3 期,第 52 - 53 页。

以证据变化为由撤回起诉的 93 人,占 64.14% ;以证据不足为由撤回起诉的 13 人,占 8.97% ;以法律、司法解释发生变化导致不应当追究被告人刑事责任为由撤回起诉的 28 人,占 19.31% ;以情节显著轻微、危害不大,不认为是犯罪为由撤回起诉的 8 人,占 5.52% ;以其他理由撤回起诉的 3 人,占 2.07%。① (参见图 6 – 1)

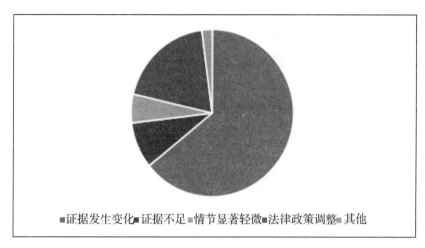

■证据发生变化■证据不足■情节显著轻微■法律政策调整■其他

图 6 – 1

　　从上述数据可见,因证据原因,包括证据发生变化或者证据不足而撤回起诉的案件在全部撤回起诉案件中所占的比例最高,高达 73.11%。就此而言,在司法实践中,撤回公诉主要被用来规避证据不足的无罪判决。以撤回公诉来规避无罪判决的做法对于降低无罪判决率究竟产生了多大影响,可能很难具体量化。但长期以来,司法实践中撤回公诉的人数及其在提起公诉案件中所占的比例均远远高于无罪判决的人数及其在生效判决中所占的比例,这似乎可以为解答这一问题提供有益的注解。以湖南省 C 市 2010 – 2014 年两级法院一审公诉案件撤回及无罪判决情况的数据统计为例,2010 – 2014 年间共审结公诉案件 2051、2032、2011、2178、2241 件,撤回公诉案件分别为 12、11、9、15、13 件,而无罪判决数为 2、1、1、2、2 件,所占比例呈十倍之差。② (参见图 6 – 2)由此可见,至少在一定程度上撤回

---

① 朱克非:《公诉案件撤回起诉问题研究》,《清华大学》2014 法学硕士学位论文,第 14 页。
② 唐红、陈建新:《回归本位:审判中心主义语境下公诉撤回制度之检视与重构——以司法场域中公诉案件撤回诉审合意现象为视角》,《尊重司法规律与刑事法律适用研究(下)——全国法院第 27 届学术讨论会获奖论文集》,人民法院出版社,2016 年第 13 页。

公诉成了检察院规避人民法院"无罪判决"的重要途径。

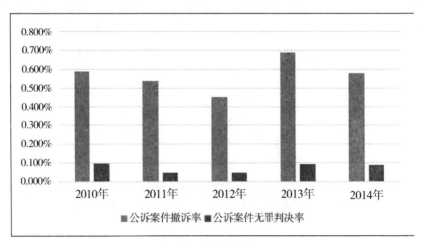

图 6 – 2

第二,撤回公诉程序的正当性不足

首先,根据正当程序原理,法院、检察院在做出某种程序决定特别是不利于当事人的程序决定时,应当告知当事人并听取其意见。但对于撤回公诉,我国"两高"司法解释只规定要经过法院的准许,而没有要求告知当事人及其辩护人、诉讼代理人,更没有要求听取当事人双方的意见。在上述五个案例的相关报道及司法文书中,均没有提及在检察院撤回公诉过程中对被告人的告知。而根据学者的调查显示,在撤诉实践中,在法院做出准许检察机关撤诉的裁定之前,检、法机关通常都不会告知当事人及其辩护人、诉讼代理人,也不会听取其意见。从 J 市市检、J市区检、L市市检、L市区(县)检共 94 名公诉人员对调查问卷的回答来看,对于"检察机关做出撤回公诉决定后,法院审查批准前,检察机关是否会告知被告人及其辩护人",选择"不会"的分别占 73.33%、83.33%、30.77% 和 45.56%;选择"有时会"的分别占 6.67%、11.11%、46.15% 和 13.04%。而对于"检察机关做出撤回公诉决定后,法院审查批准前,法是否会听取被告人及其辩护人的意见",选择"不会"的分别占 66.67%、80%、25% 和 52.13%;选择"有时会"的分别占 20%、6.67%、41.67% 和 26.07%。①

---

① 周长军:《撤回公诉的理论阐释与制度重构——基于实证调研的展开》,《法学》,2016 年第 3 期,第 150 – 160 页。

其次,撤回公诉行为缺乏节制性。上述五个案例均是在发回重审过程中由检察院提出撤回公诉的,而在实践中,在提起公诉后,无论进行到哪一诉讼阶段,检察机关都可以想撤诉就撤诉,且不说一审程序,二审程序、再审程序中的撤回公诉都不鲜见。比如,在二审中,当检察机关发现案件事实不清、证据不足时,往往会商请二审法院将案件发回重审,再撤回公诉,补充侦查,进而重新起诉,或者将被告人取保候审,悬置案件的处理。这不仅难以保障实体公正的实现,更主要的是损害了程序公正和诉讼效率的价值。

第三,撤诉后重新起诉的恣意化

《高检规则》第459条规定:"对于撤回公诉的案件,人民检察院应当在撤回公诉后三十日以内做出不起诉决定。""没有新的事实或者新的证据,人民检察院不得再行起诉。"可见,并不禁止检察机关撤诉后再诉,只是要求无论是撤诉后直接重新起诉,还是撤诉并做出不起诉决定后再诉,都必须基于"新的事实或者新的证据"。不过,在实践中,撤诉后重新起诉的行为表现出较大的随意性,撤回公诉沦为检察机关对被告人不定罪誓不罢休的程序手段。在检察机关基于特定原因勉强起诉的一些案件中,由于定罪证据不足,往往会经历多次的撤诉和补充侦查,强化证据,直到定罪。刘志连案历经"提起公诉—上诉—发回重审—撤诉—换到下辖县检察院重新起诉—撤诉—交回市检察院审查起诉—存疑不起诉"的辗转反复的诉讼流程,就是其典型例证。这种"诉了又撤、撤了又诉"的恣意化现象显示出"检察官的专横",对司法的公正性和公信力产生了消极影响。

二、我国撤回公诉制度存废之争

如上所述,我国现行刑事诉讼中,由于明文立法的缺失以及司法解释的越位,造成了撤回公诉实践的极度混乱,诉讼当事人的合法权益受到严重侵犯,法律的威严受到极大的损伤,理论界对撤回公诉制度的批判之声不绝于耳;然而,基于司法实践对撤回公诉制度的刚性需求,撤回公诉制度所具有的独立程序价值以及深厚的理论支撑,修正论在撤回公诉制度存废的争论中占据了上风,他们站在客观公正的立场上对撤回公诉制度进行检讨与重构。

(一)对撤回公诉制度的无情批判

纵观有关撤回公诉制度存废的理论争执,批判者主要立论于实践中撤回公诉制度的病态运行现状,其基本的论点有:

1."法无明文规定即禁止",司法造法违背立法原意,国外的立法例不能成为国内制度存在的正当化根据。我国在 1996 年修改《刑事诉讼法》时对撤回公诉制度的废除并"不是立法上的疏忽",而是实践已经证明撤回公诉制度"不再适合新的诉讼活动","已经没有了存在的价值"。1979 年《刑事诉讼法》对撤回公诉制度的确认是适时、可行的,一个制度的存废关键在于它能否解决实际问题,我国现在的实际情况已经发生了重大变化,再赋予检察机关撤回公诉的权力已经没有必要。在新的刑事诉讼法没有明文规定的情况下,检察机关不得行使撤回公诉的权力。虽然司法机关通过司法解释的形式进行了自我授权,但是这种违背立法原意的授权"有违刑事诉讼法'程序法定'原则的基本要求",它越权规定了有关诉讼构造的法律保留内容,是对法律条文的修改和变更,因此是一项无效的解释。此外,虽然诸如德国、日本等国家和地区的法律条文"都对撤回公诉的范围、条件、时间做出了界定",但是我国的司法现状以及诉讼制度与国外存在很大差异,因此国外的立法例不能成为撤回公诉制度在国内存在的正当化根据。①

2. 司法解释对抗法律规定,撤回公诉干预审判权行使,建议撤诉、被动撤诉不利"控审分离"。我国 1996 年《刑事诉讼法》的 162 条规定:"在被告人最后陈述后,审判长宣布休庭,合议庭进行评议,根据已经查明的事实、证据和有关的法律规定,分别做出以下判决:(一)案件事实清楚,证据确实、充分,依据法律认定被告人有罪的,应当做出有罪判决;(二)依据法律认定被告人无罪的,应当做出无罪判决;(三)证据不足,不能认定被告人有罪的,应当做出证据不足、指控的犯罪不能成立的无罪判决。"根据这一规定,人民法院对人民检察院提起公诉的案件"必须对被告人是否构成犯罪依法做出公正判决",这是人民法院的权力,同时也是人民法院的职责,人民检察院提起公诉后的撤诉行为侵犯了人民法院的审判权。由此可见,《最高解释》第 177 条之规定,"无疑是违法的司法解释,应予撤销",以保证人民法院审判权的完整。同时,人民法院在"无罪判决"之前的"建议撤诉"行为,在放弃了人民法院审判权的同时也干预了人民检察院公诉权的行使;《最高解释》第 157 条第 2 款规定的"被动撤诉",其实质是人民法院对人民检察院滥用职权的纵容,漠视了审判权之于公诉权的从属地位,易言之,"建议撤诉"与"被动撤诉"的司法行为是对我国刑事诉讼法"分工负责、互相配合、互相制约"基本原则的违反。

3. 撤回公诉的实践与刑事诉讼法的程序价值相冲突,撤回公诉的现象应予杜

---

① 王友明、杨新京:《公诉案件撤回公诉质疑》,《国家检察官学院学报》,2003 年第 3 期。

绝。与民事、行政诉讼不同,带有强烈"权力"色彩的公诉权的发动,必然侵害被告人的重大权益:审前阶段的人身羁押、等待审判的心理煎熬、涉嫌犯罪的"坏人"形象招致的社会歧视都是刑事追诉程序给被告人造成的无法弥补的伤害,因此,不能从民事、行政诉讼中允许原告人撤诉机械地推导出人民检察院享有撤回公诉权。刑事诉讼设置的程序价值就在于:保障被告人的人权、提高诉讼效率、制约权力的滥用、保证被告人受到公正的审判。而从现行的撤回公诉来看,人民法院不再居中裁判,不再严格遵守"有罪判刑、无罪放人"的司法原则,在"互相配合"机制下,诉讼的风险完全转移给了被告人,"被告人无法在法庭上获得公正的法律裁决,不但进一步恶化了被告人的诉讼地位,而且严重削弱了刑事诉讼人权保障的机能";对于经过"立案、侦查、审查起诉、法庭审判"之后仍旧无法查清事实的案件,撤回公诉后也未必能够查个水落石出,同时这还会浪费国家本来就十分稀缺的司法资源,使诉讼经济和诉讼效率原则形同虚设;我国刑事诉讼机制"一诉即审"的先天性缺陷,使得大量无辜之人被非法送上法庭之后又撤回公诉,这种公诉权的滥用严重"损害了公民的宪法性权利",无罪判决之前的撤回公诉"实则是对公民权利的肆意践踏和司法权威的蔑视";撤回公诉制度的存在"导致整个刑事诉讼机制始终处于循环往复的不稳定状态",法院不能给被告人一个"一锤定音"的结果,裁判的终局性不复存在。总之,"不废除撤回公诉现象,刑事诉讼人权保障的诉讼目的就难以实现","刑事诉讼程序的科学性与合理性将遭到普遍质疑"。①

4. 允许检察机关撤回公诉实质上是漠视了犯罪行为对被害人的侵害。被害人作为遭受犯罪行为直接侵害的人,他们不仅迫切要求惩罚犯罪行为,而且渴望获得经济上的赔偿或补偿,而在撤回公诉实践中,检察机关常常在不知不觉中撤回了对被告人的追诉,剥夺了被害人的程序参与权,同时,对被告人行为长期没有定论也堵塞了被害人通过"私力"救济权利的途径,对被害人的"第二次伤害"业已因撤回公诉而形成。

(二)对撤回公诉制度的坚守与重构

在撤回公诉制度存废的辩论之中,更多的学者选择了修正的态度,他们借鉴国外理论并结合我国的实际情况认为撤回公诉制度基于以下理由而合理和必要。

---

① 郝银钟:《"撤回公诉"现象应予废止——兼谈司法解释越权无效原则》,《法制日报》,2006年9月28日。

1. 撤回公诉制度有其科学的理论根基。首先是公诉权完整理论。① 撤回公诉是公诉权权能之一的公诉变更权的重要内容,在业已提起公诉之后,检察机关发现追诉不当或错误,应该允许其主动予以补正或者纠正错误;其次是起诉便宜主义理论。② 我国有学者在引用日本法学家田口守一"起诉后,如果断定具有不起诉事由时,可以撤销公诉,这种做法符合起诉裁量主义"这一观点后认为:案件提起公诉以后,作为起诉裁量权向审判阶段的自然延伸,应该允许检察官在充分考虑犯罪情节和犯罪嫌疑人情况的基础上撤回公诉;再次是"控审分离"理论。③ "控告人如果成为法官,就需要上帝作为律师"裁判权具有消极被动性,法院应该恪守"不告不理"原则而不能主动追诉犯罪,在刑事诉讼中,检察官一旦撤回公诉,法院对案件的审理就失去了控诉基础,因而审判活动也应该终止,这是"诉审分离"原则的基本要求。

2. 撤回公诉制度能够有效保障刑事诉讼程序价值的实现。撤回公诉制度的运行体现了诉讼合目的性的要求,适应了非刑罚化与刑罚个别化的刑罚发展潮流,最大限度地将刑罚限制在必要的范围内适用,从而遏制刑事追诉权的过分膨胀,使刑事诉讼的运行合乎惩罚犯罪、预防犯罪、教育罪犯的目的;撤回公诉制度的运行有利于诉讼效率的提高,在法定条件下撤回对被告人的追诉,可以避免复杂冗长的诉讼程序带来的人、财、物的大量消耗,从而将有限的司法资源优化配置到追究严重的犯罪中,以此提高刑事诉讼的整体效率;撤回公诉制度的运行还顺应了人权保障的国际大趋势,被告人可以因撤回公诉而免受追诉过程中的精神摧残,也免除了被定罪科刑的厄运,同时,撤回公诉还在一定程度上保护了被告人的名誉,有利于被告人重返社会。

3. 撤回公诉制度依然有章可循、有据可查。我国《刑事诉讼法》虽然未对撤回公诉制度做出明确规定,但这只是"立法上的疏忽",因为 1996 年《刑事诉讼法》对 1979 年刑事诉讼法第(2)条的废除是基于制度的"不合理性"而非制度的"无用性"。"两高解释"对撤回公诉制度的规定只不过是根据立法意图做出的目的性解释,因为法律赋予了检察机关变更公诉的权力,而撤回公诉是公诉变更的重要内容,"两高解释"只是对检察机关变更公诉权力的具体化,依旧在法律框架之内,

---

① 邓中文:《公诉案件撤诉的若干问题探讨》,《中央政法管理干部学院学报》,1999 年第 2 期。

② 余经林:《论撤回公诉》,《法学评论》,2007 年第 1 期。

③ 林劼松:《论撤回公诉》,《国家检察官学院学报》,2003 年第 1 期。

是有效的司法解释,而不是所谓的"司法造法",因此它理应成为撤回公诉制度运行的法律依据;此外,即使"两高解释"作为"司法机关协调案件的内部规定"有超越立法的嫌疑,但只要在运行中能够保证诉讼当事人的权利,不与现行法律明显冲突也无可厚非,依旧是可行的。①

4. 司法实践离不开撤回公诉制度。事物是不断发展变化的,随着诉讼程序的推进,案件的具体情况有可能发生变化,而"控审分离"是世界各国公认的诉讼原则,一旦案情发生变化,由检察机关对公诉予以变更是唯一合法的处理措施,对不符合起诉条件的案件予以撤回,是保障无罪的人不受刑事追究的必然要求。此外,撤回公诉制度满足了实践操作的客观需要,它在实践中的必要性和合理性还表现在其对解决问题的实用性,将撤回公诉作为一种技术手段予以操作在实践中已经达成共识。

当然,持修正论的学者也注意到了我国现行撤回公诉制度存在的先天不足,因此,他们在肯定撤回公诉制度合理性的基础上,对撤回公诉制度在运行中存在的问题进行检讨和反思,并积极地对该制度进行重构。总之,在修正派看来,"检察机关当然拥有撤诉权,关键是要规范撤诉的范围、阶段和程序",根据有关司法解释正确运用撤诉权也无可非议,但是不能反复撤诉、多次撤诉或者以撤诉的办法规避人民法院的无罪判决,并主张以"公诉权耗尽理论"来对撤回公诉制度的实践运行予以规制。②

(三)撤回公诉制度理论争议之评析

真理越辩越明,虽然辩论不一定能说服对方,但一定能够让第三者更明白谁的主张更合理。理论研究是个仁者见仁智者见智的问题,没有绝对的对与绝对的错,因此辩论是必要的,它可以让信息更集中,让具有相对合理性的主张得以突出,让对解决实际问题更具有有效性的制度设计得以优化。反观撤回公诉制度的存废纷争,针对同一个制度,基于相同的效率、公正、人权保障等程序价值评价指标,不同的学者得出了截然相反的结论,这进一步说明撤回公诉制度不是绝对的好与绝对的坏,关键在于它能否解决实际问题,是否能够满足实践需要,其不足之处是否能够在实践中得到克服。面对我国撤回公诉制度的运行现状,我们应该承认问题是客观存在的,它确实也在一定程度上成为我国刑事法治发展的绊脚石,

---

① 刘文雄:《关于撤回公诉的几点思考》,《中国刑事法杂志》,2000年第3期。
② 贺恒扬:《公诉论》,中国检察出版社2005年版,第96-100页。

但是"一棍子打死"的思想也是不科学的;撤回公诉制度在司法实践中的必要性、合理性不容置疑,况且该制度在运行中也不存在不可克服的弊端,因而在笔者看来对撤回公诉制度之保留并予以完善的修正主张更具有相对合理性,更符合我国司法现状。诚如苏力教授所言:"历史告诉我们不可能有什么只有优点、没有弊端的完美制度。如果看到某个制度有弊端,就予以废除,恐怕世界上过去、现在乃至将来可能建立的任何制度都没有理由存在。追求完美的心态是必要的;但之所以有这种心态恰恰因为每一个现实的制度都不完美。完美意味着没有改进的余地,意味着历史的终结,意味着制度固化而不再发展变化了,意味着制度与具体时空环境完全无关,因此就不再是具体的,而是普适的。"①然而,撤回公诉制度不具有普适性,它需要我们以追求完美的心态并在结合具体时空环境的基础上去完善它,为它正本清源。

三、我国撤回公诉制度缺陷成因之探究

撤回公诉的实践困局之形成,首先当溯源于立法的缺位和司法解释的粗疏。在刑事诉讼法缺乏相关规定的情况下,"两高"司法解释对撤回公诉的规范较为概括,科学性不足,从而给检察人员基于办案便利或者其他功利性考虑而滥用撤回公诉制度留下了空间。除立法方面的因素外,可能更需要从司法层面的绩效考核机制和"审判去中心化"的诉讼模式加以解释。

(一)绩效考核机制

撤回公诉之所以出现上述实践困局,检察机关绩效考核机制的影响可能是直接的原因。在某种意义上可以说,检察机关绩效考核机制导致了无罪判决数和撤回公诉数的双重萎缩。

一方面,由于检察系统内部通常将无罪判决视为错案,根据绩效考核指标,案件承办人及其所在检察院要被扣分和受到其他的负面评价,所以当法院因定罪证据不足等原因欲作无罪判决时,检察机关会倾向于与法院沟通或协商,以期说服法院做出有罪决定,实在沟通无效的,则撤回公诉,退回侦查机关或者部门补充侦查,以便日后再诉,或者在由于时过境迁而很难再补充到有价值的证据时,作不起诉处理,以免因无罪判决而招致不利的影响。我国"两高"之所以在法律没有规定的情况下主动通过司法解释确立撤回公诉制度,在某种意义上可以说是情势所

---

① 苏力:《送法下乡——中国基层司法制度研究》,北京大学出版社 2011 年版,第 67 页。

迫,因为当起诉后发现案件难以定罪时,法院依法不能驳回起诉而只能作无罪判决,但在重视认罪功能的我国刑事诉讼语境中,无罪判决意味着检察机关指控的不力和水平的欠缺,故而成为检察机关绩效考核指标中一项主要的负面评价事项,而撤诉制度的产生无疑给检法两家的协商和配合以及检察机关规避绩效考核的不利评价提供了便利的管道。

另一方面,对于案件承办人及其所在检察院来讲,撤回公诉也会对其绩效考核等造成一定的不利影响,尽管不像无罪判决那么严重;当然,如果撤诉后,经补充事实证据后又重新提起公诉的,检察系统内部的考核指标或者案件质量评查标准普遍规定,不予扣分。换言之,只有撤诉后没有重新起诉的情形才属于绩效考核或案件质量评查标准中的不利事项。此类规定的初衷是良好的,但在实践中至少造成了两方面的影响:一是作为受趋利避害法则影响的"经济人",检察公诉人员对于撤回公诉的案件,自然会想方设法补充证据,以图再诉,由此导致我国刑事一审、二审和再审程序中检察机关撤诉后恣意重新起诉的现象;二是检察机关对那些虽然曾经撤回公诉但最终又重新起诉的案件不会过多关注,也不纳入撤诉案件的统计范围。

(二)审判去中心化诉讼模式的影响

分析至此,仍然有一个重要的问题没有回答:在绩效考核机制的影响下,检察机关倾向于以撤回公诉代替法院的无罪判决,但法院为何如此配合,对于检察机关的撤诉决定几乎总是准许,乃至主动建议检察机关撤回公诉呢?对此,必须深入到绩效考核机制背后的检法关系或者诉审关系,将撤回公诉实践置于我国传统的"审判去中心化"诉讼模式中进行思考,方能拨云见日,窥其堂奥。

在重视实质正义的国民诉讼心理、强调积极的实体真实主义①的诉讼价值观以及"公检法三机关分工负责、互相配合、互相制约"原则的长期影响下,我国实践中运行着的传统刑事诉讼模式呈现出鲜明的"治罪化"色彩和"审判去中心化"特征。为了最大化地打击犯罪和维护社会安定,在各级党委政法委的领导和协调下,公、检、法三机关之间往往"重配合、轻制约",侦查机关、公诉机关的诉讼意愿和诉讼活动对法院的审判程序和审判结果具有强大的支配力和影响力②,侦查

---

① 积极的实体真实主义是指只要出现了犯罪,就应当通过刑事诉讼程序予以发现、认定和处罚,强调不放纵犯罪。

② 左卫民、周长军:《刑事诉讼的理念》,北京大学出版社 2014 年版,第 22 页。

"中心化"、公诉"强势化"、审判"迁就化"是这种诉讼模式中侦、控、审关系的基本格局。具体到撤回公诉,由于无罪判决是对刑事诉讼整体的"治罪化"功能取向的偏离,且可能导致检察机关及其工作人员被追究错案责任或者受到其他不利影响,因此不仅会遭遇强势的侦、控机关的排拒和反抗,甚至会招致党委政法委的强力介入和干预,其结果自然是,法院对于本应作无罪判决以维护被告人合法权益的案件,往往不敢或者不会"冒天下之大不韪"地作无罪判决,而是基于所谓的实践惯例,主动建议或强硬暗示检察机关撤回公诉,消化案件。正如学者的实证研究所显示的,虽然司法解释设想的是撤诉发生在检察院公诉案件的初期,而现实是,检察机关主要是按照法院的要求进行撤诉。① 由此也不难理解,尽管"两高"司法解释均规定,检察机关的撤回公诉决定要经过法院的审查批准,但实践中法院的审查普遍流于形式,对于检察机关几乎有求必应,以致审判空洞化。

此外,就检察机关撤诉后恣意再诉的问题而言,这一方面源于传统"审判的去中心化"诉讼模式中法院审查把关的难以实质化和严格化,以致对于撤回公诉及随后的重新起诉的滥行不能起到应有的屏蔽作用;另一方面,也与我国刑事诉讼法尚未确立一事不再理原则或者禁止双重危险原则息息相关,由于生效裁判没有既判力,检察机关的再审抗诉和撤诉不受时间和次数的限制,抗诉条件也较为宽泛,两相结合,出现撤诉后再诉的随意化现象在所难免。

概言之,对于撤回公诉的实践困局,检察机关绩效考核机制的影响是表面的直接原因,"审判的去中心化"诉讼模式则是深层的也是决定性的影响因素。唯有后者的存在和支撑,才使得作为"隐规则"的绩效考核规定压制乃至虚置了作为"显规则"的刑事诉讼法的适用,撤回公诉对诉审关系的不当影响才成为可能。

四、撤回公诉制度的完善

撤回公诉有存在的必要性和正当性,现在需要针对实践中的问题,强化撤诉的法律规范,推进撤诉程序的正当化建设,提升其可接受性。作为必要前提,应当尽快实现撤回公诉的法定化。撤回公诉对被告人的人身自由和法律安定性都可能造成不利影响,根据程序法定原则,必须在刑事诉讼法中予以明确规定,以解决长期以来撤回公诉"师出无名"的问题,克服"两高"司法解释相关内容的"自利化"倾向,确保被告人的合法权益,这是第一步;其次是在现有体制内对于撤回起

---

① 麦高伟:《中国刑事司法制度之实证研究》,付欣译,香港维思出版社 2013 年版,第 192 页。

诉权的行使予以规范化,这才是解决问题的关键点。如何在生存的基础上更好地
发展,一方面需要在刑事诉讼法理念上予以纠正,另一方面需要在具体规定上对
于检察院撤回起诉的程序予以限制,以达到双管齐下的效果。

(一)原则之贯彻

从中国的刑事立法和司法实践的情况来看,刑事诉讼在很多方面都还不具备
最起码的诉讼形态。在法庭审理已经进行甚至业已结束之后,检察机关随意地撤
回起诉,将案件退回侦查机关补充侦查,然后再对被告人的同一行为重新提起公
诉,这体现了刑事追诉机构的超强势化,揭示出犯罪嫌疑人、被告人在刑事追诉机
构面前所处的任人宰割的境地。事实上,在任何诉讼活动中,原告有什么资格因
同一行为而反复对被告提出起诉呢?尤其在面对控方控诉证据不力的情况下,被
告为什么还要容忍他长期地将自己置于被追究的境地,使其财产、自由甚至生命
反复处于不确定和待判定的状态呢?[①] 几乎所有刑事诉讼程序的实施,都取决于
特定司法体制的有效作用。[②] 作为旨在对刑事诉讼过程加以规范的规则体系,刑
事程序法要由操纵这司法机器的国家来实施,需要主持这些程序的国家机关具有
适当的权利配置,同时新制度的建立需要有一套牢固的根基作为支撑,检察院撤
诉所应遵循的相关原则为其须遵守的具体条件限制保驾护航。

1. 树立一事不再理原则

法院在做出准许撤回起诉的裁定之后,检察机关是否可以对于一个已经撤诉
的案件一而再再而三地提起公诉?对于已经撤回起诉的案件重新提起公诉(无论
是按照原来的罪名提起还是以变更后的新罪名提起),是否意味着检察机关就被
告人的同一行为发动了双重追诉?撤回起诉后再次起诉,涉及被告人的一事不再
理的基本人权,而我国现行对于再次起诉的粗糙规定明显与一事不再理原则的要
求不相称。刑事诉讼法的历次修改均未涉及一事不再理原则,换言之,一事不再
理原则仍旧是一块待开垦的处女地。

一事不再理原则,作为一项十分古老的诉讼原则,起源于罗马法关于"诉权消
耗"的法理和制度,意指法院对任何一个案件(一事)不得作两次以上的审判。[③]

---

① 陈瑞华:《问题与主义之间——刑事诉讼基本问题研究(第 2 版)》,中国人民大学出版社
　 2008 年版,第 277 页。

② 陈瑞华:《刑事诉讼的中国模式》,法律出版社 2008 年版,第 325 页。

③ 陈瑞华:《问题与主义之间——刑事诉讼基本问题研究(第 2 版)》,中国人民大学出版社
　 2008 年版,第 50 页。

一事不再理原则可以被区分为狭义和广义两个方面。狭义的一事不再理指判决的既判力,即判决确定后不得就同一案件再次起诉;而广义的一事不再理则涵括了判决的既判力与诉讼系属效力两个层面,即不仅判决确定后不得就同一案件再次起诉,而且诉讼一经提起就不得以同一案件再次起诉。[①] 作为大陆法系用语的一事不再理与英美法中的"禁止双重危险"具有本质上的一致性,都来源于罗马法。广义的一事不再理近似于禁止双重危险,为英美法系国家所采行;而狭义的一事不再理为大陆法系国家所普遍认可的既判力理论,我国学理界长期秉持一事不再理的狭义说。

在中国传统的司法理念中都是对于不惜一切代价发现事实真相的行为歌功颂德。所以不难理解,一事不再理原则在司法实践中要想发挥作用面对着强大的阻力。撤回起诉制度如果不加以规制和有效引导,很容易演变为使被告人反复受到起诉、权利缺乏保障的追诉工具。[②] 检察官撤回起诉的目的往往是再次起诉以获得更有利的诉讼结果,因此,撤回起诉应与再次起诉相联系,防止检察官利用其所掌握的强大诉讼资源通过不断再次起诉以获得对被告人的定罪,是设定撤回起诉规范的重要目的之一。[③] 在我国重实体轻程序,强调对于案件真相的挖掘以及高"破案率"的观念之下,没有"一事不再理"的规制,很容易使得检察机关不断地对被告人发动审判,造成冤狱。同时,一味地允许检察机关再次起诉容易使控辩双方陷入地位的不平等状态。检察机关可以利用第一次的审判充分了解己方之弱点和对方之优点,在胜诉无望的情况下,其可以撤回起诉,等待获得更加有利证据之时,重新发动公诉,使得第二次的诉讼取得完美的胜利。即使第二次失败了,还有之后的第三次,这种无限循环,导致在第一次就倾尽全力进行应诉的被告在第二次审判时就已经"弹尽粮绝",不得不接受精神和物质双重压力之下的有罪判决。重复诉讼所导致的间接后果就是检察机关对于被告人不断地骚扰和重复审判给被告人的各种苦痛。确立一事不再理原则有利于有效划定检察机关对当事人追诉的界限,从而保障当事人的权益,确保国家司法资源在有效的范围内合理运作,不至于滥用。

---

① 谢佑平、万毅:《刑事诉讼法原则:程序正义的基石》,法律出版社 2002 年版,第 391 页。

② 王守安:《中国检察》,中国检察出版社 2013 年版,第 328 页。

③ 吴长青:《美国刑事诉讼中撤回起诉及其借鉴意义》,《中国刑事法杂志》,2010 年第 4 期。

2. 确立无罪推定原则

无罪推定是现代刑事诉讼制度的基石,一般是指"凡受刑事控告者,在未经依法证实有罪之前,应有权被视为无罪"①。我国刑事诉讼法第 12 条规定:"未经人民法院依法判决,对任何人都不得确定有罪。"虽然没有明文规定实行无罪推定原则,但是亦吸收了无罪推定的精神实质。由无罪推定原则衍生而来的罪疑从无原则是现代刑事诉讼的基本原则,也是被告人享有的基本权利。②《刑事诉讼法》第 195 条第 3 款明确规定:"证据不足,不能认定被告人有罪的,应当做出证据不足、指控的犯罪不能成立的无罪判决。"但是在实际的案件处理过程中,公诉机关利用"证据不足或者证据发生变化"来规避本应做出的无罪判决,表面上是为了尽可能查明真相,实事求是,力求有错必纠,但本质上将公诉权用到极致甚至超越,就是对于无罪推定原则的侵害。最高院出版物中涉及"就如何把握人民检察院撤回起诉的问题认为,第 242 条规定所允许的撤回起诉的案件包括原本应当宣告无罪的案件。对经审查认为主要事实不清,主要证据不足,指控的犯罪不能成立的,宣判前,人民法院可以充分利用上述规定,协调人民检察院撤回起诉;人民检察院不愿撤回起诉的,人民法院应当开庭审理,根据审理结果严格依法做出判决,不能退回人民检察院补充侦查"③。这种说法是有失偏颇的。在法庭审理过程中,法庭不应无条件允许检察机关将案件撤回起诉。根据控审分离和法院审判原则,案件一旦进入法庭审理,就应当由法院给出最终裁断。审理过程中,检察机关就控诉罪名,积极地提出证据,承担举证责任,通过证明被告有罪,来推翻无罪推定,从而达到在法庭上"胜诉"的目的。如果检察机关借事实不清、证据不足为由撤回起诉,就意味着一个本来应当由法庭按照无罪推定的原则判决被告人无罪的案件,无法在法庭上获得权威的法律裁决。从而使被告人的命运、前途一直处于不安定的状态。

传统理念认为无罪推定原则与实事求是所追求的案件真相不一致,并不利于我国公安机关、检察机关对于案件的侦破。这是他们未理顺无罪推定原则与实事求是原则和追诉活动之间的关系。无罪推定原则并非与实事求是原则相矛盾。实事求是原则是指导刑事诉讼活动的基本原则和方法论,并非否定无罪推定原

---

① 林喜芬:《中国确立了何种无罪推定原则——基于 2012 年刑诉法修订的解读》,《江苏行政学院学报》,2014 第 1 期。

② 陈学权:《以撤回公诉代替无罪判决的忧与思》,《中国刑事法杂志》,2010 年第 1 期。

③ 张军、江必新:《新刑事诉讼法及司法解释适用解答》,人民法院出版社 2013 年版,第 251 页。

则。无罪推定原则的内涵和外延广于实事求是原则。刑事诉讼程序在实现刑事实体法目的的同时,具有程序自身的独立价值,而这些是一味追求实事求是的目标所无法实现的。故传统法律文化所滞后的一面应当予以割舍,刑事诉讼程序不能单纯追求实体真实而忽视诉讼程序本身的价值。无罪推定原则与公安检察机关的追诉活动以及法院的审判活动并非矛盾。

有实证数据表明,每年绝大多数被指控犯罪的被告人最终是被定罪量刑的,只有极少数被告人因为证据不足或者有疑问而被宣告无罪。证据不足而勉强进行证据链的衔接,反而容易导致作弊行为,造成冤假错案,内蒙古的呼格吉额图案件便是鲜明的案例。高检规则中规定"证据不足或者证据发生变化,可以撤回起诉",同时《刑事诉讼法》第 195 条第三款正好规定:"证据不足不能认定被告人有罪的,应当做出证据不足,指控的犯罪不能成立的无罪判决。"针对规定中"证据不足的案件的撤回起诉"正好游走在刑事诉讼法上"证据不足,不能认定被告人有罪"的边缘,两者的背后体现的是"发现真相"和"保障人权"两价值之间的博弈和对于无罪推定原则的准确定位。一方面,法院可以允许检察院以"证据不足或者证据发生变化"可以撤回起诉,另一方面法院借《刑事诉讼法》195 条第三款"证据不足,不能认定被告人有罪的",应当做出证据不足,指控的犯罪不能成立的无罪判决。一种观点认为,两条款存在对立关系。如果再允许检察机关以"证据不足"为由任意撤回起诉,势必使 195 条第 3 款流于形式。[1] 另有观点认为,如果检察机关以事实不清、证据不足为由撤回起诉,这与我国刑事立法精神并无冲突。从法条文义解释层面来看,第一种观点所说的面对证据不足情况下,检察院有两种程序处理方式,那么两条文间确实存在一定冲突,但是如果从无罪推定的角度来理解撤回起诉,第二种观点并非一无是处,问题的症结就在于撤回起诉的法律效果。如果证据不足,撤回起诉的法律效果等同于或者无限趋近无罪判决,那么两条文之间一致性不容怀疑。如果证据不足撤回起诉的效果只是退回到上述案例所显示的被告人罪责不明的状态,两者互不兼容。按照法位阶,前者应当服从和让位于后者。作为刑事诉讼的根本原则,无罪推定原则不可动摇。贝卡利亚在《犯罪与刑罚》中明确,在没有做出有罪判决以前,任何人都不能叫作罪犯,在没有决定被告人的确是违反了他应当遵守的条件之前,社会就不能不对他进行保护。按照上述对于撤回起诉裁定的效果定位,其就等同于案件的终结,若没有司法实践不

---

①　刘磊:《我国撤回公诉制度的反思与重构》,《江苏行政学院学报》,2010 年第 6 期。

一的出现,想来该问题没有那么多争议。

故在刑事诉讼中,最高检撤回起诉的行使应当严格贯彻实行无罪推定原则,严守罪疑从无的底线,谨慎证据不足情况下撤回起诉权的行使。针对证据不足案件的处理,明确撤回起诉案件的将来再次起诉应当受到严格控制,没有新事实或者新证据不得再次提起诉讼,这里的新事实、新证据应当等同于再审程序启动的标准。

(二)规则之遵循

1. 明确撤回公诉的案件范围

对于撤回公诉的事由的范围,不仅实践中超出司法解释规定撤诉的案件不时可见,而且理论上也存在很大的分歧。笔者认为,首先将绝对不起诉的情形作为撤回公诉的事由应当不存在问题,这不仅是我国现行司法解释的立场,也是大多数确立撤回公诉制度的国家和地区的共性做法。比如,日本检察官在第一审判决前,如果发现有应不公诉或者以不公诉为适当的情形时,可以撤回公诉。我国台湾地区《刑事诉讼法》第269条也规定:"检察官于第一审辩论终结前,发现有应不起诉或以不起诉为适当之情形时,得撤回公诉。"

其次,对于相对不起诉的情形可否纳入撤回公诉的范围,我国司法解释持否定立场,但笔者主张应当予以肯定。如前所论,其理论根据充足,实践中也有助于落实非犯罪化和非刑罚化的刑事政策,促进被告人回归社会。

再次,将证据不足或者证据发生变化的情形作为撤回公诉的事由,是我国实践中常见但也是争议最大的现象。反对者认为检察机关会以此作为避免不利裁判的工具,损害被告人的合法权益;支持者则指出,在我国法院独立审判还比较脆弱的情况下,完全禁止检察机关以此为由撤诉,可能会使得法院对部分证据不足的案件做出有罪判决,对被告人更为不利。在笔者赞同反对者的观点。

最后,关于撤回公诉的事由,在法律层面还应进行"一减一增"的工作:一是应当取消《高法解释》第223条第3款关于"按撤诉处理"的规定,否则会给检察机关规避无罪判决保留另一制度性通道;二是应当将"提起公诉后发现管辖错误"增加为撤回公诉的事由,因为按照案件移送规则,刑事案件不能在法院之间相互移送,因此在出现这种情形时,应当允许检察机关撤回公诉,移送有管辖权的检察机关审查起诉。

2. 明确撤回公诉的时限

理论界多赞同撤回公诉的做法,认为针对法定不起诉案件撤回公诉定然是对于人力物力的节约,诉讼效益的提高,但是针对"疑难案件"撤回公诉后的处理,则另当别论,实践的结果也未必有这么乐观。上述案例表明,撤回公诉之后,相当一部分案件重新进入侦查,如果发现新证据会被重新起诉,甚至多数案件已经进行到二审或者因为案件事实不清,证据不足而被发回重审的过程中被撤回公诉,但是亦有部分案件在没有突破的情况下,不了了之。浙江省人民检察院公诉处的一份研究报告表明:公诉案件撤回公诉后,38.6%的案件被重新起诉,32.63%的案件被退给侦查部门撤销案件,15.78%的案件被补充侦查,8.42%的案件被决定相对不起诉或者存疑不起诉,4.21%的案件尚未处理。[①] 由此可见,撤回公诉未必节约司法资源,若在第二审撤回,这就使得之前经历的所有诉讼程序都会归结为零,遑论耗时耗力的庭审程序。所以,可以撤回公诉的时间节点需要明确。

两高司法解释对撤回公诉提起的程序性要件规定不太合理,对检察机关提起撤回公诉的时间界限过宽。两高司法解释均明确规定:在法院宣告判决以前,检察机关可以提出撤回公诉。这一规定弊病颇多,因为从庭审结束到宣告判决一般还有一段时间,而在这期间内,赋予检察机关撤回公诉权,往往会使之前所有的诉讼程序归于零,尤其是耗费精力的庭审也归于无效。同时,我国对于案件撤回公诉并没有审级限制。因而在实践中,检、法机关往往本着有利于办案需要的精神,对其扩张解释,认为在一、二审程序和审判监督程序的宣告判决前,都可以撤回公诉,使得"程序倒流"现象严重,在案件进进退退的往返中,被告人如同砧板上的鱼,不得不忍受长期羁押和等待处理期间的身心煎熬。前述刘志连案、李庄案均是在发回重审的过程中对于案件撤回了起诉,也就是针对发回原审法院,按照一审程序重新审理案件撤回公诉并未被禁止。

从比较法的角度看,实行起诉法定主义和起诉不变更主义的大陆法系国家要么禁止检察机关撤回公诉(如法国),要么严格限制撤回公诉的时间(如德国)。《德国刑事诉讼法》第156条规定:"审判程序开始后,对公诉不能撤回。"对此,法教义学上认为,在第一审判程序开启之前,检察机关可以撤回公诉,但在经过中间程序裁定开启庭审程序后,刑事案件就没有"回锅"的可能。而在实行起诉便宜主义和起诉变更主义的国家或地区,检察机关撤回公诉的时间限制宽严不一。美国检察官在上诉审法院发回重审时也可以撤回公诉;而《日本刑事诉讼法》第257条规定,公诉只能在做出第一审判决前撤回,且通说认为,此处的"第一审"是指

---

① 顾静薇:《论撤回公诉的规范化》,《中国刑事法杂志》,2010年第11期。

"最初的第一审"。此外,《韩国刑事诉讼法》第255条规定,第一审判决宣告之前,可以撤销公诉;我国台湾地区"刑事诉讼法"第265条则规定,只能在第一审辩论终结前撤回公诉。可见,除美国等国家外,大多数国家或地区都将撤回公诉的时间限定在第一审期间。

我国学者对于如何限定撤回公诉的时间存在激烈的争论。有的主张撤回公诉应当在一审法院宣告判决前提出;也有的主张撤回公诉应当在一审合议庭合议之前提出;还有的主张检察机关只能在法院开庭审理前提出撤诉。笔者认为,对于作为程序倒流现象的撤回公诉必须严加控制,以实现庭审的实质化和中心化,但又不宜限制过严,以便兼顾刑事政策和诉讼经济的考虑。因此,采取区别处理的方式可能更为可取。因此笔者认为撤诉时间宜限定在"第一审庭审辩论终结前"。原因在于:首先,由于法文化传统、诉讼模式和司法体制等方面的差异,类似美国对撤回公诉的时间不作严格限制而主要依靠被告人的程序介入和法院的审查来防范撤诉权滥用的做法很难成为我国借鉴的样本。其次,德国严禁开启审判程序后撤诉的模式也不宜为我国所借鉴,因为在德国检察机关提起公诉后、法院开启审判程序前有一个起诉审查程序——中间程序,法官在此程序中对提起的公诉进行实质审查,进而将存在问题的案件解决在审判程序开启前,但我国刑事诉讼法没有规定此类程序,对于检察机关提起的公诉,法院原则上都要受理,没有有效的制度性措施来阻止"不应当起诉"或者"不必要起诉"的案件进入审判程序。最后,从理论上讲,法庭辩论结束后,案件的事实和法律问题已经完全呈现,法官基本上形成了心证,此时不直接下判而允许检察官撤诉,既徒增司法成本,也有公诉权侵蚀审判权之嫌。

3. 明确撤回公诉的法律效力

刑事公诉案件,根据撤诉前的程序运作、撤诉时间阶段、撤诉意思表示方式、撤诉动议的最初提出主体、撤诉后处理方式等的区别可以有不同的分类,就撤诉后处理方式的差异而言,可以将撤回公诉分为撤诉后完全终止诉讼程序、不再追究被告人刑事责任的撤回公诉和撤诉后经补充侦查、变更公诉或者追加公诉后再重新起诉的撤回公诉。实践中,由于撤回公诉并不意味着错案,不存在国家赔偿问题,所以常常被检察机关作为规避法院无罪判决和对被告人进行重复追诉的一种常规性诉讼手段,撤回公诉制度的滥用也主要是出现在后一种案件类型中,撤回公诉案件的无限再"回锅"也是律师界以及理论界普遍质疑的地方。撤回公诉后又违反法律规定重新起诉的情况并不鲜见,据调查统计,2003年至2005年北京市检察机关撤回公诉案件共计191件,撤诉后又重新起诉的占21.9%,其中不乏滥用权力的情形。例如张某等三人共同贪污案,一审时检察机关以事实、证据有变化的"法定事由"撤回公诉后对三人均作出不起诉决定,但因张某不服不起诉决定而一直申诉,年后检察机关在没有任何新事实、新证据的情况下,对张某再次以贪污罪向法院提起公诉。①

　　中国的刑事诉讼是在认识论的主导下进行的,穷尽一切手段以查明事实真相是公安司法机关一致的目标,一个公民的被追诉人身份一旦确认,那么在问题被查清、事实真相被发现之前,他都难以摆脱干系。他必然要经受丧失自由、精神折磨、财产损失、亲情隔离等的考验,被迫生活在焦虑不安的状态之中。重复追诉的泛滥,必然导致国家刑事追诉权的滥用,检察机关、人民法院难以真正树立正常的效率观念,侦查机关难以在法治层面上面临真正的压力,公诉案件的质量在重复追诉的恶性刺激下也难以得到真正的提高。与此同时,被追诉人的同一行为反复处于被追诉的境地,大大增加了被追诉人被定罪科刑的可能性,防不胜防的法律威胁以及持续不断的法律危险让被追诉人惶惶不得终日。因此,为了保护被追诉人的合法权益,防止国家权力的滥用,有必要对检察机关申请重新审判的权利进行严格限制:对被追诉人的同一行为,一旦做出具有法律效力的确定判决,不论是有罪还是无罪,都不得再次启动新的刑事追诉程序,法院的生效判决即是公诉权用尽的标志。

　　对于撤回公诉的法律效力,我国理论界一直存在争议,有诉讼程序终止说,也有诉讼程序中止说,还有程序效力待定说。从域外的司法实践以及立法例来看,虽然并不是所有允许撤回公诉的裁定都发生既判力,都受到"禁止双重危险"的限制,但是对撤回公诉的案件的再诉条件进行严格限制却是通行的做法。根据英国《1994年皇家检察官守则》第10条的规定,皇家检控署的决定应当值得信赖,在正常情况下,经由皇家检察院通告停止的诉讼程序,一般不会再提起控诉;法院做出的撤诉裁定也受到"禁止双重危险"的约束。但是,当案件十分严重时,偶尔也会有皇家检察院重新提起诉讼的情况,这些再诉情况基于以下特殊原因而产生:经重新审查,发现原决定明显错误而不应予以维持;诉讼停止后的不久时间内可供利用的证据得以收集和准备,而且检察官在停止诉讼时已告知被告人案件有再诉

---

　　①　周长军:《公诉权滥用论》,《法学家》,2011年第3期。

的可能;因证据不足而致使诉讼停止的案件,后来发现了更为重要的证据。①

按照现行规定,检察院在撤回公诉之后30日内应当做出不起诉决定书,那么在这30日内是否存在不变更强制措施,又重新起诉的现象? 河南胡电杰案中,胡电杰就因为继续侦查被采取监视居住措施。根源就在于对撤回公诉裁定效力的认识不一致,强行将该裁定与检察院不起诉决定书效果进行区分。鉴于此,有学者建议学习台湾地区的撤回公诉等同于不起诉决定书的做法。这一点亦不是不可取,针对被告人及时变更强制措施有促进作用。除了撤回公诉的效力本质上等同于不起诉决定外,对二者关系予以明确化可以减少撤回公诉之后当事人依旧被采取强制措施的现象发生,羁押单位也不得以不起诉决定书未做出或者侦查机关不得以不做出不起诉决定书为塞责理由。同时也免去了重复做出不起诉决定书和撤回公诉之后不起诉决定书做出时间的讨论,因为二者同质,无须讨论。针对撤诉后再次起诉的问题,台湾地区的具体规定是,第270条规定:"撤回公诉与不起诉处分有同一之效力,以其撤回书为不起诉处分书,准用二百五十条至二百六十条之规定。"其中260条主要是规定针对不起诉处分或者缓起诉处分期满未经撤销者,非满足以下情况不得对于该案件重新起诉:一是发现新事实或者新证据者;二是满足该法第420条关于再审事由中的原证明案件之物证、证言为伪证,原凭借之裁判变更或者有舞弊行为者。台湾地区以一审辩论终结之前,检察官可以撤回公诉,但是撤回公诉的理由比较限定,以防止检察官滥用撤回公诉权。同时规定撤回公诉之效果等同于不起诉处分,严格禁止检察官借再次起诉来骚扰被告人。即使再次起诉,其提起条件也等同于再审条件一般严格。日本刑事诉讼规定可以撤回公诉,但是对于撤诉之后再次起诉的条件也规定得非常严格:首先是发现新证据,这些证据是在案件审理结束之后才发现的。其次,单纯发现新证据还不足够,还必须是有关犯罪事实的重要证据。这些重要证据指代的是对于案件的定罪量刑有重要影响的证据。② 规制撤诉后再次起诉,亦可参照再审申请的事由开启再次诉讼,以此维护程序的安定性。应当明确不起诉决定效力与准许撤回

---

① [英]迈克麦康维尔,岳礼玲:《英国刑事诉讼法(选编)》,程昧秋等译,中国政法大学出版社2001年版,第547-548页。

② 《日本刑事诉讼法》257条规定:"公诉,可以在作出第一审判决前撤回。"但撤回公诉后一般不可以再起诉,除非发现了有关犯罪事实的重要证据。340条规定:"因撤回公诉而做出的不受理的裁定已经确定时,以在撤回公诉后,对犯罪事实重新发现重要证据时为限,可以就同一案件再提起公诉。"

公诉裁定效力同一,以避免程序的延宕,裁定后以继续审查为由羁押的现状。

4. 强化法官对撤回公诉的审查和制约

对于撤回公诉是否需经法官审批,西方国家采取了不同的处理方式。在美国,撤回公诉与联邦宪法第五修正案规定的"就同一犯罪不得置任何人之生命或身体受双重危险"即禁止双重危险的权利紧密相关。危险附着,撤回公诉须经法院同意,在检察官撤诉的动议违反公共利益时,法院不仅有权否决撤回公诉,甚至有权指派律师代替检察官进行诉讼;危险附着后,撤回公诉一般需要被告人同意,但在没有被告人同意以及审判之后法院仍可能同意检察官撤诉,而且在极其特殊的情况下,即使被告人同意,法院仍可基于检察官行为明显违背公共利益而否决其撤诉申请。在德国和日本,检察官撤诉则基本不受法官的控制。比如在德国,无论是一般刑事案件开启审判程序前的撤回公诉,还是处罚令程序以及《德国刑事诉讼法》第 153 条 c、第 153 条 d、第 153 条 f 规定的涉及外国犯罪、政治犯罪或《德国国际刑法》规定的犯罪案件起诉后任何阶段的撤回公诉,都不需经法官同意。我国《高法解释》规定,检察院要求撤回公诉的,法院应当审查撤诉的理由,做出是否准许的裁定。不过,在实践中,法院的审查往往流于形式,难以起到审核把关的作用。鉴于此,应当适应以审判为中心的诉讼制度改革,强化法官对撤回公诉的审查和制约。具体而言,检察机关在开庭前提出撤诉的,由于撤诉对当事人的权益保障和法院的审判权不会产生实质性的影响,所以法院进行形式审查即可,但检察机关在开庭后、辩论终结前提出撤诉的,法院则应以公共利益为据进行严格的实质审查,对于撤诉请求违法或者不当的,应坚决拒绝。

5. 建构撤回公诉告知及防御机制

法律的正当程序最基本的要求是刑事诉讼必须采取正式的起诉方式并且保证被告人接受陪审裁判的权利,深入地,就是广义上剥夺个人利益时必须保障他享有被告知和陈述自己意见并得到倾听的权利,因为,当检察机关起诉后,诉讼已经系属特定法院和关涉特定被告人,撤回公诉就不再是单方行为。特别是当合议庭已经组成、庭审已经进行时,必须具有充分的理由支持,经法院审查同意后才能撤回公诉。[①] 这在英美法中是人权保障的根本[②],但同时也是现代刑事诉讼程序

---

① 王守安:《中国检察》,中国检察出版社 2013 年版,第 327 页。
② 万毅、林喜芬:《现代刑事诉讼法的"帝王"原则:程序法定原则重述》,《当代法学》,2006 年第 1 期。

正当原则的基本要求之一。同时,诉讼权利的不平等以及书面程序的秘密性,往往容易形成暴虐制度的危险。为了确保控辩平等的实现,必须赋予被追诉人应有的诉讼权利,对于涉及切身利益程序决策应有的参与权。

一方面,法院不允许直接撤诉,一味强调检察官完成未竟之诉讼不见得对被告人有利。审判程序的进行,难免会对被告人造成精神或者经济上的损失。但是如果允许检察官撤回公诉,虽然能够使被告人暂时摆脱诉讼之疾苦,其罪责状态在司法实践之中仍旧可能于风雨中飘摇。更有甚者,被告人已经掌握了取得诉讼胜诉的有利证据,渴望通过与检察机关的一战而取得最终的无罪判决,但是因为检察机关的撤诉行为而败兴而归。司法正义的要求是:一切犯罪人始终应当受到惩罚,但同时也强调受到追诉的人享有自我辩护的一切可能(辩护权)。被告人在被卷入该诉讼系属之后,相对于检察官的起诉,亦取得要求辩论和获得法院裁判的权利,以及因为应诉而取得之消极的确定利益:此项权利不容许检察机关任意剥夺。

根据正当程序原理,对于可能对当事人的权益造成不利影响甚至严重损害的撤回公诉,应当建构合理的告知——防御机制。对此主要有两种不同的实践模式。第一种比较重视被告人的意愿与权益保障,要求检察机关在撤诉时必须告知被告人乃至取得被告人的同意。比如在美国,禁止双重危险权利的"危险"附着前,检察官撤回公诉,被告人提出抗议的,法院需在检察官陈述的理由和被告方回应的基础上做出裁定;"危险"附着后,撤回公诉一般需要被告人同意。又如,根据《德国刑事诉讼法》第411条的规定,处罚令程序中的撤回公诉也要经被告人同意。第二种则比较重视被害人权益的保护,要求检察机关在撤诉后立即告知被害人,并赋予被害人申请救济的权利。以我国台湾地区为例,检察机关的撤回公诉书除提交法院外,还应送达告诉人,让告诉人知悉案件已撤诉,以便其向检察机关申请再议或者向法院申请交付审判。

反观我国大陆地区,没有任何关于告知撤诉案件当事人并为其提供救济的专门规定,以致在实践中,被告人虽常常对撤回公诉给自己的人身自由权、名誉权和国家赔偿权造成的损害不满,却苦于申告无门,有些被告人因此上诉要求撤销一审法院准许撤诉的裁定并宣告自己无罪,也悉数被驳回。鉴于此,在撤诉的告知——防御机制方面,笔者主张根据诉讼进程予以区别规定:在开庭审理前,检察机关申请撤诉的,法院应当在做出准许的裁定后告知当事人;在开庭审理后,检察机关申请撤诉的,除基于"提起公诉后发现管辖错误"的情形外,法院在准许前,应当取得被告人的同意,因为受"重入罪、轻出罪"的思维惯性和考评机制之影响,检察机关在撤诉后,有可能不及时终结程序,而是补充侦查后再诉或者退回侦查机关作其他处理,以致迟迟不解除被告人的羁押措施。与此同时,考虑到被害人利益与被告人利益具有天然的冲突性,加之我国刑事诉讼具有重视入罪功能的传统,实践中基本不会出现明显应判有罪而由检察院撤诉的情况,因此不能把被害人的同意也作为撤诉的条件,而只需规定检察机关提出撤诉后,法院应当告知被害人,并把被害人的意见作为裁定时的参考。

6. 建立救济程序

"无救济则无权利",英国普通法曾长期坚持"救济先于权利"的理念,并强调"没有救济的权利不是权利"。为此,当权利受到侵犯时就该诉诸司法机关,获得有关司法救济,否则权利的存在将无意义而言。[1]

(1)被告人的救济。根据我国相关司法解释的规定,被告人对检察机关决定撤回公诉的,既不享有事先向检察机关提出异议的权利,在检察机关撤诉后,也不享有任何救济的权利。[2] 有人认为,被告人对人民法院准许公诉机关撤回起诉的裁定,一律不享有上诉权。[3] 笔者认为,我国《刑事诉讼法》第 180 条第 1 款规定:"被告人、自诉人和他们的法定代理人,不服地方各级人民法院第一审的判决、裁定,有权用书状或者口头向上一级人民法院上诉。"第 3 款又规定:"对被告人的上诉权,不得以任何借口加以剥夺。"这些规定充分保障了被告人的诉讼权利,是当事人诉讼权利的重要组成部分。在此情形下,"有必要赋予被告人相应的提出异议或申请救济的权利。"[4]建议增设被告人选择审判的制度,被告人对于法院的判决、裁定不服,法律赋予其独立的上诉权,显然此种救济方式也可适用法院准予撤诉裁定进行上诉。"被告人认为第一审法院准许公诉机关撤回起诉,侵犯了其合法权益,或者准许撤回起诉将对其产生不利后果,如丧失可能被判无罪的时机等,都有权提出上诉,引起二审重新审理的法定程序。"[5]上级法院对撤回起诉的理由,应当依法进行审查,如果发现被告人确系无罪的,应当发回重审或者做出无罪

---

① 胡元静:《中国刑事司法中存在的潜规则及其对策》,《决策与信息》,2009 年第 2 期。

② 张小玲:《试论公诉撤回制度》,《中国人民公安大学学报(社会科学版)》,2006 年第 2 期。

③ 法学教材编辑部(西方法律思想史编写组):《西方法律思想史资料选编》,北京大学出版社 1983 年版,第 53 页。

④ 张小玲:《试论公诉撤回制度》,《中国人民公安大学学报(社会科学版)》,2006 年第 2 期。

⑤ 王友明、杨新京:《公诉案件撤回起诉质疑》,《国家检察官学院学报》,2003 年第 3 期。

的判决,避免出现有苦无处诉,有冤无处申的尴尬境地,借以还被告人清白。被告人对发生法律效力的撤回起诉裁定不服的,可以向上级法院、检察院提出申诉。对于符合《国家赔偿法》规定的案件,根据被告人的申请,对一些符合《国家赔偿法》规定的案件,检察机关在做出撤案决定后,根据犯罪嫌疑人申请和案件具体情况,依法做出国家赔偿决定。

(2)被害人的救济。在我国的刑事诉讼中,被害人的参与是极为有限的,因而其权利的保护经常被忽视。针对撤诉,被害人大多会提出异议,在异议能否提起、法院是否采纳,做出准予撤诉裁定后,如何保护被害人的诉讼权利,我国刑事诉讼法及两高的司法解释都没有规定,这不能不说是撤诉制度的一大漏洞。虽然法院在对撤诉的司法审查中可赋予被害人提出异议的权利,但不能把被害人有异议就不准予撤诉作为阻止撤诉的理由,否则撤诉在有被害人的情况下几乎均不能得以实现。因此法律有必要另行规定对被害人的救济程序,明确规定在法定期限内被害人可以对法院准予撤诉的裁定提出上诉、申诉,有权向做出撤回起诉决定的检察机关申请复议,以保护被害人的诉讼权利和实体权利。被害人在收到检察机关维持撤回起诉的复议决定书后,还有权向其上一级检察机关申请复核。被害人也可以直接向法院提起刑事自诉。在检察机关撤回起诉后,对案件做出存疑不起诉或绝对不诉的决定时,应制定和完善相关的法律规定,扩充检察实体处分权利,赋予检察机关对被起诉人训诫、责令具结悔过、赔偿损失、赔礼道歉等权利,从而使其与刑法第 37 条的相关规定相衔接,从而对被害人的权利保护落到实处。

(3)公安机关的救济。公安机关侦查终结的案件,法律和司法解释应当规定撤回起诉决定书要送达公安机关,"公安机关认为撤回起诉的决定有错误,可以要求复议,如果意见不被接受,可以向上一级人民检察院提请复核"①。上级检察机关认为公安机关的申请正确,应当撤销撤回公诉决定,使案件恢复审判程序。

---

① 常艳:《试析公诉案件的撤回起诉》,《人民检察》,2007 年第 4 期。

第三节　起诉书一本主义

一、起诉书一本主义的概念及分类

（一）起诉书一本主义的概念

起诉书一本主义又称"一张起诉书主义"或"唯起诉书主义"，是指检察官在提起公诉的时候，只能依法向有管辖权的法院提交具有法定格式的起诉书，表明控诉一方的诉讼主张，而不能同时移送有可能使法官对案件产生预断和偏见的其他文书和控诉证据，也不得引用这些文书和证据的内容。这就是说，检察官提交给法院的起诉书中只要求明确地写出所指控的犯罪事实，不要求举出证据和附带有证据内容的材料，也不能在起诉书中记载可能使法官对案件的认定产生先入之见的其他材料。这一公诉模式最初盛行于以英、美为代表的普通法系国家，体现了当事人主义刑事诉讼的特点，但由于其具有内在的科学性、合理性，因而在世界范围内都产生了广泛的影响。目前，日本及意大利等国在起诉方式上也完全废止了卷宗移送制度而采起诉书一本主义。

（二）起诉书一本主义的分类

起诉书一本主义又分有预审制度的起诉书一本主义和无预审制度的起诉书一本主义。普通法系国家主要采用有预审制度的起诉书一本主义，以英国、美国为代表。

1. 有预审制度的起诉书一本主义

在英国，根据案件的种类，刑事审判采取简易审判和正式审判两种方式。依简易程序审理的案件，检察官向治安法院起诉时只提交起诉书，不附带与案件有关的其他证据材料。以正式起诉程序审理的案件，检察官向刑事法院起诉前必须将案件提交治安法院预审。其目的在于判别公诉机关提交的证据材料信息能否控诉，是否应当交付法院判决，以及什么情况下选择什么样的审判方式。这时的预审程序与之后所要进行的庭审程序二者彼此没有牵连。而且这时的预审程序不实行起诉书一本主义，而是采用全案移送的方式进行实质性审查。在治安法院审理过案件的法官不得再参与同一案件的审理与判决。经过预审法庭的审查，如果预审法官认为检察官的起诉具有足够的证据，即做出向刑事法院移送起诉的决定。之后检察长必须任命大律师出庭支持公诉,起诉时大律师向刑事法院移送一份起诉书,不附带任何证据材料。

在美国,大陪审团和检察官都有权向法院提起公诉。根据联邦宪法第 5 修正案和《联邦刑事诉讼规则》第 7 条的规定,可处死刑的案件必须经过大陪审团审查起诉;可处一年监禁以上刑罚的案件,原则上应当经过大陪审团审查起诉,但如果被告人放弃大陪审团审查起诉的权利的,可以由检察官直接决定起诉;其他案件可以由大陪审团起诉或者检察官直接决定起诉。为配合起诉书一本主义的公诉方式,美国设置了两个阶段的公诉审查。案件正式进入庭审程序之前,需要通过预审和大陪审团对案件考查才能顺利进入庭审程序。这个程序用来确定案件事实发生与否并且嫌疑人是否达到追诉标准。在美国的预审制中,控辩双方应当出庭,并进行证据开示和对证人进行交叉询问,预审由预审法官主持,预审法官不得再主持之后的庭审。预审法官或大陪审团最终裁定起诉后,由检察官向法院移送大陪审团起诉书或检察官起诉书,不移送案卷材料,只是在正式开庭之前组织控辩双方进行证据开示。大陪审团起诉书或检察官起诉书应当是关于构成所指控罪行的基本事实的清楚、简要和明确的书面陈述,应当由检察官签署。起诉书中不需要有正式的起始、结论和其他不必要的内容。大陪审团起诉书或检察官的起诉书应当就指控的每条罪状说明该行为违反的法律、法规、条例或其他法律规定,援引有关法律条文。

2. 无预审制度的起诉书一本主义

日本是实行无预审制度的起诉书一本主义的典型国家。日本的起诉书一本主义并非日本本土化产物。在第二次世界大战前,日本采用的是全卷移送方式;在二战后日本开始移植英美法系的当事人主义诉讼模式,改全卷移送为起诉书一本主义。日本检察机关在提起公诉时仅移送起诉书,不得添附可能使法官对案件产生预断的文书及其他物件,或引用该文书的内容。检察官不得向法官移送侦查中形成的笔录和收集的证据。起诉书只能记载法定事项,如被告人的姓名或其他足以特定被告人的事项,犯罪时间、地点和方法等事实;罪名必须记载所适用的处罚条文。在司法实践中,一般也不允许记载被告人的学历、经历、性格以及犯罪动机等情况。为彻底落实起诉书一本主义,日本的刑事诉讼法规定,违反起诉书一本主义,受诉法院应当判决该公诉不受理,并且不得就该案再次进行起诉,即使纠正了违法情况也不得提起公诉。在开庭前,日本设立了"开庭前整理程序",检察官和律师阐明自己的主张,整理出诉讼中的争点和证据,组织完控辩双方进行证据开示后,案件即可进入庭审程序。

3. 混合式卷宗移送方式

混合式卷宗移送方式的代表国家是意大利。以 1988 年为节点,在 1988 年前由于其刑事诉讼采用的是职权主义的诉讼模式,刑事公诉方式与传统大陆法系国家相仿,都是全卷移送;1988 年后意大利进行了诉讼模式改革,在保留传统大陆法系职权主义诉讼模式特点的基础上,融合了英美法系当事人主义诉讼模式的特点。为此,意大利的刑事公诉方式发生了变化,形成了独具特色的双重卷宗移送方式。根据 1988 年的意大利刑事诉讼法规定,意大利的卷宗移送分两步走:第一步是预审之前即庭前审查阶段,实行全案卷宗移送。检察机关认为应当提起公诉的,都应当做出提起公诉的决定,然后将起诉书连同本案现存的所有案卷材料移送给有管辖权的法院。此时由专职预审法官对卷宗进行整理,预审法官对检察官移送的案卷材料进行全面的实体性审查并做出是否交付审判的决定。第二步是预审之后,实行双重卷宗移送方式。对符合追诉条件的案件,预审法官应当对侦查卷宗进行筛选,整个侦查卷宗被一分为二,一个是检察官卷宗,另一个是为庭审法官准备的法官卷宗。检察官卷宗必须退还给检察官并由其储存在检察官文书室。法官卷宗连同审判令移送给负责庭审的法官,作为庭审法官开始和准备庭审的根据。庭审法官和预审法官不能为同一个人,庭审法官庭前可以阅览的刑事卷宗范围被进行了严格限制,其范围大大小于检察官卷宗。意大利对适用普通程序审理的案件实行双重卷宗移送制度,对适用简易程序的案件实行全卷宗移送方式。

二、审判中心主义背景下实行起诉书一本主义之必要性

刑事诉讼应当采取何种案卷移送方式在我国历来是一个颇具争议的现实问题。早在 2012 年修改刑事诉讼法之前,学术界就围绕案卷移送方式的改革进行了激烈的讨论并提出了许多改革方案。在 2012 年《刑事诉讼法修正案(草案)》获得通过后,学术界和司法实务部门关于案卷移送方式改革的争论不但没有停止,反而较 2012 年之前更为激烈。鉴于本次刑诉法修改恢复先前的全案卷证移送主义在司法实践中可能会重蹈覆辙,笔者认为,仍应需要我们进一步去探寻更为合理的公诉案卷移送方式。然而,纵观世界各国的刑事诉讼发展潮流,我们不难发现,未来实行起诉状一本主义已属必然。

（一）实行起诉书一本主义是实现刑事起诉方式功能的需求

刑事起诉方式在刑事诉讼法中应当具有人权保障功能、程序正义功能、诉讼效率功能等核心功能。而现行的卷宗全案移送制度显然不足以实现其功能要求，所以实行起诉书一本主义是实现刑事起诉方式功能的必经之路。

1. 人权保障功能

刑事诉讼法中"保障人权"主要是保护被告人的合法权益以及辩护人的诉讼权利。

"保障人权"应贯穿于刑事诉讼法整个过程，案件移送作为刑诉法中的一个重要程序，也体现出了"尊重和保障人权"这一功能。具体而言，主要体现在以下几个方面：首先，虽然不同国家的公诉方式不同，但是总的来说，公诉方式设计的出发点都是为了追求案件的真实，无论是实体真实还是法律真实，作为一种追求的理想状态而言，这种追求案件真实的过程就是保障人权的过程，防止无罪之人被课以刑法。其次，刑事诉讼法中的每一个程序的设计都涉及多方的利益。公诉方式作为刑诉程序中的一个环节，其具体设置也必然体现出被告、被害人、国家之间的利益冲突，虽然我们不能完全平衡三者的利益，但是，不论是英美法系还是大陆法系国家都在通过设计科学合理的移送方式来最大程度地平衡三者的利益。这种平衡利益的过程其背后体现了对人的尊重。具体而言，设置科学合理的公诉案件移送方式就是为了平衡不同利益之间的关系，从而达到对诉讼人权的保障。但现行的全案移送制度使得法官极易形成未审先断的庭前预断，十分不利于对被诉人的人权保障，实行起诉书一本主义，才能更有效地体现刑事诉讼的保障人权功能。

2. 程序正义功能

公诉方式不同，公诉机关向审判机关移送的案件材料就不同，这在不同程度上影响了各个国家在刑事诉讼中对程序正义的追求，具体而言，在英美法系国家，他们采用的是当事人主义诉讼模式，主张程序正义优于实体正义，故在诉讼方式选择上采用起诉书一本主义来阻断法官依据案卷形成预断。法官的最终判决只能通过直接言词原则的庭审活动适用相关证据规则做出最终的判决，与英美法系国家不同，大陆法系国家采用职权主义模式，多数采取全案移送制度，使得法官在庭前可以全面接触到案卷材料，享有较大主动权，一定程度上影响了其对程序正义的追求。程序公正是实现实体真实的重要保障。法官在刑事审判中是否排除预断、是否中立是衡量程序公正的一个重要标准。我国的公诉方式要求人民检察院在提起公诉时将全案证据移送法院,这样就会使得法官在开庭前过多地接触控方的单方面证据,必然造成法官在审理案件之前即充分了解了被指控的具体案件事实,从而对被告人的行为是否构成犯罪、构成何种犯罪、应否处以刑罚、处以何种刑罚等实体问题形成先入之见。长期以来,在我国的审判实践中所形成的令人司空见惯的"先定后审"现象便是这一起诉模式的恶果。它破坏了法官的中立性,从而使法官在法庭上难以听取辩方的意见,导致庭审流于形式。所以要使法官保持中立,发挥庭审应有的作用,实行起诉书一本主义十分必要。

3. 诉讼效率功能

提高诉讼效率一直以来都是我国刑事司法体制改革的努力方向。刑事诉讼效率在诉讼法中主要体现在三个方面:第一,有利于节约司法资源,有限的司法资源与不断增长的案件数量之间的矛盾,需要我们通过高效合理的诉讼程序来解决这个矛盾。第二,实现司法正义的要求,"迟来的正义是非正义"即设计一个有效的程序能够在较短的时间内产生出公正的结果。第三,实现刑法效应的要求,惩罚犯罪的刑罚越是迅速和及时,就越是公正和有效。公诉方式作为刑事诉讼程序的一部分,其也体现着诉讼效率的功能,公诉方式设计的是否合理直接关系到整个案件的诉讼效率,具体表现在以下几个方面:首先,科学合理的公诉方式有利于控辩双方对彼此掌握的证据有充分的了解,就一些没争议的证据达成共识,就有争议的证据做好充分的辩论,从而提高庭审的诉讼效率;其次,科学合理的公诉方式有助于法官分流案件,提高诉讼效率;再次,科学合理的公诉方式有利于法官庭前整理控辩双方的主要争议点,在庭审中集中审理,从而提高诉讼效率,方向仍然是要走起诉书一本主义的案卷移送方式之路。

(二)革除现行卷宗移送制度之弊端对起诉书一本主义的呼唤

三十多年来,我国刑事案卷移送制度在每次修法中都被涉及,从1979年的"全案移送"加庭前"实质审查"模式,到1996年确立的"复印件主义"移送方式,再到2012年《刑事诉讼法》将案卷移送方式规定为全部与案件事实相关的证据材料都要移送的方式,我们改革案卷移送制度的目标并没有实现,法官预断现象并没有解决。不可否认,2012年《刑事诉讼法》对于刑事案卷移送制度的修改总结吸取了前两次案卷移送制度改革的经验,保留了1996年的庭前形式审查在防止法官预断这方面的优势,规定我国实行庭前形式审查,认为形式审查能消除法官预断,但是这种认识并不是法官预断存在的真正原因。也就是说,2012年《刑事诉讼法》规定的全案移送主义和形式审查并不能解决现行案卷移送制度存在的弊端。简而言之,全案移送制度不仅在制度设计上还是实务操作中都存在弊端。

1. 庭前和庭审法官不分离,全案移送易形成预断

我们知道,案卷移送制度是起诉和庭审之间的中间环节。在庭审之前,根据《刑事诉讼法》的相关规定,公诉方将与案件相关的全部材料移送给人民法院,法官通过查阅案卷材料,来决定是否对起诉书中指定的犯罪事实进行开庭审理。这一规定的初衷在于实现程序分流,减少庭审的负担,提高诉讼效率。但是,由于庭审法官和进行庭前"形式审查"的法官是同一个主体。庭审法官在查阅公诉方移送的案卷材料时,对被指控的罪名与证明此罪名的案件事实进行审查,同时对于与案件事实相关的证据材料的证据力证明能力也予以了解,进而形成了初步的判断。因为法官在先前阅读案卷材料时已经形成了初步的认识,所以会从内心上对于案卷所反映的结论有所偏向。在这种先入为主的主观意识支配下,法官往往不会再对案件事实进行重新调查。可想而知这种偏听偏信会导致一些不好的结果。因为人的第一印象一旦形成,想要改变第一印象无论是时间上还是过程上都不是一件容易的事情。法官在"第一印象"的影响下,对于无罪证据基本上不接受,更遑论采纳。这对于被告一方无疑是不利的,因为预断一旦形成,想要提出与法官初步判断相反的证据以及辩护意见都不能动摇其最初的预断。庭审法官在查阅公诉方移送的案卷材料时,对被指控的罪名与证明此罪名的案件事实进行审查,同时对于与案件事实相关的证据材料的证据力证明能力也予以了解,进而形成了初步的判断。因为法官在先前阅读案卷材料时已经形成了初步的认识,所以会从内心上对于案卷所反映的结论有所偏向,使裁判的公正性发生偏离。

2. 缺乏与全案移送配套的审理制度,预断难以排除

就目前的"全案移送主义"来说,因为其本身采用形式审查,没有专门负责审查的主体,即存在预审法官和庭审法官不分离,与现行审判方式不相适应等一系列的问题,导致其未解决我国刑事案卷移送制度所存在法官预断难以避免排除的弊端,庭审形式化依然存在。上文论述了全案移送在法官开庭审理之前容易形成预断,如果在审理过程中有相关的制度排除预断的影响,例如像其他大陆法国家那样确立直接和言词的审理原则,把法官对于公诉方提供的案卷材料的依赖性降到最低,使之在庭审活动中对于这些证据材料的真实性以及证据力方面重新进行认定,这样预断将不会对庭审产生严重的影响。显而易见,法官重新对案件事实进行认定,这不仅摆脱了对公诉方案卷材料的依赖,而且也会改变先前对于案件事实产生的预断,大大削弱了预断对于审判的影响力。遗憾的是我国并没有在审

理过程中确定直接言词原则,对于案件材料的真实性以及证据力并不进行重新认定,无法切断庭前阅读案件材料所形成的片面的预断。相反,在我国的刑事审判中法官对于案件事实所做出的裁判结论以及心证历程都是建立在阅读案卷材料的基础之上的,法官一旦接触了公诉方移送的证据材料,对于其将要审理的案件事实形成结论认定,那么当庭审判就会失去意义,从而沦为走过场负责审理的法官在开庭前接触的就是公诉方已经移交的证据材料,而我国的举证质证环节并不具有强烈的当事人对抗色彩,双方对于证据的质证只是进行宣读,没有实现质证的真正功能。可见,这种建立在案卷材料基础上的审判,对于法官在庭前审查时所做出的对于证据材料的真实性与证据力以及案件事实的认定都不能重新推翻,反而是对其进行了强化。由此,这种审理方式与"全案移送主义"不配套。可以预想,一个已经对案件事实有所预断的法官通常情况下,对于与自己意见不一致的证据和观点基本上不会接受,在强烈的主观预断的影响下,再加上唯一可以推翻预断的举证质证环节不能发挥其实质作用,法官对于案件事实做出的结论的公正性难以保证。首先,公诉方向法院移交的案卷材料,是由侦查人员提供的。人都有一定的趋利性,而侦查人员也不例外,为了使自己侦查的案件可以有结果,为了自己的努力不白费,会无意识地选择对自己有利的证据材料。这些证据材料本身就带有主观性,也就是说是不全面的。法官在接触这些不全面的带有主观性的证据材料所形成的预断往往是不利于被告人的。他们通过侦查所形成的案卷材料,一般都是有利于公诉方的,能够证明所侦查的犯罪事实,而那些有利于被告人的材料基本上被忽略,即使提及也是简单地一笔带过,寥寥数语。正是由于这样,法官很难摆脱侦查人员观点的影响,在审判中难以保持中立。司法实践中这种情况属于常见现象。对于被告人的有罪供述和证人有关被告人构成犯罪的证言,案卷都予以详细的记载,而能够证明被告人不是犯罪嫌疑人的证据材料和被告人证明自己不是犯罪嫌疑人的辩驳和证人证言,案卷基本上没有提及,所占篇幅寥寥无几。我们可以预想,全案移送之后,法官接触这些相对来说片面的、带有侦查人员主观色彩的案卷材料后,形成的预断也是相对不客观的。而这种由于查阅不全面的案卷材料所产生的相对片面的预断,在庭审过程中缺乏排除纠正的相应制度,影响庭审。其次,在全案移送制度之下,法官接触的案卷材料缺少被告人及其辩护人的质证。他们通过侦查所形成的案卷材料,一般都是有利于公诉方的,能够证明所侦查的犯罪事实,而那些有利于被告人的材料基本上被忽略,即使提及也是简单地一笔带过,寥寥数语。正是由于这样,法官很难摆脱侦查人员观点的影响,在审判中难以保持中立。司法实践中这种情况属于常见现象。前面已经论述了公诉方移送的案卷材料带有侦查人员的主观色彩,如果再缺乏被告人及其辩护人的质证,这使法官在面对带有明显的主观色彩的证人证言和案卷材料所形成的内心确信将是不公正、不合理的。而作为被告一方可以扭转裁判结果,消除对于自己不利影响的举证质证环节流于形式,其不仅举证质证活动的功能无法实现,而且剥夺了被告人的质证权利的真正落实,使法官无法听到辩护人内心的辩驳。法官在控辩双方地位不平等,诉讼权利不平等的基础上只听取了公诉方一方的意见,忽略了被告方的辩护,造成事实上的偏听偏信。对于公诉方提交的证据材料,其作为证据属性之一的证据能力,法官往往予以确认。而对其作为证据属性相当重要的证明力大小强弱问题,法官则仅仅通过形式审查,例如只要满足"相互印证规则",就确认其真实性。这种制度设计缺陷,违背了审判中心主义的要求,也与庭审承担的使命相悖。法官对于案件事实的认定来自于片面的强烈的有利于控方的案卷材料,既然已经在审查时做出了判断,那么庭审活动只是一种形式,使庭审完全不具有意义,在庭审中本来用于法官查明案件事实的举证质证环节也形同虚设。可以说,所谓的审判只是在公诉方提供的案卷材料的基础上进行的,完全不能实现庭审的功能。

3. 实行庭前形式审查,与全案移送制度不配套

2012 年《刑事诉讼法》规定了法官对于公诉方移送的案卷材料进行形式审查。形式审查最主要的作用就在于对公诉案件进行过滤,以防止控方滥诉或错诉。这一做法显然不同于其他实行"全案移送主义"的大陆法系国家。实行全案移送制度的大陆法系国家实行实质审查,即控诉方在向法院移送案卷后,庭审法官或预审法官对控方所指控的犯罪事实进行审查,既审查是否符合起诉条件还审查证据材料的真实性与证据力。而我国只是一种程序上的审查,只要有明确的指控犯罪事实且归属本院管辖,法院就应当决定开庭审理,并且法官在审前的准备程序中也只是对庭审活动作一些形式上的准备,这项规定在制度设计上存在一些问题。

首先,对于庭前形式审查的规定缺乏具体的操作标准,并且很容易满足开庭审理,这就不能对公诉权起到很好的抑制作用,当然这与我国预审制度的长期缺失有着重大关系。因为我国之所以确定形式审查是要避免法官预断。由于没有意识到导致法官预断的真正原因是庭审法官代为行使了预审法官的审查职能,二者在行使审查职能的主体上出现了混淆。其次,对于庭前审查的职能,各国法学

界并没有达成共识,即对于庭前审查的诉讼功能没有明确的标准,由各国根据自己国家的情况进行设置。通过对大陆法系和英美法系国家的庭前审查程序进行研究,我们发现庭前审查既然在大陆法系国家和英美法系国家有所建树,那么庭前审查程序在我国也可以运行。相应的庭前审查程序的诉讼职能应该是多元的而不是只有一种。我国《刑事诉讼法》规定的庭前审查程序的诉讼职能主要是为了解决审查公诉案件是否符合开庭条件,而对于其他诉讼职能完全予以漠视,这种功能的单一性并不能与全案移送的案卷移送方式相适应,也不符合全案移送制度提高庭审效率的目的。最后,按照我国的庭前审查程序,法院只需要根据《刑事诉讼法》第 181 条的规定审查检察院移送的案卷即可,并不需要听取被告人的意见,排除了辩护方在庭前审查程序中的参与。案卷移送制度的恢复,虽然充分保障了辩护方的阅卷权,加强了其能与控方展开平等对抗的权利,但是庭前形式审查将辩护方排除在外的制度设计,显然与全案移送的案卷方式不配套,削弱了对被告人程序性权利的保护。

由于全案移送制度问题层出不穷,在当前较为复杂的司法环境下,以及在大力推进司法改革的时代背景下,在分析了这些问题并结合起诉书一本主义的特征,实行起诉书一本主义成为当下有针对性的解决这些问题的必要手段。

(三)以审判为中心的诉讼制度之要求

2014 年党的十八届四中全会提出了"以审判为中心"的诉讼制度改革目标,要求突出法院定罪量刑的主体地位,审判是整个刑事程序的核心,被告人是否构成犯罪以及判处何种刑罚都只能由法官在审判中加以认定。最高人民法院在《关于建立健全防范刑事冤假错案工作机制的意见》中要求,审判案件应当以庭审为中心。审前形成的案卷笔录不应对案件裁判结果产生预决作用,证据未经当庭出示、辨认、质证等法庭调查程序查证属实,不得作为定案的根据。从上述规定中可看出,"以审判为中心"的内涵指的是案件的一切活动应当以审判为中心,案件定性和裁量应当在审判活动中形成,在审判之前的准备程序中,不能对案件定性和裁量有任何影响。以审判为中心的核心是以庭审为中心,缺乏以庭审中心主义为基础的审判活动,以审判为中心的诉讼地位不可能确立。现代审判中心主义要求审判应成为整个刑事程序的核心。被告人的定罪量刑必须在审判中加以确认,审前阶段的任何证据材料及有罪判断都不具有预决效力。

起诉是审判的依据,法院开庭审理就是围绕起诉书指控的事实证据及其罪名展开法庭调查、法庭辩论。"以审判为中心"蕴含的庭审实质化,要求起诉必须有明确的指控事实、清晰的定罪量刑证据。审查起诉连接侦查与审判,如何有机过滤侦查证据、为审判提供客观有效的指控依据,是实现庭审实质化的重要环节。卷宗移送方式作为连接起诉与审判程序的"关节点",科学合理地设计这一制度对于实现"以审判为中心"的诉讼制度目标有重要的推动作用。而"以审判为中心"改革目标的实现也有利于理顺诉审关系,改变我国长期以来审判依赖卷宗的做法,走向庭审实质中心主义。由此看出,审判模式与卷宗移送方式是密不可分的,审判模式的选择决定着卷宗移送方式的变革,同时卷宗移送方式对审判模式的实现具有决定性的影响。这不仅在理论上得到阐释,而且已为世界法治实践的经验所证明。

作为当今法治国家刑诉程序运行中的一项基本要求,审判中心主义的实现,有利于直接言词原则在刑诉程序中的贯彻落实,有利于保障控辩双方在庭审当中的平等对抗。审判中心主义要求法庭审判是整个刑诉活动的中心,对于任何人的定罪与量刑,都必须经过法院正式的开庭审理才能予以认定,侦控机关在庭审前的任何刑诉活动都只能为正式的法庭审判作准备,对被追诉人任何权利的限制或剥夺都不具有实质性意义。在整个审判程序当中,无论是第二审程序的提起,还是再审程序的启动,对于被追诉人犯罪事实的认定,都必须建立在第一审法庭审判的基础之上,而不能以其他事实和理由越过第一审程序或重复第一审工作。审判中心主义强调法官在审理案件时,必须事先摆脱案卷笔录对庭审活动的束缚,必须以一种"处女般的心境"来参与法庭审理,必须通过充分的法庭调查与辩论来形成自己对案件事实的内心确信。因为只有这样,才能够有效地排除庭审法官的审前预断,避免对案件事实的"先入为主",有利于做出公正的裁判。有鉴于此,我国的案卷移送方式改革应当实行起诉书一本主义,它能够有效地避免我国长期因侦查中心主义所带来的负面影响,能够很好地发挥证据规则和裁判原则在认定案件事实中的作用,有利于我国程序公正和实体正义的同时实现。

总之,在我国刑诉程序中确立起诉书一本主义的案卷移送方式,具有其必要性。其不仅有利实现刑事起诉方式的必要功能,同时也有利于克服因全案卷宗移送主义所产生的诸多问题,更是以审判为中心价值理念的体现。

三、审判中心主义背景下实行起诉书一本主义之可行性

每一项制度都有着其独特的赖以生存的制度基础,起诉状一本主义也不例外。英美法系国家确立起诉状一本主义、大陆法国家实行全案移送主义的背后,

都有着其赖以生存的制度基础。就起诉状一本主义而言,支撑其生存的主要有制度性基础,与我国现行刑事诉讼的价值相一致的取向以及相对完备的配套机制,我国目前已经逐渐具备这些条件。

（一）已具备其生存的制度基础

政治独立的司法制度可以说是现代法治国家的根基,也是国家和社会稳定的制度基石。起诉书一本主义生存的重要前提条件就是审判独立。只有实现审判独立,裁判者才能够完全依赖庭审做出合乎理性的裁决,而无须去顾及"配合"或者其他需要。在英美法系国家,不管是负责解决案件法律问题的法官,还是处理案件事实问题的陪审团,都能够不受外界因素的制约,独立行使自己的职权。此外,只要案件的审理程序正当合法,法官和陪审团成员都无须考虑案件最终的裁决结果,更不必担心因裁决结果而可能导致的政治或者其他不利后果。可以说,独立的司法制度是现代民主国家和社会不言而喻的共识。不论全案移送的大陆法国家,还是起诉书一本主义的英美法系国家,审判独立都是共同的制度性基础。在我国,人民法院依法独立行使审判权,不受行政机关、社会团体和个人的干涉得到了宪法的认可以及刑事诉讼法的保障,确立了审判独立原则。

2016 年,中央全面深化改革领导小组第 25 次会议审议通过的《关于推进以审判为中心的刑事诉讼制度改革的意见》（以下简称《改革意见》）指出,按照审判中心主义的要求,审判案件应当以庭审为中心,法官对案件的实质性审理活动必须在庭审阶段进行。在我国刑事诉讼中,人民检察院在提起公诉时应将案卷材料、证据移送人民法院。这种在起诉方式上采取的侦审连锁式诉讼构造正是导致庭审空洞化的主要症结之一。因此,推进以审判为中心的诉讼制度改革,应进一步理顺审判和侦查、起诉的关系,切断侦查的联结,凸显刑事审判的中心地位。"对公正的最主要威胁是那种结构性地将人们置于某种倾向性观点之下的职能,起诉就是其中之一。"为防止法官"先入为主",在审判前形成有罪预断,最有效的措施就是避免法官在正式审判前阅卷,从而使法官在庭审中居于客观、公正的立场。为此,有必要采取起诉书一本主义,检察机关在提起公诉时除移送起诉书外,不得移送任何影响法官心证的证据材料,彻底隔断侦查与法庭审判程序之间的联系。这显然表明,起诉书一本主义这一方式有其诉讼构造上的独特意义,与审判中心主义相适应。起诉书一本主义的初衷就在于切断侦查与审判的联系,强调庭审中心主义。而这恰恰与我国现行以审判为中心的诉讼制度改革相契合,在这种改革背景下,起诉书一本主义有了其赖以生存的制度基础。

（二）与我国目前的刑事诉讼价值取向相契合

在刑事诉讼方面,大陆法系国家认为,对被告人自由的保障不应妨碍打击犯罪,而且主要通过对犯罪的惩罚来实现,为此,当面临是"冤枉一个好人"还是"放纵一个坏人"的困难判断时,大陆法系国家通常倾向于前者。该价值取向下的刑事诉讼制度配置为实现这一价值目标,大陆法系国家突出自由裁量,强调司法机关配合,采取有罪推定,确立权利有限原则。为达到控制犯罪,大陆法系国家一般要求以尽可能少的司法资源获得尽可能多的刑罚效益。这有两个目标,一是速度,即在保持案件公正处理的前提条件下,尽量减少个案的处理时间,速度越快越能达到刑罚一般预防的目的;二是定罪完结性,即司法机关开展工作后在侦查、起诉和审判各阶段所取得的有罪结论。一定数量的刑事案件中,司法机关有罪完结率越高,就显示实发犯罪率与实惩犯罪率越接近,对于控制犯罪有不容忽视的作用。

英美法国家的刑事诉讼价值取向是"人权至上","程序公正优先"。英美法国家一般认为,个人具有政府无权干预的某些基本权利,即使是国家专门机关出于控制犯罪的需要而展开刑事司法活动时,也不得予以侵犯。即个人权利和自由神圣不可侵犯。因此,设计和运行刑事诉讼法律制度的着力点在于,始终保持追诉机关与被追诉人处于绝对公平的"诉讼游戏"(他们把刑事诉讼比做一场竞赛游戏,法官是绝对中立的裁判,侦、控机关与嫌疑人、被告人是游戏竞赛的双方)。防止国家权力的扩张,特别强调权利的保障。因为嫌疑人、被告人是弱小的个人,其面对的是庞大的国家机关,要使他们在诉讼中平等对抗,必须削弱国家权力,赋予嫌疑人、被告人一些特别权利,并以法律规则予以保障。该价值取向下的刑事诉讼制度配置选择这一价值目标,英美法一般确立弱化权力原则,即对侦查、控诉机关的权力作较多限制,弱化国家机器的权力。如不得强迫回答;侦查手段严格限制;采取非法证据排除;审前听证制度等。同时,强调权力制约原则,即加强国家专门机关之间的互相制约,尤其是法官对警官、检察官的重大侦查行为进行制约与监督。如具体规定搜查、扣押令状主义。特别注重权利保障,权利保障是贯穿英美刑事立法和司法活动的一根红线。所以确定国家在寻找罪犯的过程中,首先必须保护一个普通公民在处于被告人这种不利地位时所应当拥有的基本权利,因而推行无罪推定原则;自白自愿原则;实行保释制度等。其采用的公诉方式就是"起诉状一本主义",即在决定对被告人提起公诉后,检察官只能向法院提交一份记载被告人的姓名、年龄、职业、住址和足以确认被告人身份的其他基本情况以及公诉事实、罪名和适用的处罚条文的起诉书,起诉书不得记载可能使法官产生不利于被告人的偏见材料,更不得随卷移送任何证据材料和证物。这种方式意在使审判法官开庭之前无卷可阅、无证据材料可看,因此,侦查人员对案件的认识、看法也就无法在庭审前传递到法官那,形成"先入为主"的印象。

纵观我国历次《刑事诉讼法》的修改,可以看出我国虽然实行职权主义诉讼模式,但是一直在吸收借鉴英美法系的当事人主义诉讼模式的合理因素。从 1996 年的《刑事诉讼法》修改中可以看出我们的案卷移送制度吸收了英美法系的"起诉书一本主义",规定实行"复印件主义"。2012 年《刑事诉讼法》更是明显地倾向于限制职权主义的诉讼模式,降低法官对庭审的主导作用,努力扩大当事人在庭审中的权利,实现保障人权的刑事诉讼价值取向。当事人主义诉讼模式以激烈的庭审对抗为特色,被认为是"审判中心主义"的完美诠释。当事人主义国家的起诉书一本主义、陪审团制度等自身带有预断阻却特征的制度也均是在审判中心主义理念的指导下构建的。审判中心主义要求:只有经过审判程序,才能确定被告人是否应当承担刑事责任及责任的大小;控审分离、控辩平等、法官居中裁判,法官应当站在中立的角度,通过法庭调查、法庭辩论查清案件事实,调查核实证据,从而形成自由心证。当事人主义国家在审判中心主义理念的贯彻下,证据开示制度、交叉询问原则、直接言词原则等能够对预断起到阻却作用的有效措施顺势而生,也正是这些制度的配合,法官庭前阅卷才没有存在的必要,而由阅卷层面导致的预断问题也就不复存在。因此,当事人主义国家审判中心主义的理念贯彻,可以从预断阻却的角度,给探寻完善法官庭前阅卷制度的有效途径即实行起诉书一本主义提供思路。

(三)已建立起与之有效运作的配套机制

学术界普遍认为,我国迟迟未真正引入起诉书一本主义制度根本原因是由于我国刑事案件数量繁多,起诉书一本主义制度会导致司法资源浪费,降低诉讼效率。为了实现案件分流,提高刑事诉讼的效率,我国在 18 个城市开展刑事速裁程序的试点工作,速裁程序简化庭审步骤,取消庭审中法庭调查、质证的环节,缩短庭审时间,在维护法律正义的同时提高了办案效率。

我国 2012 年新修订的《刑事诉讼法》新增庭前会议制度,相应地,最高法院的刑事诉讼法司法解释对庭前会议的案件范围、适用条件、参与主体、具体任务以及相关程序等进行了明确规定。2016 年,中央全面深化改革领导小组第 25 次会议审议通过的《关于推进以审判为中心的刑事诉讼制度改革的意见》(以下简称《改革意见》)指出,要规范庭前准备程序,确保法庭集中审理。我国《刑事诉讼法》规定庭前形式审查的初衷在于分流案件,限制公诉机关起诉权滥用,为庭审做一些准备。在审查是否符合起诉时,还要承担分流案件的责任,以提高诉讼效率。庭前法官阅读公诉方移送的案卷材料后,可以决定此案件应用何种程序进行审理,对于符合适用简易程序或者特殊程序的案件进行分流,提高了诉讼效率。案卷材料还要具备提前为庭审做准备,提高庭审效率的功能。庭前审查程序在其他国家已经是一种运行良好、相对成熟的体制。无论是英美法系国家还是大陆法系国家,即无论是实行全案移送主义还是起诉书一本主义的案卷移送方式,都可以为我国庭前审查程序的设立提供丰富的经验。

结合我国司法现状,除了依赖于案件的简繁分流为起诉书一本主义提供实践基础,起诉书一本主义的实行还有赖于完善的技术性基础,即完善的证据制度。从英美国家来看,辅助起诉书一本主义正常运作的证据制度主要有证据开示制度以及证据规则。我国在2012年新修订的《刑事诉讼法》中首次对非法证据排除规则做了详细的规定。非法证据排除规则的日益完备,有利于保障辩护方行使辩护权,也为起诉书一本主义的实行提供了一定的技术基础。

四、实现"起诉书一本主义"需要完善的配套措施

我国刑事诉讼案件移送方式的改革是一个系统工程,需要考虑多方面的因素,进行多方面的价值权衡与现实考量。在改革中,须瞻前顾后以使各种制度相互衔接,形成一个建立在同一价值理念上的系统的诉讼结构。起诉书一本主义亦不能孤立地改革建立,只有建立和完善与其相关的一系列的配套措施,使其与整个诉讼体系相衔接,才能发挥出它的最大效用。根据我国现行的刑事诉讼结构,要实现起诉书一本主义的改革,使其与我国的诉讼体系相衔接,还需要完善以下配套措施。

(一)庭前审查的法官和庭审法官相分离

在我国,一个案件从立案后到审理终结前,均由同一法官完成对案件的证据调查、鉴定、勘验等工作,加之每个法官还会有一定案件数量的分配,致使每个审判法官身上可能同时肩负着数个案件的审判工作,这样一来,审判法官的压力可想而知。法院是中立的司法机关,是公正的象征,对于整个社会来说,是保证公平正义的最后一根稻草。审判法官代表法院对案件实施审理活动,并以法院的名义对案件做出结论。人们对国家的信任,与案件结论的公平正义有着必然的联系。

案件结论主要取决于事实是否查清,证据是否充分,以及法官个人素质的高低。因此,为了保障每个审判法官对每个案件都可以精心审理,以及审判结论都可以正确公平,从而实现诉讼质量和效率的提高,建立庭前的预审程序是当前行之有效的方法。

预审制度是现代国际化的一个主要体现,是刑事诉讼审判工作中的一个关键环节。我国需设立的预审制度必须具有以下功能:一是对案件事先审查的功能。预审制度的构建,有助于减轻审判法官的庭审压力,以确保案件的审理质量。在预审阶段,对案件进行事先审查是预审法官的首要职能,通过调取案件真相的证据,主持控辩双方质证,同时对不符合起诉条件的案件做出驳回的裁定,最后明确案件的争议焦点,对案件的事实和证据给予认定意见。如此,审判法官结合预审法官的认定意见和庭审活动的情况做出案件裁判,解决了审判法官工作压力太大的问题,从而使审判法官可以更加用心于案件的审理,实现案件审理质量和诉讼效率的提升。二是保障控辩双方诉讼权利行使的功能。在预审阶段,预审法官对于一些庭前工作可以先行实施,比如追加当事人、变更诉讼请求等,都可以在预审阶段完成,这样可以使辩护方的合法权益得到保障,进而帮助证据的收集,有利于进一步明确案件争议的焦点,促使控辩双方积极收集证据,在庭审活动中正确有效的行使权利。三是保证案件能够正确运用程序和法律。预审过程中的质证程序,是控辩双方对证据的认定以及预审法官对证据的合法性和关联性进行认定,把非法证据和无关的证据排除在外,为审判法官查清案件事实、认定案件性质提供基础。四是适当分配司法资源的功能。对证据不充分而不足以证明犯罪嫌疑人有罪的经补充侦查后仍然无法证明有罪的案件,预审法官有权行使直接宣告犯罪嫌疑人无罪的权力,以减少非法羁押和超期羁押,保障犯罪嫌疑人的人权,减少讼累,同时使审判法官的精力用在刀刃上,集中精力地审判案件,实现适当分配司法资源的目的。由此可见,只有将庭前审查的法官与法庭审判的法官相分离,并且禁止庭前审查的法官参与庭审,才能有效避免庭前审查的法官将庭前审查中形成的主观预断和观点带入庭审当中,促使庭审法官可以完全以中立的角度在庭审过程中听取控辩双方的交叉询问和辩论,这样的话,起诉书一本主义的案卷移送制度则可以有序地运行。

(二)进一步完善案件分流机制

健全案件繁简分流机制。按照"简案快办、繁案精审"思路,对案件进行繁简分流,合理配置司法资源,实现公正与效率的合理平衡。在立案环节,就要做好案件繁简分流。根据案件类型、诉讼标的和事实争议大小等综合划分案件难易程度,做到精准分案。对于有调解、撤诉可能的案件,尽快启动调解程序;针对符合简易程序条件的案件,尽快进入审判"快车道"。

1. 充分运用简易程序

我国目前的法庭审判程序有简易和普通之分,适用简易程序的条件为被告人认罪、同意适用且案件事实清楚,证据充分。受美国预审程序中治安法官对轻罪案件可直接审理的启发,笔者认为,对于适用简单程序的案件,由于案情简单,被告人也认罪,故可以跳过庭前法官阅卷环节,直接进入审判程序。与适用普通程序的案件不同,简易程序由于案情简单,被告人认罪,因而法官即使庭前不阅卷也能够在庭审过程中把握案件主要争议点及待证事实。对于必须适用普通程序进行审理的案件,则需要在公诉机关提起公诉之后,进行庭前阅卷。但即使是符合适用简易程序进行审理的案件,若要跳过庭前阅卷阶段,也必须先由公诉机关提出向法院请求,法院收到请求后再做出决定,法院不得自行决定。按照上述做法对案件进行分流之后,对于适用简易程序的案件来说,不仅可以节省诉讼时间,提高诉讼效益,还能够在一定程度上保证案件的判决结果不受阅卷预断的影响。

2. 完善刑事案件速裁程序和认罪认罚从宽制度

完善刑事案件速裁程序和认罪认罚从宽制度,尤其是要积极总结试点经验,完善认罪认罚从宽制度的实施机制。无论是速裁程序、简易程序还是普通程序,如果被告人认罪认罚具有自愿性,又符合相关法律规定,就有可能获得程序上的从简和实体上的从宽。人民法院做出有罪判决,对于定罪事实应当综合全案证据排除合理怀疑。定罪证据不足的案件,不能认定被告人有罪,应当做出证据不足、指控的犯罪不能成立的无罪判决,而不能"疑罪从有"或"疑罪从挂"。但现实生活远比法律规定要复杂得多,一方面,疑罪从无的判决可能要面临来自被害人、侦查机关、公诉机关的压力;另一方面,在案件事实并不完全清楚、证据也不充分的情况下长期羁押被告人又有违法理而备受批评。认罪认罚从宽制度通过控辩双方的认罪协商,省略或简化审判的程序与步骤,不仅可以减轻讼累、提高诉讼效率,而且可以在很大程度上分流案件、解决积案难题、缓解司法机关压力,节省更多的司法资源来处理疑难案件。

(三)贯彻庭前会议制度

我国2012年新修订的《刑事诉讼法》及有关司法解释初步构建了庭前会议的基本程序,相应地,最高法院的刑事诉讼法司法解释对庭前会议的案件范围、适用条件、参与主体、具体任务以及相关程序等进行了明确规定。但由于规定过于原则，没有就庭前会议的效力等问题进行细致的规定，导致实践中出现庭前会议适用率低、庭前会议与庭审相割裂、庭前会议效力不明等问题。2016 年，中央全面深化改革领导小组第 25 次会议审议通过的《关于推进以审判为中心的刑事诉讼制度改革的意见》（以下简称《改革意见》）指出，要规范庭前准备程序，确保法庭集中审理。《改革意见》指出了庭前会议可以处理排除非法证据、简化庭审举证、质证、处理管辖、回避等程序争议系列问题，通过对这些问题的预处理，可以规避庭审程序被频频打断的现象，提高庭审效率与质量。而且能真正发挥庭前会议"弥补"案卷移送制度所带来的负面影响。因此，从设立起诉书一本主义的立法目的的实现的角度来分析，可从以下几个方面来进一步贯彻庭前会议制度。一是将庭前会议制度从审判活动中脱离出来。我国庭前会议制度到底该处于一个怎么样的地位？是一个独立的诉讼程序还是依赖于审判活动的一个环节呢？解决这个问题是完善庭前会议制度的关键步骤。庭前会议制度虽然在整个刑诉程序中处于上承公诉程序下接庭审程序的中间环节，但也应该具备其特有的法律定义和地位，如世界各法治国家设立的不同模式的庭前审查制度——德国的中间程序，法国的预审制度等。可是，我国的庭前会议制度与这些国家比较，始终处于一个容易被忽视的地位。由于立法机构并未从根源上将庭前会议制度当作连接起诉与审判独立的中间环节，从而使整个刑事诉讼程序的运转受到了巨大的冲击，也破坏了刑事诉讼程序的整体性。由此可见，只有将庭前会议制度从审判程序中脱离出来，才可以消除其附属程序的定位，才能将庭前会议制度的启动方式、运行过程及终结过程独立于审判程序。二是充分发挥庭前会议制度应有的作用和功能。随着我国逐渐发展的司法环境，庭前会议制度的作用和功能也在逐渐地变化。我国庭前会议制度的应有功能首先是整理和明确诉讼争议焦点，为控辩双方提供一个案件信息的交流平台，促使庭审活动有序进行；其次是对起诉案件实行庭前审查，只能将与庭审要求相符的案件移交审判法官，而将与开庭要求不相符的案件隔离在审判大门之外；最后是对于符合开庭条件的案件的适用程序做相关的准备，以及分流案件、简化程序。只有将上述功能都充分发挥了，才能更好地落实贯彻庭前会议制度。因此，如庭前会议制度能得到充分贯彻，案件分流与争点归纳等问题才能被解决在庭审之前，那么庭审法官只需根据庭前会议制度所形成的案件争点，居中听取控辩双方围绕争点逐一展开控辩，这便在一定程度上降低了法官的庭审工作量，有效缓冲了起诉书一本主义下法官对案件材料的陌生感而导致诉讼拖延,从而保障了诉讼效率。

(四)贯彻直接言词原则

为了使正义以"看得见"的方式实现,我国刑事审判方式改革的一个关键就是要把"直接言词原则"在案件审理过程中实践运作。直接言词原则要求审判法官以言词的方式直接审判和直接采纳。这就要求审判活动必须是集中审理,这对法官的专业知识和精力素质的要求大为提高。这是因为:首先,直接言词原则可以保证控辩双方在法庭中诉讼地位的平衡与公正。由于所有的证据材料都必须通过辩护人的质证和审判法官的认定,因此,即便是公诉机关在开庭审理前就已经掌握了案件的大量证据材料,但并不能因此在法庭上占据强势地位。不过,为了使控辩双方在法庭的诉讼地位保持平衡,这一原则也要求辩护方在法庭上出示己方的证据。其次,直接言词原则有利于被告人及其辩护人合法有效地行使辩护权。直接言词原则为辩护活动提供了条件和机遇,使辩护方可以经过当庭举证质证、展示关于证明被告人无罪或罪轻的证据信息材料。因此,只有贯彻直接言词原则,才可以使辩护方切实有效地行使辩护权。最后,直接言词原则要求审判法官当庭听取证据信息材料,以保证准确确定案件真相。这一原则要求审判法官集中审理,在控辩双方相互举证、质证和辩论时,审判法官一直参与其中,直接听取控辩双方的交涉意见,同时还可以根据庭审情况及时发现有关案件的疑问,并且可以当面得到有效解决,这样可以避免审判法官忽视案件疑问和产生误解,从而避免案件误判。因此,直接言词审理方式是法官查明和了解案件真实情况的有效手段。

在立法上,我国刑事诉讼法尚未明确规定直接言词原则,但通过对一系列程序的设置肯定了直接言词原则的法律地位。比如,关于通知证人、鉴定人出庭的有关规定以及证人证言必须在法庭上进行交叉询问等相关规定。然而,在司法实务中,确实把直接言词原则作为审判原则来落实的审判机关则少之又少。在目前我国司法实务中,证人、鉴定人出庭率极其低下,审判法官也仅是通过阅读笔录的方式对证人证言和鉴定意见进行审查。如此一来,法庭审理过程变成流水式的形式作业,控辩双方没有真正的质证,辩护方不能有效行使辩护权,从而导致案件审判结论的质量不理想。要想彻底地解决法庭审判走过场的诟病,必须找到该问题的根本原因,既是审判法官没有把直接言词原则作为审判原则来贯彻和落实。因此,只有切实贯彻了直接言词原则,才能解决庭审仪式化和裁判不公的问题,才能真正实现庭审实质化,据此才能帮助法官摆脱对庭前阅卷的依赖,最终倒逼案卷移送制度逐步向起诉书一本主义迈进。

(五)全面贯彻证据开示制度

所谓证据开示制度是指在审判制度中,一方当事人用以从对方当事人获得的有关案件的证据和信息资料,进而有助于该方当事人为庭审活动做计划的审前制度。事实上,证据开示制度的实质就是控辩双方相互"交换"证据信息。证据开示既可以预防控辩双方在庭审活动中的证据突然袭击,又可以保证诉讼公正,提高诉讼效率。目前,采用当事人主义诉讼模式的英美法系国家,比如美国、英国都对刑事证据开示制度作了明确的规定。采用混合式诉讼模式的国家,比如意大利、日本,也在刑事诉讼中详细规定了证据开示制度,而采用职权主义诉讼模式的大陆法系国家,比如德国、法国设立了与职权主义诉讼模式相适应的证据开示制度。

然而,证据开示制度在我国目前刑事诉讼法中并未得到完整体现。在司法实践中,控辩双方的证据都相互保密,在开庭审理前都拒绝向对方泄露自己已经掌握的证据信息。这种证据信息的保密现象严重影响了我国刑事诉讼活动的有序运行,并导致证据突袭的现象频繁出现,诉讼公正受到负面影响,诉讼效率无法得到提高,审判中的对抗式也沦为形式。我国应当全面贯彻证据开示制度,因为证据开示制度的建立能保障对抗式审理程序有序运行以及实现案卷移送制度改革目标;能发现案件真实,保证诉讼公平公正,提高司法效率;也能使得控辩双方对抗力量平衡和保障被告人有效行使辩护权;亦能抑制错误诉讼,保障高质量的审判。

证据开示制度的具体贯彻应当从以下几个方面入手:公诉机关负有全面开示证据的责任,应当向辩护方开示与案件有关的全部证据信息,其理由是公诉机关负有司法公正的义务,而不仅仅是刑事追诉机关,除了涉及国家秘密的可不予以公示,其他一律不能向辩护方保密;辩护方负有限的向控诉方开示证据的责任,对犯罪嫌疑人不在犯罪现场、精神不正常等可能导致无罪的证据信息,都必须向控诉方开示。法官可以根据控辩双方的证据展示做出裁定或决定。只要是经过证据开示后,对双方都无争议的证据,在审理过程中只需向审判法官出示,无须再次辩论质证,审判法官就可以认定该证据的证据能力和证明力。对未开示的证据材料则没有证据能力,同时禁止向审判法庭展示。因此,只有证据开示制度贯彻到位,才能确保控辩双方获得平等对抗,从而真正主导整个庭审过程,让法官能够通过法庭调查与法庭辩论阶段来真正把握住案件的脉络并形成心证,据此逐渐淡化其对书面材料的依赖,为起诉书一本主义的落实创造条件。

第七章

审判中心主义与第一审程序

第一节　以审判为中心对第一审程序的影响

刑事案件第一审程序是刑事审判中最为重要和基础的关键环节,以审判为中心的诉讼制度改革,实质上是强调审判阶段尤其是第一审程序中的法庭审判在整个刑事诉讼程序中的中心地位,强调把事实认定和证据采信限定在审判阶段,并通过制度提升法院的权威,实现庭审实质化,保证判决的终局性。因此,以审判为中心的诉讼制度改革会对一审产生以下影响。

一、有利于最大限度地实现司法公正

以审判为中心重点强调以一审庭审为中心,要求举证、质证、认证和定罪量刑辩论都在法庭上完成,即在法官的主持下,通过控辩双方的举证、质证及辩论,侦查机关提供的证据材料必须充分接受控辩双方的检验,这样就将所有的证据材料展示在法庭上,并且法官当庭聆听控辩双方的辩论意见,审查案件证据材料的真实可靠性,这不仅有助于法庭排除非法证据,也能够最大限度地保证判决的公正性,防止冤假错案的发生。

二、有利于基层法院审判质量的提高

《决定》中明确指出:"推进以审判为中心的诉讼制度改革,确保侦查、审查起诉的案件事实证据经得起法律的检验。"在控辩审三者关系中,审判应居于主导和支配地位,审判方不仅是居中裁判,而且是居上裁判,位于三角结构的上方或顶端,从而确证司法权威。审判方以消极听审的方式参与庭审活动,将重心放在庭

内调查方面,弱化庭外调查权的使用,这就给审判工作提出了更高的要求。"以审判为中心"意味着庭审中控辩对抗的加强和证据规则的完善,庭审成为定罪量刑的主要和决定性阶段,审判者的一切心证均应当来自公开进行的法庭审理活动。这必然要求法院更新刑事司法理念,进一步提高法院的案件审判质量,从而减少发回重审、二审改判情况的出现。

三、基层法院司法能力的提高成为迫切要求

法院是实现社会正义的最后一道防线,法官便是这道防线的守门员,其价值取向、行为方式、道德水准对社会正义的实现起着至关重要的作用。在司法改革的当下,提高基层法院的司法能力,对于建设公正高效权威的社会主义司法制度具有重大意义。在进一步规范法官行为的同时,实质庭审也给法官带来更多的任务和更大的压力。不仅要求法官重视并充分发挥庭前会议的重要作用,提前归纳好案件争议焦点,还要求法官提高庭审应变能力来应对实质庭审中的失控情况和突发事情。此外,法官不仅要把控现场流程及维护法庭秩序,还要在法庭调查环节"一证一质"、法庭辩论环节充分听取各方意见、保障每位被告人最后陈述的权利。法院司法能力的提高,对司法公信力的树立、司法效率的提升具有非常重要的意义。

四、直接言词原则与证据裁判原则的贯彻成为必然要求

我国的刑事诉讼司法实践中长期存在着证人、鉴定人出庭率低,辩方质证权利无法保障的情况。本次《决定》明确提出"完善证人、鉴定人出庭制度"的要求,目的就是解决证人出庭作证难的问题。这说明在未来的庭审过程中证人、鉴定人、勘验人、检查人、侦查人员、有专门知识的人出庭作证、接受质询、说明问题、提出意见会常态化、制度化,改革前普遍存在的"宣纸证""质纸证"的现象会大幅减少。

第二节　以审判为中心诉讼制度改革下一审之应对

庭审实质化是以审判为中心的诉讼制度改革的必经之路,这给一审审判工作提出了更高的要求、更新的挑战。要适应这种新的情况,必须结合当前的司法实

践,抓住改革的具体走向,端正态度,勇于探索,在审判方式、案件请示、汇报制度等多个方面进行改革,增强一审法院的司法能力、提高工作效率,坚决守住防范冤假错案的底线,进而在最短的时间内实现新形势下对一审审判程序提出的标准和要求。具体而言:

一、破除司法行政化实现司法独立

在以审判为中心的刑事诉讼结构中,审判决定了起诉和辩护的结果,推动着刑事诉讼向前发展。因此,审判职能至关重要,而司法独立是保证审判职能正确发挥的前提。我国刑事诉讼法中规定:"人民法院行使审判权不受行政机关、社会团体和个人的干涉",有些学者据此认为这是司法独立的法律依据。不过司法独立不仅是法院独立,更是法官的独立。只有法官不受到来自审判因素以外的任何影响,才能够公正客观地作出裁判,实现诉讼的公正,树立审判的权威性。具体在改革中可以采取如下措施:第一,取消各级政法工作委员会对刑事案件的指导和干涉,使其不得参与刑事案件的侦查、起诉、审判工作;第二,对于审判委员会,可以废除,也可以作为法院内部的意见参考机构保留。法官在对适用法律存在疑问时可将案件提交审委会讨论,但审委会在讨论案件时,只能就案件中的法律问题发表意见,而且这种意见不具有必须执行的效力;第三,采取法官责任制,但应当以法官独立审判为前提,否则只能使法官成为替罪羊,降低法官的工作积极性。

二、逐步废除案件请示制度汇报制度

第一,进一步完善上级法院对下级法院的考核机制。现有的考核体系中,下级法院的一审上诉率、抗诉率、发回重审率、改判率是衡量其案件质量的重要指标,并且这些指标上的好坏直接关系到该法院及法官们办案的水平以及评先评优的条件。其实,上级法院拿这些指标来评价下级法院案件质量的合理性就值得商榷。因为"法官只要依法判案,就不会因自己对案件的处理而被要求赔偿",自然也更不应该因为这些不合理的指标而被责以非难。比如改判率指标,拿刑事案件来说,因为受到上诉不加刑原则的限制,上级法院改判的案件基本上是减轻刑罚的情形,是量刑上的改判。至于其中的原因,排除法院、法官的私利因素不说,这些量刑上的改判幅度都在法官自由裁量权的范围之内,并没有违反法律的规定。加之初审法院对案件的事实审查更加直接和全面,所以,二审改判的判决并不能说一定就比初审判决更加优秀。此外,其他几个指标也存在类似的问题。总之,上级法院应把相关不合理的考核指标剔除出去,使其对下级法院的考核更加客观、公正、合理,不能因为这些不合理的考核而施加给下级法院请示、汇报案件的压力。

第二,进一步明确《意见》中关于提级管辖的相关规定。《意见》列举了四类可以提级管辖的情形,但是,这些规定仍然较抽象,需要进一步细化。比如,可以列举"重大案件"指涉及食品安全、公共卫生、环境污染、重大灾害等的案件;"新类型案件"指涉及电子货币、游戏装备、微博侵权、转基因等的案件。依此类推,尽量细化和明确,若没有被列入可以提级管辖的情形而上级法院意欲提级的,则要提请共同上级法院裁定。明确了上级法院对提级管辖的适用情形后,下级法院就不会因为对哪些案件需提级管辖不知所措而盲目地向上级法院请示、汇报。

三、适当调整资源配置将事实审重心放在一审

司法实践反复证明,一审环节才是查清案件事实最为有利、最为关键的阶段。因为在这个环节和时间段,一般离案件的发生时间比较靠近,查找证据比较方便,恢复案件的原貌相对容易。而一审环节一旦过去,由于距案件的发生时间越来越远,证据就会越来越难以寻找,恢复案件原貌的难度就会越来越大。因此,适当调整资源配置,将事实审重心放在一审,对于实现让人民群众在每一个司法案件中感受到公平正义的司法改革目标,具有十分重大的意义。

第一,积极推进以一审庭审为中心的诉讼制度改革,从制度设计上切实保障人民法院行使"判断权"的职能。必须明确,审判是人民法院审理案件、作出裁判的司法活动,是诉讼的中心环节。法庭是查明事实、认定证据、形成裁判结果的场所。充分发挥审判特别是庭审的作用,是确保案件质量和实现司法公正的重要环节。所有司法机关和诉讼参与人的诉讼活动都要围绕庭审进行,确保侦查、审查起诉的案件事实和证据经得起法庭质证的检验,经得起法律的检验,确保诉讼证据出示在法庭、案件事实查明在法庭、诉辩意见发表在法庭、裁判结果形成在法庭。

第二,科学设置四级法院的职能,明确一审法院的主要职责就是查清案件事实①。司法制度的改革,要求强化一审程序在事实认定方面的功能,将诉讼程序的重心放在一审程序中,一审程序认定的事实原则上对以后的诉讼程序具有约束

---

① 孙佑海:《一审法院的主要职责就是查清案件事实》,《法制与社会发展》,2016 年第 2 期。

力,除非具有法定情形,后续程序不得推翻一审程序认定的事实,更不能在一审程序查明的案件事实之外重新调查证据并以此作为裁判的基础。要树立"一审是基础和关键,二审是救济和保障,再审是例外和补充"的诉讼理念。

第三,充分保障律师的执业权利,尊重他们的人格和权利。尊重律师在法庭上就案件事实认定和法律适用的正常发问、质证和发表辩护、代理意见的权利,绝不能对他们提出的正当申请、合理意见置之不理,绝不能采取歧视性措施。要通过完善律师法和有关的诉讼法,扫清影响律师正常执业的障碍,从而真正形成控辩双方在案件庭审中的平等对抗。

四、慎重对待一审法院的事实判断慎用发回重审和二审改判

我国刑事诉讼中,关于发回重审制度的立法规定由于较为原则,可操作性不强,因此使得案件发回重审的次数、发回重审的条件等问题的解决并不明晰。在二审改判方面,也存在改判理由不全面以致出现"同案不同判"的情况。慎重对待一审法院的事实判断,慎重发挥重审和二审改判,对被告人权益的保护、法院中立的实现是具有现实意义的。具体应:

第一,统一发回重审和改判的条件。由于我国的一、二审法院采取的都是全面审查原则(即都包括事实审和法律审),二审法院并非只有法律审或书面审。所以,二审法院审理上诉案件时,如认为原判决认定事实错误,或者原判决认定事实不清、证据不足,理应由其查清事实后改判,而不应动辄就将案件发回重审。只有当原判决出现遗漏当事人或者违法缺席判决等严重违反法定程序时,二审法院才能以原审法院的审判违反法定程序为由发回重审,除此种情形外都不应发回重审。

第二,禁止内部函的使用。最高人民法院关于规范上下级人民法院审判业务关系的若干意见》(以下简称《意见》)细化了上级法院对下级法院的指导、监督的职权范围和履行方式,对发回重审的裁定书也作了明确的要求,但是《意见》作为最高院的一个发文,因为缺乏强制约束力而难以被重视,建议将该条款升级规定于《刑事诉讼法》中。例如,《俄罗斯联邦共和国民事诉讼法典》第三百一十一条就规定:"法院在撤销原判和把案件发回重审时,必须在裁判中指明尚需查明哪些案情,需要索取哪些证据,以及第一审法院还应实施哪些其他行为。"同时,要明令禁止上级法院一切具有行政指令性函件的使用。①

五、加强基层法院建设增强一审法院司法能力

"司法能力从根本上说,就是通过司法手段保障人权,为人民群众排忧解难、全心全意为人民服务的能力",随着以审判为中心的司法改革的深入,全面加强基础基层建设,增强一审法院司法能力建设也是其题中应有之义。司法能力既包括法院整体的司法能力,也包括法官个人的司法能力,但无论要增强哪一种司法能力都离不开法官素质的提高。具体而言,应当通过完善我国的法官选任制度、继续教育培训制度和惩戒制度来促进我国法官队伍素质的提高。

第一,完善我国法官的选任制度。与西方发达国家相比,我国的法官选任标准存在着较大欠缺。因此,在今后应进一步提高对法官的学历要求,不再允许从非法律专业具有法律经验的人员中选任法官,以保证法官职业共同体在知识背景、价值理念等方面的同质化。此外,可以尝试从具有丰富法律工作经验的律师中选任法官的做法,从而保证初任法官具有必要的司法经验和人生阅历,同时也维护了初任法官的权威和公信力。在选任机制方面,为了保证司法权能够在全国得到统一、独立的行使,可以在全国人大设立专门的法官选任委员会来统一行使各级法官的任命权。其中,最高人民法院和高级人民法院的法官由选任委员会从被提名和推荐的下一级法院的法官和特别优秀的资深律师、学者中遴选确定,而地方各中级和基层人民法院的法官则由其所属的高级人民法院提名,并经同级地方人大批准后确定。②

第二,完善我国法官的继续教育制度。首先应当在《法官法》中明确规定继续教育培训的对象应当是所有在任的法官,而在任法官定期接受培训也是其一项基本的法定义务。一旦国家颁布了新的法律法规,法官仍然应当及时接受培训。无论何种形式的培训费用,都应当由国家统一支付。在培训机构的设置上,应当突破现有的单一培训体制,充分利用体系内外各种形式的培训资源,根据培训内容的不同合理确定相应的培训机构。在培训形式上,法官继续教育应当分为理论培训和业务培训,两种培训在培训对象和培训内容等方面应有不同的侧重点。理论

---

①　王俊:《略论上下级法院关系的规范》,《法制与社会》,2014 年第 2 期。

②　俞亮、张驰:《提高法官素质是增强司法能力的根本途径》,《北京交通大学学报(社会科学版)》,2006 年第 5 卷第 1 期。

培训的对象应当是中高级法官,在内容上应当侧重于重大、前沿、深刻的理论问题。由于这些法官大都任职于上级法院,从而使其有机会利用自身深厚的法学理论素养来纠正下级法院的裁判错误,保证法律的统一、公平适用。至于业务培训的对象则应当根据其具体内容来确定,培训内容的重点则是基本知识、基本技能和某些特定的技能,以满足对具体法律的准确适用和实际纠纷的公正解决。

第三,完善我国法官的惩戒制度。为了保证我国的法官惩戒制度能够同时充分实现打击司法腐败和维护司法独立的功能,有必要对其在以下几个方面加以完善:首先,应当科学地界定对法官进行惩戒事由的范围,并且赋予法官必要的职业豁免权。除非因故意或重大过失而违法裁判或具有法律规定的其他应当追究责任的情形,不能因为判决在上诉审中被改判或发回重审而追究法官的责任,并且也不能因其在法律允许的范围内正常行使自由裁量权而被追究责任。此外,法官与其他公民一样享有言论自由的权利,不能因法官实事求是地批评或披露我国司法制度以及司法活动中存在的弊端和问题而被认为是"散布有损国家声誉的言论"或者"泄露审判工作秘密",并因此受到惩戒。其次,规范惩戒机构和惩戒权限。对法官的惩戒权力不能掌握在行政机关手中,而应当交由特定级别的法院或专门成立的主要由司法人员组成的委员会掌握。最后,建立规范、完整、明确的法官惩戒程序。对法官的惩戒程序应当参考诉讼的形式进行设计,以保证法官能够获得公正的对待。

六、审判需要遵循的两项基本原则

以审判为中心是对以侦查为中心的否定。因此,实施以审判为中心,首先需要审判人员在庭审中直接审查证据,而非审查侦查阶段形成的案卷材料,这就需要遵循直接言词原则。其次,以审判为中心需要审判人员严格依据证据进行裁判,这就需要遵循证据裁判原则。具体而言:

第一,贯彻直接言辞原则。"直接言词原则实际上是直接审理原则与言词审理原则的合称,它包括两层含义。其一是对案件作出裁判的法官应该直接对证据进行审查,未亲自审查证据的法官不能对案件事实作出裁判,其二是庭审中的举证和质证应该以言词的方式进行,以书面方式举出的言辞证据一般不可采信"。[1]从我国的实践情况来看,确立直接言词原则,能够有效地防止庭审形式化,通过审

---

[1]　何家弘:《刑事庭审虚化的实证研究》,《法学家》,2011 年第 6 期。

判最终确定被告人的刑事责任,使审判成为刑事诉讼的中心。贯彻直接言辞原则,不仅要严格限制证言笔录的使用,摒弃卷宗依赖主义,还需要完善证人、鉴定人的出庭作证制度。

第二,贯彻证据裁判原则

以审判为中心进行的诉讼制度改革,必须树立"打官司就是打证据"的理念。① 在现代诉讼中,法官对事实的认定应当依据有关证据做出,没有证据不得认定事实。② 确立证据裁判原则,能有效限制法官的恣意擅断,为法官心证的形成提供证据基础,保障法官自由心证形成的合理性,有利于解决法官"拍脑袋"断案的问题。坚持证据裁判原则要做到两点:一是作为认定案件事实根据的证据必须是经过法庭举证、质证等程序后被确定为具有真实性,在形式上还必须具有相关性与合法性的证据;二是案件事实的认定必须建立在证据基础之上,正所谓"无证据,不事实"。与此相对应既是要坚持非法证据排除原则和疑罪从无原则。

第三节　庭前会议制度

一、我国刑事庭前会议制度的功能和现状

2012 年新修订的《刑事诉讼法》增设了庭前会议制度,根据新刑诉法及最高人民法院有关司法解释,对"三大类案件",即证据材料较多、案情重大复杂、社会影响重大的案件,可以召集公诉人、当事人和辩护人、诉讼代理人,对与审判相关的问题,召开庭前会议。新刑诉法实施两年以来,各地对"庭前会议"的开展进行了积极的探索及适用,大多数的司法工作人员对庭审会议制度在提高庭审质量以及诉讼效率方面的积极作用给予了肯定。在薄熙来案件、刘志军案件中,法院召集了公诉人、被告人、辩护人参加庭前会议,充分听取了控辩双方对案件有关程序问题的意见,明确了庭审证据质证与辩论焦点,使得两个存在海量证据的案件在较短的时间内完成了法庭审理。在庭前会议中,解决了大量的程序性事项和证据问题,使正式庭审的质量和效率得到了极大的提升,并且对公诉权形成有效制约,

---

① 张宝生:《审判中心与证据裁判》,《光明日报》,2014 年 11 月 15 日。
② 沈德永:《论疑罪从无》,《中国法学》,2013 年第 5 期。

进而更充分地保障被告人的权利。

"庭前会议"是域外国家的一个法律概念。"庭前会议"在《基础法律词典》中的定义为"以保证庭审顺利进行为目的,由法院主持召开的,位于诉讼开始之后、庭审正式开始之前,用以确定案件争点、进行证据开示以及采取其他措施解决有关争议问题的会议"。① 美国《联邦刑事诉讼规则》第 17.1 条的标题为"庭前会议"(Pretrial Conference),该条规定:"法庭可以依职权或依当事人一方的动议,命令召开一次或数次促进审判公正而迅速进行的庭前会议,在会议结束时,法庭应制作会议备忘录记载在会议期间控辩双方已达成一致的事项。该备忘录应以书面的方式由被告人及其律师签字,否则被告人或其律师在会议期间所做的陈述不得被法庭在之后的诉讼中使用。"②

故有学者对庭前会议定义为:"庭前会议是刑事诉讼中的一项制度,该项制度是为了保证庭审能够顺利有效地进行,于诉讼开始之后,正式庭审之前,在庭前法官的主持下,由控辩审三方共同参加的以解决管辖、回避等程序性事项、进行案件争议焦点的整理、证据展示、非法证据排除等事项为内容的会议",虽然笔者比较赞成该学者对庭前会议定义的大部分内容,但是对于该学者认为庭前会议制度是控辩审三方参加的"会议"这一点并不赞同,虽然从字面上进行理解,庭前会议是"会议"的一种,但是庭前会议具有诉讼程序的性质,不同于会议的性质,作为庭审的准备程序,必然是纳入到诉讼程序中进行讨论,且诉讼程序需要监督,而会议是不需要监督的,所以庭前会议不能仅仅作为了解案情的"会议"。

(一)我国刑事庭前会议制度的功能

匈牙利学者阿尔培德·欧德曾说过:"在我们当今的时代里,几乎所有刑事司法程序改革都有两个基本目标:一是发现实施一种迅速、简便和成功程序的新方式和新途径,换言之,使刑事诉讼活动的进行更有效率;二是确保诉讼参与人的权利,这与公正的要求密切相连。"③庭前会议就是尽可能地在开庭前扫除诉讼进程中的障碍,避免庭审出现不必要的延迟以及中断。庭前会议是一种庭前准备程序,其具有独立性,当然也具有其特定的功能,庭前会议有四个方面的功能:开庭

---

① Blackwell, A. H. Essential Law Dictionary [M]. Naperville: Sphinx Publishing, Sourcebooks, Inc. , 2008:385。

② See Rule 17. 1 of U. S. Federal Rules of Criminal Procedure: "Pretrial Conference", http://www. uscourts. gov/us-courts/rules/criminal-procedure. pdf, visited on 2014-05-30。

③ Nijhoff, M. . Comparative[J]. Law Yearbook, 1985(9):4-5。

保障功能、提高庭审效率功能、整理分析诉讼争点功能以及保障被告人诉讼权利功能。

1. 开庭审理保障功能

庭审会议制度,也就是在开庭前准备程序中增设的一项制度,其目的主要是保障庭审的顺利进行,同时也保障庭审的集中审理。集中审理即对一个案件应一次审理完毕,如需二日以上审理案件时,也应该是每天的连续审理直到案件审理完毕。① 但是从我国的实践中来看,程序性事项经常影响审理的集中和效率。如果在庭审中,辩护方提出回避、管辖异议以及非法证据排除等,则会导致休庭或者延期审理,影响审理的连续进行。在庭前会议中将程序性的事项,如申请回避、管辖,在庭前会议中得以解决,对证据进行审查,排除不具备证据能力的证据,让不具备证据能力的证据不出现在庭审中,这样能让法庭集中精力对其他事实进行调查、对有争议的证据进行审查,保障案件的集中审理。庭前会议解决完上述事项以后,开庭审理中,法官能更加迅速利落,庭审不会被时不时地程序性问题打断,保障了庭审的顺利进行。

庭前会议中,控辩双方通过了解对方与审判有关问题的意见,得知双方准备工作的进度,尤其是作为设立庭前会议的最大得益者的被告、辩护人,辩方能够在庭前知晓控方的证据准备情况,在正式开庭前针对控方的证据,辩方能做好充足的准备,使双方都能在准备充足的情况下进行开庭审理,保障庭审的紧凑性。

2. 提高庭审效率功能

不少国家,立法者在设计刑事诉讼程序时所考虑的一个基本问题是提高诉讼效益、降低诉讼的经济成本,使司法资源得到更加合理的配置,为此许多国家使法庭审判程序得到简化,庭前会议制度的设立,也就是在法庭审理前,将可能妨碍法庭快速有效审理的障碍在庭审前得以解决。繁琐的程序既浪费诉讼资源,又降低诉讼效率,故刑事审判程序应当尽可能地简化,但追求简捷便利的同时应不妨碍审判的公正性。在庭前会议中可以解决案件管辖、回避、证人鉴定人出庭名单、非法证据排除、适用简易程序、庭审方案拟定等事项,在庭前解决这些事项,能使庭审效率得以提高,对上述事项可能引起的不必要的妨碍以及拖延在正式庭审前予以扫除。

庭前会议中可以明确案件事实焦点、证据争点从而提高庭审效率。控辩双方

---

① 黄东雄:《刑事诉讼法》,台湾地区三民书局1996年版,第22页。

在庭前会议中除了可以发表自己对案件事实以及证据等与审判有关的问题的看法,同时也通过听取不同的意见来收集对方的信息情况,这样不仅能帮助双方在庭前会议后更好地准备正式庭审,又能通过了解对方的备战情况检视自己的不足。更重要的是,法官在庭审前把握了案件的重点,可以针对双方有争议的事项进行调查,减少无异议证据过多地花费庭审的时间,并且法官通过争议的问题引导双方当事人进行对抗,提高庭审的效率与质量,尽可能地缩短庭审的时间与次数。

庭前会议可以通过对案件进行繁简分流来提高庭审效率。就简易程序举例来说,简易程序的适用是简化刑事审判程序的一项重要的制度,在庭前会议中通过听取控辩双方对是否适用简易程序的有关意见,同样也能间接地提高庭审效率。对简易程序的适用,被告人可以行使其对简易程序适用的否决权以及知悉权,但是法律并没有赋予完整的选择权,根据法律的规定,检察院享有建议权,法院享有决定权,但是被告人不能直接地提出适用简易程序。如果在庭前会议中纳入简易程序的适用问题,被告人可以让法院听取他们对适用简易程序的意见,从而不仅保护自己的程序受益权,而且对提高庭审的效率发挥了很大的作用。

3. 整理分析诉讼争点功能

庭前会议制度的设立,规定在开庭审理之前,法官可以对与庭审有关的事项听取控辩双方的意见,并了解案件情况,这样能够使法院在开庭审理前了解法庭审理的重点,整理诉讼争议的焦点,使控辩双方在开庭审理当中围绕争议的焦点进行调查以及辩论。疑难复杂的案件,对其证据及事实争点进行整理,通过简化其他无争议的内容,集中解决双方争议较大的事实与法律适用,使法庭的审理重点以及方向更加明确凸显,有利于准确地定罪量刑。

(1)事实的归纳整理功能

对双方指控事实的争议,实践中主要包括两种情况:一是被告否认犯罪事实,认为不构成犯罪,庭前会议中应了解被告人认为不存在犯罪事实的原因以及其相关的辩解;二是被告人承认部分犯罪事实的案件,如某一法院在审理多名被告人盗窃案中,其中甲被告被指控作案 25 起,但是被告人只承认有 15 起,且移送的案件内并没有甲实施另外 10 起案件的相关材料,经过召开庭前会议,法官通过询问双方,将另外 10 起案件作为庭审中的审查重点,对被告承认的 15 起案件,在庭审中作简要的陈述,这样通过庭前会议,对案件事实进行归纳整理,既明确了审理重点,又利于提高庭审的效率以及质量。

(2)罪名的归纳整理功能

即使在庭前会议中,对指控的事实并没有争议,但是根据同一事实,控辩双方可能认为构成不同的犯罪,在定罪上面产生分歧的罪名本来就有许多,比如诈骗罪、盗窃罪。根据《刑事诉讼法》司法解释第 241 条第 2 款的规定①,这一司法解释成了法院在起诉后变更罪名的法律依据。但是虽然我们可以在庭审中变更起诉罪名,但许多情况下,会造成庭审的中断,尤其是将轻罪名变更为重罪名,实质上是剥夺了被告人的辩护权利,并且法院作为中立地位是不适宜随意变更罪名的。但是可以在庭前会议中将变更罪名的问题提前予以解决,"即在阅卷及证据展示的基础上,如果案件存在变更罪名可能性,则可由法院提前告知检察院,建议检察院按变更后的罪名重新起诉"。② 这样能避免因变更罪名导致的庭审中断以及延迟。但是也有学者认为这样会导致在开庭前对实体问题做出了处理,不能防止法官的庭前预断,但是法院在庭前会议当中,对是否变更罪名听取意见后,检察院是否以另一罪名重新起诉,是否调整自己的控诉方案,完全取决于检察院,如果检察院并没有重新起诉,那么法官可以将双方对罪名争议进行归纳后,也有利于在庭审中着重进行调查,庭前会议中进行整理归纳,是帮助控辩双方预见庭审中自己可能遇到的防御。

(3)证据的归纳整理功能

比较简单的案件,庭前会议对于证据的整理归纳功能的体现并不明显,但是对于案情复杂、证据繁多的案件在庭前会议中对证据进行整理归纳是非常有必要的,如刘志军案、薄熙来案有大量繁杂的证据,不可能在庭审中就每一项证据进行举证、质证,在整理时,先由控方将证据按照一定的顺序进行展示,然后由辩护方对证据是否有异议逐一发表自己的意见,然后总结归纳出"有异议的证据"以及"无异议的证据",在庭审时对没有异议证据的举证、质证可以简化,对有异议的证据,辩方提出自己的防御措施,如申请证人出庭作证、重新鉴定等,然后由法官在庭审中对有异议的证据进行详细的调查。控辩双方对证据进行整理所形成笔录也应对后面的开庭审理具有约束作用,这样才能充分体现庭前会议证据整理功能。

---

① 《最高人民法院关于适用〈中华人民共和国刑事诉讼法〉的解释》第 241 条第 2 款:起诉指控的事实清楚,证据确实、充分,指控的罪名与审理认定的罪名不一致的,应当按照审理认定的罪名做出有罪判决。

② 闵春雷、贾志强:《庭前会议制度适用问题研究》,《法律适用》,2013 年第 6 期,第 6 - 7 页。

4. 保障被告人诉讼权利功能

庭前会议中，扩大了被告人在庭前的程序参与权，有利于被告人实现与检察院信息的对等性。在我国公检法三家流水式诉讼结构中，往往被告人的权利得不到很好的保障，公检法流水式工作的模式，导致三家在追究被告人刑事责任时，在庭审前"通气"，促使三方在对犯罪人定罪量刑的问题上倾向一致，导致对被告人权利的破坏。通过庭前会议，可以避免检察机关与法院进行不必要的私下接触，同时也使被告人有表达自己诉求的机会，更好地保障了被告人的诉讼参与权、选择权。庭前会议不仅能对罪名进行归纳整理，并且如前所述在庭前会议中能够变更起诉罪名，就能够使被告人在庭审之前获得更多的防御机会，即使在控诉方变更后的罪名后亦有充裕的时间重新准备自己的辩护意见，充分地行使被告方的防御权，从而提高法律适用的准确性。

在庭前会议中实现了控辩双方的平等权，通过证据开示、非法证据排除等问题的现行解决，改变了以往刑事诉讼"职权主义"的倾向，辩方在庭审之前全面地获悉了案件有关情况，有助于辩方为庭审进行准备，保障被告人在诉讼程序中的各项权利。如果通过庭前会议，对影响重大，案情、证据复杂的案件，强制性地规定召开庭前会议的话，则对应当召开庭前会议案件的当事人应指定辩护，这样有利于被告人在被追诉中得到律师的帮助，使处于监禁状态的犯罪人有代表人"发言"，并明知自己行为所产生的诉讼后果，选择对自己有利的辩护方式。

庭前会议体现了法官的中立性，保障被告人的诉讼权利。法官的中立性首先要求法官在诉讼中充分给予双方当事人陈述自己意见的机会，平等对待双方当事人，其次要求保障双方当事人平等行使诉讼权利，不因当事人的身份地位不同而有不同的区别对待，再次要求对弱势一方当事人行使诉讼权利给予充分的保障以及重视。庭前会议中强调控辩审三方的诉讼结构，要求法官听取控辩双方对于审判有关问题的意见，体现的是法院平等的对待控辩双方，给予控辩双方均等的机会，法官处于三角结构的最顶端。通过庭前会议不会再让被告人觉得法院与检察院是一家，不会再因其处于被追诉的诉讼地位，认为自己处于一种被孤立的状态，避免被告人对法官的公正性、中立性产生怀疑，使被告人能够更加自愿地配合法院的诉讼活动，从中获得自己的诉讼利益，进而保障自己的诉讼权利。

（二）我国刑事庭前会议制度的现状

1. 我国刑事庭前会议制度的立法现状

庭前会议制度的首次规定在新《刑事诉讼法》第182条第2款①,《最高人民法院关于适用〈中华人民共和国刑事诉讼法〉的解释》（以下简称高法《解释》）中第183条、第184条,最高人民检察院制定的《人民检察院刑事诉讼规则（试行）》（以下简称高检《规则》）第430条至第432条对庭前会议予以了细化,两个司法解释正式从法律条文中赋予了"庭前会议"的名称,规定了适用庭前会议的案件范围、处理事项,综合两项司法解释,其内容可以归纳如下②:

其一,召开庭前会议的情形。除了规定申请排除非法证据的,证据材料较多、案情重大复杂的,社会影响较大的可以召开庭前会议,还规定了有其他需要的情况下也可以召开,其召开情形没有列举穷尽。

其二,庭前会议的参与人员。庭前会议的参与人员并没一一列举,简单的规定为由法院通知参加庭前会议,法院可以通知被告人参加,也可以不通知被告人参加;检察院一般由出庭支持公诉的人参加。

其三,庭前会议讨论内容。庭前会议可以对如下事项了解情况、听取意见,简单归纳如下:1. 完全的程序性事项:管辖异议,回避,不公开审理,延期审理,适用简易程序;2. 证据性事项:申请调取公安机关、人民检察院在侦查、审查起诉期间收集但未随案移送的能证明被告人无罪或者罪轻的证据材料,是否提供新的证据,出庭证人、鉴定人、有专门知识的人的名单,是否申请排除非法证据;3. 其他:调解被害人或者其法定代理人、近亲属提起的附带民事诉讼,庭审方案的制定以及与审判相关的其他问题。

其四,庭前会议的议事方式。庭前会议的主持者是审判人员,并通过询问控辩双方意见的方式进行,比如证据的议事方式,如果控辩双方对证据有异议,则在庭审时重点调查;对无异议的证据,庭审时举证、质证过程予以简化。同时高检《规则》中规定公诉人通过参加庭前会议,可以解决有关程序问题,为参加法庭审理做好准备。应该制作笔录对庭前会议的相关活动进行记载,方便以后的查阅。

---

① 《中华人民共和国刑事诉讼法》第182条第2款规定:在开庭以前,审判人员可以召集公诉人、当事人和辩护人、诉讼代理人,对回避、出庭证人名单、非法证据排除等与审判相关的问题,了解情况,听取意见。

② 《最高人民法院关于适用〈中华人民共和国刑事诉讼法〉的解释》第183条、第184条,最高人民检察院《人民检察院刑事诉讼规则（试行）》第430、431、432条。

高法《解释》与高检《规则》对庭前会议的内容进行了扩充、细化,但是在实施的过程中仍然有许多操作方式在法律上留有空白。

2. 我国刑事庭前会议制度的运行状况

根据司法文明协同创新中心的"2011 计划"以及最高人民检察院对新刑事诉讼法贯彻落实情况进行调研的要求,相关学者对 2013 年 1 月 – 11 月间检察院庭前会议制度的实施情况进行了调研,江苏、浙江、河北、东北三省均有相关的调研报告,本文在参考江苏省调研报告的基础上总结了相关的数据①:

表 7 – 1

地区	起诉案件量	召开庭前会议次数	比重	其他
江苏省各级检察院	60000 多	217	0.36%	
苏州市	11487	35,其中苏州市检察院启动 5 件,基层检察院启动 30 件	0.3%	召开原因:其中 6 件因涉及非法证据排除,其他由于案情复杂
泰州市	2330	39,其中泰州市检察院启动 17 件(其中二审 6 件),基层检察院启动 22 件	1.6%	讨论内容还包括:立功情节认定以及证据交换、出示。涉及罪名类型有:破坏市场秩序、侵犯公民人权权利、民主权利、职务犯罪案件
无锡市	7563	16,其中无锡市检察院启动 2 件,基层检察院启动 14 件(3 个基层检察院反映法院未召开过庭前会议)	0.21%	涉及的罪名有:受贿案件、贩卖毒品、诈骗、盗窃、故意伤害、非法吸收公众存款、妨害公务等

---

① 杨宇冠等:《非法证据排除与庭前会议实践调研》,《国家检察官学院学报》,2014 年第 3 期,第 60 – 63 页。

除了江苏省的调研报告有比较详细的数据,浙江的调研报告中显示2013年1 -10月,浙江省检察院出席庭前会议的案件有740件,占一审案件的3.47%,其中较为突出的问题有:庭前会议的参与主体不明确;召集方式不明确;庭前会议的法律效力不明确。①

东北三省调研报告中,根据吉林省检察院的不完全统计,2013年1 -6月,长春市检察院适用庭前会议14件,约占受案总数的5%,基层检察院只有在疑难案件中召开庭前会议,数量不高于5%。吉林省检察院二审案件中适用庭前会议46件,约占二审案件数量的50%,但是其中一部分并未采取严格的庭前会议的方式,还是处于法检私下沟通的方式。②

从几省的调研报告中可以看出各省各级人民检察院申请启动庭前会议的次数较少,所占案件比重较低;不仅一审案件中召开了庭前会议,二审案件中也召开了庭前会议;庭前会议中的讨论事项不局限于法律的规定,实践中扩展了庭前会议的讨论内容;庭前会议中所涉罪名并没有特殊性,但一般均是案情复杂、证据较多以及人数涉及较广的案件。各省急需法律对庭前会议召开方式、程序、法律效力等问题予以明确,规范"各自为政"的做法,发挥庭前会议在审判程序中应有的作用。

二、我国刑事庭前会议制度的缺陷

一项完善的刑事诉讼制度,不仅体现为形式上、技术上的完善,而且体现在刑事诉讼制度得以切实的执行上,如果一项制度得不到切实的执行,那就仅仅是一堆文字的排列。刑事诉讼法对庭前会议制度进行原则性规定后,虽然最高法、最高检出台的司法解释对庭前会议制度做出了进一步的规定,但是各地施行的庭前会议制度的做法并不一致,在个别问题的处理上仍然各有各的做法,并没有形成一个统一的机制,缺乏可操作性,导致实际运用率较低,未发挥其应有的功能。

(一)庭前会议召开情形与讨论的内容不明确

1. 庭前会议召开情形不明确

根据最高法《解释》第183条第1款规定申请排除非法证据、证据材料较多、

---

① 卞建林等:《浙江检察机关新刑诉法实施调研报告》,《国家检察官学院学报》,2014年第3期,第25页。
② 闵春雷等:《东北三省检察机关新刑诉法实施调研报告》,《国家检察官学院学报》,2014年第3期,第48 -51页。

案情重大复杂的案件,可以召开庭前会议,有些地区将被告人作无罪辩解、辩护人作无罪辩护的案件,涉黑案件,重大团伙犯罪、重大经济犯罪案件以及有重大社会影响的案件等五类案件纳入到应召开庭前会议的范畴。① 这五类案件归纳起来主要的就是案情比较严重的、涉及范围较广的案件,其大多都涵盖在最高法的司法解释当中。但是案情重大复杂、社会影响重大的案件在实际中的衡量标准,大都是法官的自由裁量。对于被告人没有辩护人的案件是否可以召开庭前会议,也有不同的说法,持否定说者认为庭前会议中所涉及的问题专业性较强,且庭前也只有辩护人能够接触到全案的证据材料,故对没有辩护人的被告人不适用庭前会议,但这是不利于保护被告人诉讼权利的,且也不符合正当程序原则的要求,不能因为被告人没有辩护人而去剥夺被告人的程序选择权。"从某种意义上说,与庭前会议相匹配的一项制度是辩护制度"②,对于没有辩护人的被告人应该健全相关的配套措施,如辩护制度。对于法院依职权,检察院建议召开庭前会议的,应该为被告人指定辩护人。持否定说者还认为因为被告人被关押,如果让被告人参加庭前会议会带来程序的繁琐,但是能够促使法院召开庭前会议的案件必然会存在某些方面的争议,如果为了诉讼效率以及简便,就放弃被告人对庭前会议制度的参与权,也是不妥的。

2. 庭前会议讨论的内容不明确

庭前会议制度作为一项新的诉讼制度,虽然在法律上进行了相关的规定,但仅仅只是字面上的一些文字,实际操作的细则并没有明确规定,许多学者探讨此项制度以相关的法条作为落脚点,通过探索法条字面上的含义,结合该项制度的立法本意,将庭前会议制度的内涵适当地加以扩充。对于庭前会议制度讨论的内容,法律是以列举的方式予以明确,其后以"与审判有关"的字眼予以一个范围的规制,立法本意是为以后可能出现的事项留有一个余地,但是对司法实践中如何利用庭前会议保障庭审集中快速处理的问题尚不明确。这样我们就必须研究一下"与审判相关的问题"有哪些。

新刑事诉讼法仅对庭前会议中需要处理的事项进行了简单的列举,但是实践中庭前会议还需要解决申请重新鉴定、管辖权异议、调取证据、变更强制措施的问

---

① 花耀兰、陈楚平、段雯:《武汉新洲:五类案件须召开庭前会议》,《检察日报》,2013 年 1 月 25 日。

② 闵春雷、贾志强:《刑事庭前会议制度探析》,《中国刑事法杂志》,2013 年第 3 期,第 72 页。

题。在庭前会议中可以对影响庭审效率的程序性问题予以解决,这样才能实现设置该制度的目的。

那么庭前会议制度是否还讨论实体性问题呢?有学者认为虽然按照《刑事诉讼法》司法解释第 184 条的规定,庭前会中可以对附带民事赔偿问题进行调解,但庭前会议原则上不解决实体问题,否则,就容易导致先判后审。① 有学者认为可以对部分实体问题进行整理明晰,虽然不能在庭前会议中对实体问题进行处理,但是仍旧可以对实体问题进行准备,因为案件的实体问题与程序问题并不是泾渭分明的,两者是相错交织的。② 笔者认为庭前会议作为准备性程序,庭前会议讨论的内容不应作实体与程序的区分,庭前会议作为一种能够保障庭审无障碍进行的制度,只要庭前会议中处理的事项在不影响被告人权利的情况下,都应予以准许在庭前会议中做出适当的处理,只是对于这种处理决定,配之以相应的措施予以救济。理由如下:第一,就法律条文来看,其并没有将与庭前会议讨论的问题限制于实体问题,如果立法者有意将庭前会议制度定位于对程序性问题听取意见的话,根据法律的严谨性,会对与审判相关的问题加前缀予以限定;第二,笔者认为在庭前会议中,既可以涉及实体问题,又可以涉及程序问题,但是是否可以对实体问题与程序问题做出处理,还是需要加以研究,对简单的程序性事项可以做出处理决定,因为对管辖、回避等简单的程序性事项,如果不在庭前会议中予以解决做出决定,仍然将其留在庭审中去解决,那不就丧失了庭前会议制度的意义。而且就非法证据排除来说,如果在庭前会议中不将明显没有证据能力的证据排除在正式庭审之外,不也就没有体现程序性制裁的作用;第三,对于非法证据排除的内容,有学者认为这是属于一种程序性事项,对其进行处理是恰当合适的,在此笔者将其提出并非对这一观点不认同,只是非法证据排除并不是单纯的一种程序性事项,毕竟犯罪事实的证明需要证据予以证实,庭前对证据的排除可以影响对被告人的定罪以及量刑,所以从非法证据排除的内容并不能严格地将其限定于程序性事项,故从非法证据排除也可以看出庭前会议制度并不排除对实体问题的归纳处理。

---

① 李忠勇、高洁如:《我国刑事庭前会议制度的功能定位》,《北京政法职业学院学报》,2013 年第 2 期,第 20 - 21 页。

② 闵春雷、贾志强:《庭前会议制度适用问题研究》,《法律适用》,2013 年第 6 期,第 4 - 5 页。

（二）庭前会议制度缺乏具体操作方式

庭前会议因其规定的简单、粗糙，增加了其作为一项新制度的实际操作困难，导致了庭前会议实际运用过程中少而乱的现象。对于按法律规则引导实施自己行为的法律从业人员，如果对某项制度的实际运行并不了解的话，运用起来必定会困难重重。

1. 启动主体不明确

对庭前会议的启动主体法律并没有明确的规定，在法律条文中也只是规定法院可以启动庭前会议，由法院通知被告人与公诉人参加庭前会议。法官可以根据案件的需要情况召开庭前会议，是法院审理案件的要求。法官对庭审事项的处理掌握有主动权，能够把握庭审的节奏，保障庭审的顺利进行。但是法律对被告人及其辩护人、公诉人并没有赋予权利启动庭前会议，实践中的操作也不一致，控辩双方没有完全参与到庭前会议中来，这样不利于控辩审稳定的三角结构的构建。

2. 庭前会议召开的次数不明确

庭前会议的召开次数法律同样的没有予以明确，实践中各地法院的做法不一样，虽说召开次数对于庭前会议来说是一个容易忽略的问题，似乎又像是一个没有探讨性的问题，但是如果在该问题上处理不当，不仅会影响被告人的诉讼权利，严重时还会导致庭前会议程序的异化。

3. 被告人应否参加庭前会议不确定

对于被告人是否参加庭前会议进行讨论的原因是羁押的成本与风险，因为被告人一般被羁押，如果要求被告人在庭审以前还参加庭前会议会加重被告人押解的成本与风险。但又必须得保障被告人的诉讼权利，要求被告人在庭前也能充分发表自己的意见，了解到检察院起诉的证据以及犯罪事实，故在"召开庭前会议可以通知被告人参加"的法律规定下，展开了激烈的争论，实际运行中有地区通过改善监所视频设施等方式保障被告人参加庭前会议，大多数的情况都还是由辩护人代为参加庭前会议。

（三）庭前会议制度的效力不明确

我国庭前会议制度规定了审判人员在庭前会议中"听取意见，了解情况"，但在庭前会议中难道就只能是法院了解控辩双方的意见，仅仅只是对案件的事实进行大致的了解？庭前会议所做的决定是否约束之后的庭审？对于庭前会议制度的效力，学者之间的争议也比较大。虽然庭前会议制度规定的"了解情况、听取意见"，可以保障被告人在庭审前向法院提出自己的意见，体现了庭前会议制度应有的诉讼性质,但对当事人来说如果只是发表自己的意见,庭前会议所处理的事项并不能产生法律上的约束力,在实践中该项制度可能就只是走过场。

庭前会议制度不能局限于"了解情况、听取意见",庭前会议制度所承载的内容不能仅限于此,因为我国庭前公诉审查以及程序分流制度的缺陷,作为一项新的制度,必然要弥补前两项制度的缺陷。

"听取意见、了解情况"的规定,只是为了与庭审程序进行区分,毕竟庭前会议不能取代正式的庭审。法律所规定的是开庭前,可就法律规定的事项听取意见、了解情况,并没有对庭前会议进行定义。庭前会议制度是我国引进的一项西方制度,也是对英美对抗制的一种引进,但是现行做法仍然是法庭通过宣读侦查案卷来组织法庭调查,通过庭前会议制度中听取双方的意见能够对此现象得以改善。一项制度的确定并不是面面俱到的,虽然现行的法律规定并没有扩充庭前会议的效力,但是这也不能决定在庭前会议上只能听取意见、了解情况。

庭前会议的效力可以延伸至以下三个方面:程序的时效性、结论的约束性以及如何救济。(1)庭前会议的目的是为了扫除庭审的障碍,其重要功能在于解决案件的程序性问题。所以控辩双方均应在庭前提出程序性的请求,如果双方未在庭前会议上提出程序性的请求或异议,则在正式的庭审中不允许再提起,除非有正当理由。(2)决定的约束性。控辩双方在庭前会议中所形成的一致性意见以及法院在共识基础上所作出的决定,对于法庭审理程序应具有严格的约束力。对于达成的一致性意见,应不允许反悔,对于法庭做出的决定,原则性有效,但除非出现新的情况,否则,也不允许改变。(3)权利的救济性。有权利则有救济,庭前会议制度不仅追求效率,并且必须关注程序公正的要求,提供给当事人必要的救济渠道。[1] 现行的法律规定中没有对程序的时效性、结论的约束性、权利的救济性进行详细的规定,导致了庭前会议效力的不明确,虽然对有些程序性问题,如申请回避、管辖,可以提出复议以及上诉,但是对非法证据排除等新问题的救济方式也没有规定。

其中需要单独拿出来阐述的一点是非法证据排除的效力如何? 从法律规定来看,庭前会议似乎只涉及程序性审查,没有赋予该会议证据合法性真实性的审查权,更不用说排除非法证据的裁断权。因为一旦对证据进行实质性审查,必然

---

[1]   闵春雷、贾志强:《刑事庭前会议制度探析》,《中国刑事法杂志》,2013 年第 3 期,第 55 – 56 页。

会涉及犯罪事实或者罪名等实体性审查,庭前会议将会取代正式庭审的位置,并最终导致法官预断。非法证据排除相对于庭前会议中的其他程序性事项,其具有自身的特点,非法证据排除涉及的证据关乎案件事实的确定,涉及案件的实体问题,如果庭前会议中没有提出排除非法证据,庭审中是否可以继续提出? 如果证据在庭前会议中被排除以后,其效力如何,是否在出现新的情况后将非法证据排除的决定予以推翻? 是否还可以有其他的途径予以救济? 这些正是因为法律对庭前会议制度效力的不明确所导致的一系列问题。庭前会议没有明确其效力,就不能发挥其功效,如果庭前会议制度没有相应功效的话,则会导致该程序的闲置,造成司法资源的浪费。

（四）庭前会议制度排除法官先入为主的预断难以实现

2012 年《刑事诉讼法》采用了案卷移送主义,从以前禁止检察机关在提起公诉时将任何足以令裁判者产生预断的证据材料移送给法院,改变为在检察机关的起诉书中有明确的指控犯罪事实,人民法院就应当开庭。新法修订的是否开庭审理的条件会使法院在庭前接触案卷材料,而实际中法院往往为了在庭审中控制、引导庭审,全面地掌握案情做出正确的判决,一般会在开庭前通过阅卷了解案件的真实情况,但是实践中更为严重的是法官通过提前阅卷就形成的判决结果,出现了"早产文书"的现象,这样通过阅卷就形成了被告人有罪的认识,这往往不利于被告人权利的保护、查明案件的真实情况。

法律对庭前会议的主持者并没有明确规定是否应跟开庭审理的法官为同一个人,仅仅规定为审判人员,同样也因为规定的不明确导致实践中各地法官结合本院"案多人少"的现实情况,对主持庭前会议的法官与庭审法官没有做出区分。国外有些国家对案件是否交付审判先进行了审查,且进行审查的人员与正式开庭的法官都不是同一个人,为的就是防止法官在庭审之前形成预断,但是在我国实践中庭前会议的主持者与审判者是同一人,即使有些合议庭案件,也不能排除法官对案件的预断,因为庭前会议虽不是由整个合议庭进行主持,但往往也是审判长或者合议庭的其他成员主持庭前会议。

三、完善我国刑事庭前会议制度

（一）完善庭前会议制度需贯彻的原则

1. 服务庭审的原则

庭前会议制度是庭前的一种准备程序,为的就是更好地服务于庭审,一个庭审是否能得以顺利进行,很大程度上取决于前期准备是否得当,庭前会议制度与庭审关系紧密,它除了可以解决那些可能导致中断的程序性事项外,还能梳理整理事实争点、排除非法证据,从而适当地提高庭审的效率,简化庭审程序。

司法实践中诉讼成本过高,庭审过程不适当的复杂性等问题突出。各级法院同时面临着诉讼案件井喷的现状,所以在司法改革中,各地的法院都加强了对案件的管理,通过简化程序、案件分流等措施来保证正式庭审的质量。服务庭审原则中一个最重要的因素,就是实现事前对案件的控制,只有对案件控制好难易以后,才能保证在案多人少的情况下,仍然保持庭审的质量、裁判的正确性。案件起诉后,通过庭前对案件日程进行安排,能及时控制开庭的时间,防止公诉人及法院滥用诉讼权利,对被告人的案件在最短的时间得以处理。法官通过对案件的管理,保证庭前程序的顺利开展。根据案件的繁简,决定是否将案件交付审判,对应交付审判的案件,通过庭前会议确定案件的争点,对庭审中需要处理的事项按难易进行区分,保证庭审在最短的时间内处理最重要的问题。

对庭前会议制度进行完善,将会涉及对庭前会议内容适当扩充的问题,在服务庭审原则的指导下,对能够在有助于提高庭审质量与效率,而又不损害控辩双方权利的前提下,应尽可能地发挥庭前会议制度的功能。

2. 正当程序的原则

正当程序原则是指:"法律认可的能使日常司法工作保持纯洁性的各种方法,并保证审判和调查公正地进行,逮捕和搜查适当地采用,法律救济得以顺利地获取,以及消除不必要的延误等等。"①正当法律程序所强调的主要是控辩双方对抗的平等性,正当程序原则要求尊重双方当事人对程序选择的自愿性,并使双方当事人能参与到程序当中,对程序进行控制。但是我国作为职权主义国家,往往并没有征询当事人对程序的选择、参与、控制权,虽然在简易程序中对被告人的程序选择性进行了保护,但是其他诉讼程序中并没有贯彻这一原则。尊重控辩双方对程序选择、参与、控制的权利也必须贯彻到庭前会议当中去,允许控辩双方在庭前会议中对程序进行掌控,来把握程序的启动以及进行,并通过控制庭前会议中的各项诉讼进程来对结果进行间接的控制。

庭前会议制度同样地体现了正当程序原则,在开庭前,审判员对与审判相关的问题,向控辩双方了解情况、听取意见,正是控辩双方在开庭前对程序进行参与

---

① [英]丹宁勋爵著:《法律的正当程序》,李克强译,群众出版社1984年版,第81-86页。

的表现。在没有实行庭前会议制度以前,辩护人发表意见的机会只能等到正式的开庭审理当中,也并没有一个正式的场合能够是法官在开庭以前听取控辩双方的意见。庭前会议制度的最大受益者应该是被告人与辩护人,辩护人还能够发表自己对案件的看法,代表被告人反映自己的意见以及要求。

在完善庭前会议制度中,需要继续贯彻正当程序原则。在庭前会议中加入公诉审查的内容,对案件是否提交审判之前听取控辩双方的意见,保障控辩双方的程序参与权,避免将不需要交付审判的案件提交法庭进行审判。正当程序原则中还有重要的一点是禁止刑讯逼供,对刑讯逼供进行的程序性制裁就是非法证据排除规则,故在庭前会议中贯彻正当程序原则,需对庭前会议制度中非法证据排除进行更为细致的规定。

3. 法律监督的原则

"徒法不足以自行",刑事诉讼法的修改只是为刑事诉讼活动的法制化提供了程序上的保证,而要将新刑事诉讼法真正贯彻落实下去,除了提高执法人员的政治水平和业务能力以外,一个很重要的方面就在于是否能够建立一套行之有效的监督制约机制。[①] 庭前会议制度作为新设的一项制度,如果要将该制度得以贯彻落实,也必须建立一套有效的监督机制。庭前会议中法律监督原则体现在非法证据排除方面,这是法院对侦查机关以及检察机关的一种监督。笔者认为在庭前会议中要加强对侦查机关、检察机关的监督,主要体现在对非法证据的排除,在法院收到检察院的起诉材料以后,就应当告知被告人有权对侦查机关非法取证的证据予以排除,被告人如对法院申请非法证据排除的话,法院应予以调查核实,并可以要求检察院提供侦查人员对案件侦查、询问情况的说明。如果经查证确属非法证据,则需对侦查机关通过刑讯逼供等非法手段获取的言词证据和可能影响案件公正审理的实物证据排除掉,此时如果案件达不到起诉的条件,则视情况要求检察院撤回起诉。

完善庭前会议制度需要贯彻法律监督原则,这原则主要体现在控辩双方以及其他主体对法院的监督,这时的法律监督程序应该公开透明,有学者认为庭前会议是一种"行政会议",不具有诉讼的性质,对其过程并不予以公开,但是庭前会议作为控辩审三方均参与的一种诉讼程序,针对其功能性质,也必须加强对庭前会

---

① 任振铎、赵明舜、蔡巍:《人民检察院实施法律监督的重大原则及其运用》,《中国刑事法杂志》,1996 年第 6 期,第 15 – 16 页。

议的监督,故根据法律监督的原则,庭前会议要求以公开的形式进行,并允许其他人旁听。完善庭前会议制度的效力,也要求贯彻法律监督的原则。

(二)完善我国刑事庭前会议制度的具体建议

庭前会议制度的核心价值是诉讼效率,庭前会议制度的完善仍然需要以提高诉讼效率为目的。公正与效率是相辅相成的,不可缺一的,故庭前会议制度在提高诉讼效率的同时也应坚守正义的底线。根据诉讼案件井喷式增长的现状,现代刑事诉讼制度的设计和运行不得不把效率作为首要的前置因素。庭前会议能够在前置程序中将程序性问题以及部分实体问题予以解决跟整理,有利于提高诉讼效率,实现诉讼资源的合理配置,减少诉讼成本等。庭前会议制度的完善除了应坚持上述原则以外,还应该着重强调保障控辩双方的参与性、平等性以及法官在程序与实体问题中的中立性。鉴于我国庭前会议制度实践中的各种缺陷,在明确其功能、缺陷的情况下,借鉴国外庭前程序的有益成果,并结合我国的司法实际,提出以下几点建议。

1. 赋予庭前会议制度独立地位

庭前会议制度虽是一种准备程序,但是并不是说庭前会议附属于庭审程序,因庭前会议的功能特殊性,其应该具有独立的地位,发挥其相应的作用。作为一种具有独立地位的制度,也应有配套制度辅助实施。我们需要从以下两个方面来确定其独立的地位,既然庭前会议制度不依附于庭审程序,首先,要有专门的人员来主持庭前会议,其次,需要明确庭前会议结论的效力。

(1)设立专门的庭前会议主持人

由于我国并不像其他国家一样设立专门法官进行预审活动,所以庭前会议的主持者也并不明确,实际中一般由开庭审理的法官兼顾,理论上许多学者建议应将庭前会议制度的主持者与开庭审理的法官相分离,笔者认为也应如此。

预审制度起源于法国,法国的预审法官既有司法权同时还有侦查权,故预审有广义和狭义之分,广义的预审不仅对控方的起诉进行了审查,并且预审法官可以对侦查活动进行调查和指挥,此时预审程序具有一定侦查的行为;狭义的预审仅仅指预审法官对控方的起诉进行审查。

预审程序中包含有公审审查的内容,但预审程序并不是庭前准备程序,只是预审程序中涉及一些庭前准备活动,在研究国外预审制度时,有些国家由预审法官对案件进行审查,认为可以做出准予起诉的决定后,同时对庭审前的准备工作做出了一些规定,如确定审判日、确定证人、鉴定人出庭作证名单等。对预审程序跟庭前准备程序应做出一定的区分,二者的性质各异,前者是是否将被告人交付审判,后者是为庭审所做的程序性准备活动。对于预审法官在预审终结以后,对庭前准备活动进行介入,这实质上是预审法官的另一项职能。① 由预审法官进行庭审前的准备活动与其职能分工并不矛盾,预审法官同时负责审判前的准备活动只是阶段性的职能分工不同,这样有利于实现人力资源的有效配置,且对于我国案多人少的现实情况来说,更具现实意义。我国可以借鉴上述的做法,设立预审法官制度,如需要召开庭前会议,由预审法官主持庭前会议,既进行公诉审查,同时又肩负庭前准备活动的职能。

预审法官算是一个"舶来品",我国并没有预审法官,但是为了排除预断,庭前会议的主持法官与庭审法官不能为同一个人,应明确由其他法官主持庭前会议,庭审法官不能进入到庭前会议程序中。对于主持审前会议的法官,学者们有不同的看法,主要有三种观点:一是审判法官模式,如果审判组织是独任制,由独任法官主持审前程序,如果审判组织是合议庭制,由审判长主持,但是其弊端是庭审法官在庭前获知的案件内容会造成法官预断,偏离中立的地位,使庭审只是走形式;二是法官助理模式,由法官助理来主持审前程序,法官助理不具有审理案件和做出裁判的权力,主要任务是为案件开庭审理做好准备,其弊端是法官助理作为司法辅助人员,受制于审判法官,无权作出处理决定;三是预审法官模式,该模式就是把法官分为预审法官和审判法官,预审法官负责审前程序的工作,审判法官负责审判,做到审前和审判法官分离,其弊端是预审法官管理不规范,无法律明确赋予预审法官主持庭前程序的权力。② 笔者认为,根据我国的实际情况,一时间在我国设立预审法官不符合实际情况,在设立预审法官之前的过渡阶段,可由法官助理主持庭前会议。在新一轮的司法改革中,广州与上海正在试点实行法官员额制,现在很多法官可能在新的一轮改革中会成为法官助理,可以利用新一轮的改革,将法官助理明确为庭前会议的主持者。设置助理法官的原因也是为了减轻法官程序事务性工作的负担,让法官把精力放在开庭审理和法律研究上面,实践中助理法官一般都能够协助法官做好审前的各项准备工作,采用助理法官模式,同样有助于庭前会议的实施。有学者担心助理法官并不能胜任庭前会议,但是现在

---

① 潘金贵:《刑事预审程序研究》,西南政法大学硕士论文,2004 年。
② 肖婷婷:《民事审前会议制度研究——以美国民事审前会议制度为分析基础》,厦门大学硕士论文,2008 年。

这一点的担心是多余的,现在的助理法官是在新一轮的司法改革中因法官员额制下的产物,其已具备法官的素质,同时也通过了司法考试,在实践中已经单独处理过案件,并且法官的选任也是从法官助理中择优选任,其完全有能力胜任庭前会议制度,利用新一轮的司法改革,将法官助理设置为庭前会议的主持者,有利于解决法院人力资源优化配置的问题,又避免了部分法官沦为法官助理后的人才流失。故虽然法官助理与预审法官的名称不同,但只是称呼不同,行使的是相同的权利,并且是结合了我国的实际进行的完善。

(2)明确庭前会议结论的法律效力

赋予庭前会议制度独立的地位,同时也应明确其效力。法律应该明确主持庭前会议的法官对会议中涉及的相关程序性问题和证据问题所做出的决定或者裁定具有法律效力,对于案件管辖以及回避,做出的处理决定应是约束控辩双方的,对其不服,可以按相应的救济途径予以救济,一旦效力确定后,庭审中对此不再处理;对于出庭证人、鉴定人名单,双方达成合意以后,庭审中除非有新情况,不得再申请证人、鉴定人出庭作证;对于双方无争议的事实与证据,形成庭前会议笔录以后,庭审中不得推翻;对于非法证据排除的效力,非法证据排除后不允许再进入庭审中;关于不公开审理、延期审理、适用程序,一旦决定后,庭审中不再予以处理。总而言之,充分尊重在庭前会议中结果的约束力。

2. 确定庭前会议的召开情形与讨论内容

(1)确定庭前会议召开情形

适用庭前会议的案件不区分简易程序与普通程序,但庭前会议并不是每个案件的必经程序。按照司法解释的规定,非法证据排除、重大影响以及复杂的案件,"可以"召开庭前会议,因上述案件一般是事实争议较大或者证据繁多,对上述案件召开庭前会议,能使庭前会议的功效得以最大的发挥,所以上述案件应该是应当召开,而不是可以;对于其他案件,如果控辩双方对可能中断案件审理的程序性事项要求在庭前会议解决的话,可以提出申请召开庭前会议,由法院决定是否召开,如果申请方有线索或者证据能够证明其申请的适当性,则法院应该组织庭前会议,这样控辩双方均享有召开庭前会议的主动权,同时由法院进行最后审查,也避免了申请召开庭前会议权利的滥用。

(2)庭前会议的讨论内容应予以适当扩展

对于庭前会议的内容,在法律以及司法解释的基础上,以服务庭审、保障控辩双方实体权利不受侵害的前提下,可以适当地扩展庭前会议的内容。1996年刑事诉讼法修改以后，公诉审查主要审查的是程序性的问题，是否存在犯罪事实是案件提交审判的条件，我国是以职权提起公诉审查，公诉审查时并没有听取控辩双方的意见，这会导致法院丧失一次开庭前过滤那些不符合起诉条件的案件的机会，被告人以及辩护人没有权利对公诉审查程序提出自己的意见及看法，不利于有效地制约控诉方的指控。审查公诉与庭前会议并不是截然分开的，有必要对庭前会议制度的范围予以扩充，在庭前会议中进行公诉审查，法院在收到检察院案件材料以后，对是否将案件提交审理询问当事人及辩护人的意见，充分听取意见、了解有关情况后，如果案件审查确有犯罪事实，则将案件提交审判，并确定好开庭时间，但是如果案件审查后并不符合移交案件进行审判的条件，则应该终结案件，要求检察院撤回起诉。

非法证据排除与审查公诉也可能同时进行，在域外的法治国家，庭前会议中对非法证据排除以后，如果排除的证据属于犯罪构成要件的证据，对案件有实质性影响的，法院则会要求控方撤回起诉，终结案件，实现公诉审查约束公权力的作用。但按照我国的法律，案件如果没有达到起诉标准的，法院则会要求检察院补充材料，程序暂时不会进入庭审阶段，案件处于等待检察院补交有关材料的阶段，但是这种程序倒流不利于被告人的权利保护，使被告人因控方的起诉行为一直被羁押。所以当事人提出排除非法证据的申请时，如果该证据是证明被告人存在犯罪事实的证据，法院排除后，案件并没有达到起诉条件的，则要求检察院撤回起诉，虽然现行的法律规定中是要求检察院补充材料，但有必要对公权力进行制约，提高检察院移送审查的谨慎性，不应允许检察院补充材料。

程序选择应纳入到庭前会议的讨论范围。新刑事诉讼法对简易程序进行了修改，其中新增了一条征询被告意见的规定，即被告人是否对适用简易程序有异议。以前的简易程序的建议权在检察院，决定权在法院，并没有征询被告人的意见，新刑事诉讼法新增的一项体现了被告人的参与权，弱化了检察院法院的职权地位，尊重了检察院与被告人的合意。简易程序的选择应纳入庭前会议中讨论，通过庭前会议使控辩双方在法院的主持下决定是否适用简易程序，实现程序上的无缝衔接，在有法可依的情况下实现程序分流。在庭前会议中，证据予以了开示，被告人可以了解到自己没有脱罪的可能性，而且对有关问题进行详细说明也可以促使被告人承认罪行，适用简易程序审理案件，实现程序的分流。在庭前会议中通过听取、了解控辩双方对审判有关问题的意见，法院审查决定适用简易程序的，这样不仅有利于被告人诉讼权利的保护，同时简化了有关程序，节约了大量时间，使法院为正式开庭提前做好了准备。

　　附带民事诉讼调解及刑事和解应纳入到庭前会议的范围。在庭前会议中处理附带民事诉讼调解,法律对此有明确的规定,但是部分学者认为对附带民事诉讼进行调解是对案件进行了实体处理,而庭前会议是处理程序争议,不应将刑事附带民事诉讼进行调解。但笔者认为对刑事附带的民事案件进行处理,有助于确定被告人的刑事责任。法律规定对附带的民事诉讼,可以调解;而且如果在庭审中进行调解,可能会花费较多的时间,并会在某些情况下可能会引起庭审的中断。在庭前会议中对附带民事诉讼进行处理,有助于刑事审判的顺利进行。法官认为可以刑事和解的案件或双方当事人提出刑事和解申请的案件,可由法官召集被告人、被害人以及有关社区的代表一起在庭前会议中进行刑事和解,法官只在庭前会议中说明有关问题,至于如何达成和解协议则由诉讼双方自愿进行,协议达成交由法官审核后依法做出裁决。如果达成协议的,形成笔录后经双方签字认可,被告人履行完协议后,由法官裁决终止刑事诉讼程序,解除对被告人的强制措施;如果未能达成和解协议或被告人不履行和解协议的,则开庭对案件事实进行审理。所以,刑事和解同样能使不必要的案件进入庭审程序,将案件在开庭审理之前予以处理解决。

　　对于庭前会议的内容也应该增加证据开示制度,防止证据突袭,并实现控辩双方信息获取的平等性。证据展示(the Discovery of Evidence 或 the Disclosure of Evidence),有时译为"证据开示""证据披露"或"证据公开"等,根据《布莱克法律词典》的解释,是指"了解原先所不知道的、揭露和展示原先隐藏起来的东西"①。有学者认为在审查起诉阶段,辩护人就已经可以查阅案件的有关材料,设立证据开示没有实际的意义,但笔者认为这只是间接地实现了证据开示的目的,律师去检察院查阅有关的案件材料,可能检察院出于工作的保密以及控诉策略,有可能并没有将全部证据或者实质性证据交予辩护人看,辩护人并没有获得有效证据来制定自己的辩护策略。对于没有辩护人的被告人,如何保证被告的知悉权? 率先试点实施证据开示制度的寿光法院的做法是对没有辩护人的被告人通过送达载有证明内容的证据目录,间接地实现证据开示的目的,此时被告人通过审阅完证据材料以后,如果继续要求证据开示的话,则可以申请召开庭前会议,在法院的主

---

　　① 樊崇义、史立梅、张中、朱拥政:《正当法律程序研究——以刑事诉讼程序为视角》,中国人民公安大学出版社 2005 年版,第 254 页。

持下进行证据开示,同时也可以对案件是否可以交付审判听取控辩双方的意见。

在庭前会议中设立证据开示,对控辩双方出示证据具有其强制性,如未在规定的时间内出示证据,则该证据不可以在庭审中予以出示。且双方均有义务开示证据,防止任何一方的证据突袭,但是也要区别对待,如果不是双方故意隐瞒的证据,则不禁止该证据的使用。如果是因为辩护人单方的行为,也不应禁止,如果是被告人自己知晓的,则排除使用,但前提要求对被告人告知违背开示义务的后果。

在公诉审查中,也要求证据开示,要求控方展示证明被告人犯罪事实的证据,同时展示对其指控不利的证据,辩方这时也应当展示被告人不在犯罪现场以及其他有利于被告人的证据,通过双方的展示后,各自提出自己的意见。通过证据开示后,才能了解控辩双方的证据,才能全面的衡量是否将案件提起审判,就像前面阐述的这样也有利于改变辩方展示证据的惰性,以及防止辩方出其不意的"证据突袭"。因为尽早地展示被告人无罪或没有犯罪事实的证据,更有利于被告不会提交法庭审判,尽可能快的摆脱诉讼。

3. 明确庭前会议制度的操作细则

(1)明确启动主体

对于庭前会议的启动主体可以由法官依职权展开,也可以由控辩双方依申请召开。美国的审前动议以及庭审前会议的启动可以根据控辩双方的申请,也可以由法院自由裁量。我国有学者以及地方的试行规定中认为审判人员依职权召开庭前会议,被告人以及公诉人可以向法院申请召开庭前会议,由法院最后决定是否召开,但如果不批准,则要求法院说明理由。[①] 笔者赞成上述意见,因为庭前会议对管辖、回避、非法证据排除等事项进行处理,是建立在被告人、公诉人对程序性事项有异议的前提之下,如果控辩双方有异议,仅仅表示自己的异议,而无法因自己的异议影响程序的进展,则又会将事项的处理留于审判中去解决,而召开庭前会议的作用没有得以体现。由法院对申请作最后的决定,也就是为了避免控辩双方滥用申请权,召开不必要的庭前会议,拖延诉讼的进程。但是对申请如果法院不予准许,应对控辩双方提出的有异议的事项予以解决并说明理由,防止庭前会议演变成法院的特权。

---

① 王路真:《庭前会议制度的实践运作情况和改革前瞻》,《法律适用》,2013 年第 6 期,第 16 - 18 页。

(2)明确会议的召开次数

庭前会议召开次数虽然并不会造成什么样的后果,但是其必然影响着诉讼效率。庭前会议的召开次数应根据讨论内容的不同而作出规定。对于召开的次数并不能笼统地规定为不超过两次或者在不超过刑事案件审限的情况下不限制次数。如果将会议次数规定为一个具体的次数,当出现特殊情况的话,又会出现操作的困难,但是如果不作限制,一个案件召开很多次庭前会议的话,则丧失其应有的功能,达不到提高庭审效率的目的了。但又如何根据庭前会议的讨论内容决定召开的次数?笔者构想对于简单的程序性事宜,比如简单的管辖异议、回避、申请调取证据、提供新的证据、申请不公开审理、延期审理、适用简易程序、调解与和解,则原则上只召开一次。对于申请排除非法证据,因为非法证据双方争议一般比较大,且间接地影响被告人的实体权利,如果案件属于重大复杂、涉案人员较广、证据繁杂等"三大类"案件的,则可视情况增加召开次数,但以不能影响案件正常审理为原则。

(3)明确会议的参与人员

庭前会议的参与人员除了控辩审三方以外,刑事附带民事诉讼的原告、诉讼代理人、被害人均可以参加。在庭前会议中可以对附带的民事诉讼进行调解以及对某些案件进行和解,故附带民事诉讼的原告及其代理人、被害人均应出席庭前会议才能对调解、和解达成共识。但是对附带民事诉讼的原告及其代理人、被害人并不强制其出席庭前会议,但是对于被告人及其辩护人、公诉人是否应强制其出席庭前会议则需探讨。对于被告人是否应参加庭前会议,笔者认为也需视情况而定,对于法律规定的可以通知被告人参加,应做适当的修改。对于简单的程序性事项,可以不由被告人参加,但是前提是被告委托了辩护人,因为程序性事宜被告人也不一定了解,只有专业的法律工作者才知晓;对于非法证据排除等证据争议、事实争议可能影响被告人实体权利的要求被告人参加,因为庭前会议中涉及的非法证据排除,对于刑讯逼供的证据材料只有被告人本身才能准确无误地予以阐述,这时即使被告人委托了辩护人也无法对被告人所经历的表达出来。还有观点提出,如果被告人没有委托辩护人的就不召开庭前会议,我们不能因为被告人没有委托辩护人使其丧失诉讼权利,故还应规范法律援助制度,对于法院依职权以及检察院申请经法院批准召开庭前会议的,则适用指定辩护的制度。

4. 规范庭前会议中非法证据排除的程序

所谓"程序性制裁",是指通过宣告无效的方式来追究程序性违法者的法律责任,程序性违法者包括警察、检察官、法官,与那种通过追究上述人员的民事责任、行政责任甚至刑事责任来实施的"实体制裁"措施不同,程序性制裁指的是违反法律程序所要承受的一种程序性法律后果。① 程序性制裁,能够促使警察、检察院、法院遵守程序,又能够给受害者以及被告人提供司法救济的机会。最典型的程序性制裁之一就是非法证据排除。非法证据排除的实质在于非法证据被宣告无效,庭审中对该证据不再予以采信。但是我国的非法证据排除的程序性制裁并没有实现,非法证据排除就是将非法手段获取的证据排除于法庭之外,对非法证据宣告无效,这对促使侦查机关按照正当获取证据具有威慑作用,但是实践中检察院能在庭前会议中自行撤回证据的做法,从而使非法证据并不是以宣告无效的方式予以排除,虽然这样对实体问题并不会有影响,但是没有以宣告无效方式进行排除,其威慑力以及程序性制裁并没有直观地体现出来,所以对非法证据在庭前会议中应宣告无效。

庭前会议制度的定位是为保障庭审的顺利进行所设置的一项制度,在庭前会议中纳入非法证据排除的内容,或多或少地扩大了该制度的功能范围。如果还对非法证据排除事项做出决定的话,则更会脱离庭前会议制度的定位功能,但是如前所述,因我国公诉审查制度的缺陷,所以庭前会议承载了过滤不应当起诉案件进入庭审的功能,这符合我国的国情。

德国的中间程序、美国的审前动议、日本的争点整理程序,主持法官均可以对实体或者程序上的事项进行处理做出决定或者裁定。只有这样在明确先行行为效力的基础上,才能使申请排除的与审判有关的因素及时地排除在正式庭审之外,避免庭审中处理重复的问题。有学者认为,"非法证据主要解决的是证据能力的问题,是关乎证据'准入'问题,对于证据是否予以'准入'应该放在正式开庭前进行处理,符合一般的逻辑,且当前各国以及地区的做法大致一样,故非法证据排除应当尽可能在正式庭审前进行处理"②。如果在庭前会议中不解决对非法证据排除的争议,而将其放在庭审阶段予以解决,则可能引起庭审的中断,设置庭前会议的目的将会落空。我们需要改变以前接受被告人、辩护人申请,对非法证据进行调查,听取双方当事人的意见,在正式的庭审中着重对申请排除的证据予以重点审查的做法,在庭前会议中可以对非法证据进行排除,并对证据以宣告无效的

① 陈瑞华:《刑事诉讼的前沿问题》,中国人民大学出版社2011年版,第217页。
② 叶青:《庭前会议中非法证据的处理》,《国家检察官学院学报》,2014年第4期,第25-27页。

方式进行。

非法证据排除是赋予当事人的一种权利,在庭前会议制度出现之前,就有司法解释规定非法证据可以在庭审过程中提出,其后再由新刑事诉讼法规定庭前会议中可以对非法证据进行排除,所以在庭审中完全可以提出非法证据的排除。只是如果召开了庭前会议,在庭前会议中没有提出非法证据排除,那么庭审中是否可以再要求排除非法证据?笔者认为如果不是因为新的线索,则不可以再提出非法证据排除,但是有时可能会因为辩护人的失职,并没有在庭前会议中申请排除非法证据,不能因为辩护人的行为导致被告人权利受到侵犯,这时可以对辩护人通过司法行政机关予以处罚,仍然允许被告人在庭审中提出排除非法证据。但是如果是被告人自己的过错,没有在庭前会议中提出排除非法证据的申请,而又在庭前会议中提出的话,因申请排除的证据有可能会影响被告人的定罪量刑,故可以对被告人实施一些金钱上的惩罚,而在庭审中允许排除非法证据的申请。对非法证据所作出的决定,在庭审中是否可以予以推翻?作为控方,如果有关证据被排除,那么案件可能要去补充证据材料,如果证据并不影响犯罪事实的成立,对于已经排除的证据,在庭审中进行了过滤排除,不会出现在法官的视野中,辩方也不会再要求处理;作为辩方,如果要求排除的证据没有予以排除,在其后的庭审中是否可以继续要求排除?那么结论同上,原则上不应改变之前的决定,如果出现新的线索,则可以视情况允许。

对于回避、管辖的救济,法律对作出了相应的规定,对于回避的决定不服可以复议,对管辖的裁定不服可以上诉,对于非法证据排除以后的救济,并没有法律的规定。如果控辩双方对非法证据排除的决定不服,则如何保障双方的权利?在域外国家的处理中,对非法排除等程序性制裁的决定或者裁定不服的,双方均可以上诉或抗诉,这样的救济程序比起退回补充材料以及在庭审中再次提出申请,更能体现程序的严肃性。

5. 完善庭前会议制度的监督制度

庭前会议制度,作为一项诉讼程序,必然对其运行要进行监督,对庭前会议进行监督能够保证该制度在不损害任何一方权利的情况下发挥最大的功效。

庭前会议中法院的监督。法院的监督体现在公诉审查中,属于法院对检察院起诉权的一种监督。本文是在将庭前会议纳入公诉审查内容的前提下,研究法院的监督作用。西方法治国家的公诉审查制度往往都较为完善,例如美国的大陪审团审查和预审听证的公诉审查模式,德国的中间程序对检察官的起诉进行监督,如前所述,将公诉审查纳入到庭前会议中,由主持庭前会议的助理法官,对案件是否进入庭审作决定,包括从管辖、起诉材料是否齐备、是否具有不追究刑事责任情形、控方是否有足够的证据证明有犯罪事实等方面进行审查,决定是否交付审判进行认定,法院通过对检察院公诉行为通过公诉审查的方式进行监督,防止检察院滥用起诉权。

庭前会议中检察院的监督。检察院对庭审中的监督可以以出庭支持公诉的方式进行,对于庭前会议的过程进行监督的话,也应以参加庭前会议的方式进行。检察机关作为国家法律监督机关,当然有权对人民法院的全部刑事审判工作实行法律监督。法院支持召开的庭前会议,也属于其刑事审判过程的一个重要组成部分,当然也应受到人民检察院的法律监督。对庭前会议制度进行监督,首先体现在庭前会议过程的一种监督,庭前会议制度虽名为"会议",但是它并不是一项行政会议,而应具有诉讼性。有学者说过由出庭参加诉讼的公诉人对庭审进行监督并不是特别合适,出庭参加诉讼的公诉人还负有支持公诉的职责,其既要在庭审中要求对犯罪人定罪,又要对庭审的过程进行监督并不合适,如果庭审中法官做出对公诉方不利的决定,公诉人对庭审进行监督时可能会有所偏颇。故有学者建议,可以增设一名检察官对庭前会议列席进行监督。庭前会议是否应予以公开,法律并没有规定,且实际中的做法也不一,如果增设一名检察官进行监督,则不仅能消除大家对庭前会议的猜疑,还能监督各方在庭前会议中的行为,保障了刑事诉讼的公正性。

公诉人庭前会议监督还包括对处理结果的监督。检察院对庭前会议进行监督还有一个重要的方式提起抗诉,庭前会议中一旦做出某种处理结论,对该结论,如果检察院不服,可以以抗诉的方式进行监督。既然在承认了庭前会议所作决定对正式庭审具有约束力的前提下,应赋予公诉方的控诉权,且如果在庭前会议中公诉审查完以后,法院对被告人做出不交付审判,要求检察院撤回起诉决定,则检察院需要有途径进行救济。

第四节　交叉询问制度

一、刑事交叉询问制度与审判中心主义

十八届四中全会通过的《中共中央关于全面推进依法治国若干重大问题的决定》中提出了"推进以审判为中心的诉讼制度改革",对我国司法改革和刑事诉讼制度的完善具有重要的指导意义。审判中心主义和交叉询问制度是相辅相成的关系。审判中心主义要求交叉询问制度落到实处,交叉询问制度的实现又需要依托以审判为中心的大背景。《中共中央关于全面推进依法治国若干重大问题的决定》指出:"推进以审判为中心的诉讼制度改革,确保侦查、审查起诉的案件事实证据经得起法律的检验。全面贯彻证据裁判规则,严格依法收集、固定、保存、审查、运用证据,完善证人、鉴定人出庭制度,保证庭审在查明事实、认定证据、保护诉权、公正裁判中发挥决定性作用。"这段论述正是要借助制度改良去实现防冤纠错。所谓"以审判为中心",直指法制建设初期的"以侦查为中心";"保证庭审发挥决定性作用",则意在防止侦查环节的"破案"成为"决定性"环节。[1]因此,完善刑事交叉询问制度即完善质证环节,从而帮助庭审发挥决定性作用。

(一)刑事交叉询问制度与审判中心主义的关联性

一般认为,刑事审判作为审判的一种,有其特殊的原则、制度和程序。在我国,刑事审判是指人民法院在控辩双方和其他诉讼参与人的各方参加下,依照法定的程序对于刑事案件进行审理并依法作出裁判的活动。

刑事审判活动既包括审理也包括裁判。审理,是指人民法院在控辩双方和其他诉讼参与人的参加下,调查核实证据、查明案件事实并确定如何适用法律的活动。裁判,是指人民法院根据认定的证据、查明的与案件相关的事实和有关法律,对案件的实体和程序问题做出处理结论的活动。审理是裁判的前提和基础,裁判是审理的目的和结果。

审判中心主义意味着整个诉讼制度和活动围绕审判而建构和展开,审判阶段对案件的调查具有实质化的特征。审判是整个诉讼活动的重中之重。侦查、起诉

---

[1]　http://zqb.cyol.com/html/2014-11/07/nw.D110000zgqnb_20141107_1-02.htm

等审判前程序则均视为审判的准备阶段,而审判阶段通过举证质证等环节可以直观地对案件事实进行认定,能最大化地维护各参与方的权益。

交叉询问制度,即由诉讼当事人从不同角度对原始人证进行调查。[①] 交叉询问制度存在于庭审过程中,为审判中心主义的实现奠定了基础。

审判中心主义要求交叉询问制度落到实处。审判中心主义的实现,离不开交叉询问制度的落实。在整个刑事诉讼过程中,审判是居于中心地位且具有决定意义的诉讼阶段。它影响着案件的最终处理结果。

刑事审判的内容包括审查判断证据与犯罪事实。控方向法院提出指控,就必须承担相应的举证责任。刑事审判的内容之一就是法官审查并判断控方提出的证据、指控的犯罪事实是否存在,是否为被告人所为,证据是否确实、充分等。刑事审判结束后判决书对控方指控的犯罪事实以及提供的证据做出认定与否的判断。

如上文所述,审判中心主义的核心在于庭审的实质化,庭审如何实质化,单单依靠法官调查和叙述性的查证是无法实现的。从技术层面来讲,我国庭审正由纠问式向对抗式转变,交叉询问的直接性能让庭审更为集中,更易于发现案件事实,同时集中法庭上所有诉讼参与人及法官等的注意力,在交叉询问的过程中通过语言的刺激让辩护人、公诉人及法官等集中在法庭审判的内容中。交叉询问时,法官应该处于一个中立、被动的地位,只需适时发挥作用控制庭审节奏即可。正确巧妙地运用交叉询问制度能在质证过程中发挥不可替代的作用,从而有助于庭审的集中,实现审判中心主义。从实体权利层面来讲,审判中心主义是以保障人权为目的的,这主要是由审判在刑事诉讼程序中的特殊地位和作用决定。一是由司法权的性质决定的。司法权在本质上属于判断权和裁决权。只有在法庭上通过各方参与,攻防对抗,法院兼听各方意见,居中裁判,才能最终认定案件事实,作出裁判,解决纠纷。从证据角度看,证据的审查和认定是诉讼的中心环节,举证、质证、认证都必须在法庭上进行。因此,诉讼的性质决定了必须以庭审为中心。二是由司法权的人权保障功能决定的。侦查权具有天然扩张性和侵犯性,容易被滥用,有侵犯人权之虞。因此,必须要有充分的制约手段,才能防止被滥用的可能。让侦查行为和由此取得的证据材料在法庭上接受控辩双方审查、质疑,排除不合法证据,能对侦查权起到监督作用,有效引导和制约侦控行为。

---

① 龙宗智:《刑事庭审制度研究》,中国政法大学出版社 2001 年版,第 290 页。

交叉询问制度的实现需要依托以审判为中心的大背景。如前所述,交叉询问制度并不是一项单纯的技术规则,而是一项权利技术,这项权利的实现需要依托一系列配套措施的辅助,以审判为中心的大背景对交叉询问制度的实现至关重要。以审判为中心有助于法官实现庭审实质化,从而重视法庭审判对案件的作用。审判为中心可以有效防止法官先入为主单纯依靠案卷断案,交叉询问则可以在此背景下更好地实现其"权利技术"的作用。

(二)审判中心主义背景下刑事交叉询问制度的重要性

刑事交叉询问制度给了证人等诉讼参与人"在法官面前说话"的权利,我国基于历史和社会原因,证人出庭率一直不高,尤其是刑事案件,证人基于各种原因拒绝出庭作证,对方律师因无法对所出具的证人证言进行询问导致质证效果不佳。想要改变我国多年累积而成的"侦查为中心"的诉讼模式,就需要庭审实质化的实现。"刑事法官普遍通过阅读检察机关移送的案卷笔录来展开相关的诉讼活动,对于证人证言、被害人陈述、被告人供述等言词证据,一般通过宣读案卷笔录的方式进行法庭调查、法院在判决书中普遍引用侦查人员所制作的案卷笔录,并将其作为判决的基础,因此中国刑事审判中实际存在一种以案卷笔录为中心的裁判模式"[1],在此种裁判模式的养成下,证人证言并没有经过法庭的公开质证,从而架空证人出庭作证制度。质证作为庭审过程中最为鲜活的一个环节,必然需要从形式以及实质上都发挥其独有的作用。

1. 揭露案件真相,提高证据关联性

交叉询问制度能够让证人在法庭上表达其更具有真实性的证词。证人在面对辩护人的询问时,基于对法庭审判的严肃性和敬畏之心,通过面对面的交流更能表达出真实的证言证词。交叉询问可直接暴露证人证言存在的不实、矛盾之处,所表述的证词因经过专业法律人员的问题筛选,更具有证据关联性,切中要害。英美法系对抗制对刑事审判中的交叉询问作用的重视可见一斑。他们认为交叉询问是检测证言可靠性和真实性的重要工具,特别是通过询问证人作证时的举止,从而判断证言的真实性。[2]

交叉询问中,随着主询问、反询问、再主询问、再反询问等步骤一一推进,双方

---

① 陈瑞华:《刑事诉讼的中国模式(第二版)》,法律出版社 2010 年版,第 161 页。

② andrew ashworth, human rights, serious crime and criminal procedure, sweet&Maxwell, p. p. 33 – 34。

可以就证人证言的疑点、证人证言的真实性,证人所陈述事实是否与案件事实有关,是否具有作证资格等轮流进行询问,从而辩论出有利于己方的观点。交叉询问发现案件事实的优势显而易见。首先,询问双方可从多角度思考,将更为深刻、全面的案件事实和信息呈现在事实审理者面前,有助于法官查明案件事实,做出公正合理的判决,以实现实体正义。正如戴维林法官曾说:英国人认为获得真相的最好办法是让各方寻找能够证实真相的各种事实,然后双方展示他们所获得的所有材料……两个带有偏见的寻找者从田地的两端开始寻找,他们漏掉的东西要比一个公正无私的寻找者从地中间开始寻找所漏掉的东西少得多。① 其次,通过反询问,可以质疑对方的证人证言,从相对的立场发现对方证言的破绽,加上反询问可以进行诱导性提问,具有更强的证伪性,使得询问方可以通过对证言的可靠性进行全方位的质疑和反驳,使证人的虚假陈述得到揭露,以查明证据的真实性。②

交叉询问的对抗基于对证据认定的基础之上,因此最有利于揭露案件事实真相。诉讼双方出于对自身利益追求的本质,将提供对自身最为有力的证据,也将对对方提供的证据进行最大化的质疑。相对于书面证人证言,当事人自己更易于找出对方证据的漏洞,并将其暴露在法官面前。而法官往往具备专业的法律素养,因此此时法官并不缺乏专业知识,而是需要弥补自由心证对事实认定的不足。负责审判的法官对判决结果并不具有利害关系,而判决结果对当事人则有利害关系,由当事人自己来推敲证据、询问证人,当事人将尽其所能,这对发现真实有莫大的帮助。③

2. 充分发挥庭审作用,实现审判中心主义

充分发挥庭审作用,提升审判参与度和注意力,实现审判中心主义。加强庭审的对抗性是庭审中心主义的必然要求。庭审过程中,交叉询问是获取信息的重要环节,通过言辞交流,能更加带动整个庭审氛围,通过语言采取信息点能更好地提高法官和辩护人的注意力。英美法系国家往往在陪审团面前进行交叉询问,这种更为直接的表达,可以让陪审团的注意力更为集中,从而判断其表述是否存在

---

① 许兰亭:《试论交叉询问艺术———兼谈刑辩律师的基本功》,《河南司法警官职业学院学报》,2003 年第 1 期,第 98 页。

② 甄行勇:《完善刑事诉讼中交叉询问规则之构想》,《法律适用》,2006 年第 10 期,第 72 - 73 页。

③ 樊崇义、王国忠:《刑事诉讼交叉询问的功能定位》,《人民法院报》,2006 年 6 月 16 日。

谎言。我国为大陆法系国家,但交叉询问的引入也可以让我国的庭审更为集中,法官的注意力和诉讼参与各方的参与度提高,从而实现庭审实质化。这也是审判中心主义的必然要求。

交叉询问使诉讼中的双方当事人实现了诉讼地位的平等与对等。如果交叉询问制度运用合理,诉讼双方出于对胜诉的渴望与追求将展开激烈的对抗,法官在此时保持绝对中立,被动的获取此环节的信息来丰富对案情的判断,来填补自由心证的空白处。同时,法官在这一过程中不得任意增加有关的争议问题,并由此扩大审判的外延。因为这样做有损其地位的中立与公正,而且会在实质上造成对诉讼程序民主性的亵渎。①

审判中心主义并不是一切以法官为中心,而是强调以审判为中心。而审判并不是单单指法官单方面进行的询问,它包含很多内涵,其中很重要的一项是质证,在交叉询问环节需要注意的是,法官应将法庭的中心交给控辩双方,不再干涉其交叉询问过程,而是把握整体节奏即可。法官在交叉询问环节的主要工作应当是用心听双方的询问,尽可能多地获取对案件有用的信息。

3. 防范刑讯逼供,提高证人证言效力

交叉询问制度说到底最基本的保证是证人、鉴定人等出庭作证,而我国证人出庭率低是多方面原因造成的,其中之一就存在有些司法机关因为害怕证人翻供不愿证人出庭。证人翻证,是指证人在法庭上所做证言与庭前所做的书面证言不统一或相互矛盾的情形。证人翻证的原因是多方面的,例如,证人法律意识淡薄;证人文化素质不高;证人出于维护亲属等利害关系的需要;对证人伪证行为应承担的法律后果追究过轻;证人自身感知能力、记忆能力、表达能力的限制等。证人翻证,特别是关键证人翻证给刑事诉讼带来的危害是巨大的,不仅会拖延案件的审理时间,浪费司法资源,给认定案件事实造成人为的困扰,更会给办理案件的司法人员带来巨大的职业风险。②

证人出庭接受交叉询问,很大程度上是一次"将真相直接展示给法官"的机会,相对于书面的证人证言来说,我们更有理由相信在庄严肃穆的法庭上证人所说的话更接近事实。

① 樊崇义、王国忠:《刑事诉讼交叉询问的功能定位》,《人民法院报》,2006年6月16日。
② 何莉:《新刑诉法视角下证人出庭制度失灵问题的解决建议》,《河北法学》,2013年第6期,第189页。

二、刑事交叉询问制度的现状及存在的问题

（一）刑事交叉询问制度的现状

我国的法庭审判职权主义色彩明显，庭审过程中一直保持法官唱主角的格局，这是受我国的历史沉淀和国情的影响。交叉询问制度的立法现状主要体现在对人证调查的规定上，2012 年修订后的《刑事诉讼法》中对一审普通程序中的人证调查规定集于第四十八条、第五十九条、第一百六十八条和第一百八十九条。其中，第四十八条中明确规定了证人证言、被害人陈述等在内的所有证据必须要经过庭审查证属实之后才能够作为定案的依据，也就是证据的提出需要在庭审查证的基础上才能够实现其证明作用。由此，无论是诉讼当事人任何一方提交的证人证言等证据都要经过庭审查证，为交叉询问的实现提供了法律依据；第五十九条中对证人证言的审查判断方式做出了相应的规定，必须要在法庭上经过质证且查实之后才能够作为最终诉讼活动定案的依据；第一百六十八条中规定，对被告人发问时，除了审判长、公诉人之外，其他参与人员也可以对被告人发问，包括被害人、诉讼代理人等，这些人员在对被告人发问需要获得审判长的许可，第一百八十九条中规定，出庭作证过程中，证人作证时需要提供真实的证言，尤其是要根据自己所了解的案件事实来出庭作证。与此同时，对于证人提供的证言，证人需要保证证言的真实性，并为证言的虚假问题或隐匿罪证问题承担相应的法律责任。

除上述《刑事诉讼法》中关于法庭调查人证的规定外，最高人民法院 2012 年 12 月 20 日做出的《关于适用〈中华人民共和国刑事诉讼法〉的解释》（以下简称为《解释》）、最高人民检察院 2012 年 11 月 22 日做出的《人民检察院刑事诉讼规则（试行）》（以下简称为《规则》）、最高人民法院、最高人民检察院、公安部、国家安全部、司法部、全国人大常委会法制工作委员会 2012 年 12 月 28 日联合做出的《关于刑事诉讼法实施中若干问题的规定》（以下简称为《规定》）中均包含对被告人、被害人、证人、鉴定人、有专门知识的人等人证进行调查的规则和内容。

其中，简易审判程序作为对第一审普通程序的简化程序，其简化庭审程序是最为显著的特征，按照新《刑事诉讼法》中第二百一十三条规定，适用简易程序审理的案件，不受公诉案件第一审普通程序中关于讯问被告人、询问证人、鉴定人程序规定的限制。

综合以上内容可见，我国的现行立法与相关司法解释规定了交叉询问制度的适用范围为除简易程序外的普通程序；明确了刑事诉讼中庭审调查阶段交叉询问

制度的基本要素,规定交叉询问的主体为控诉方(公诉人及被害人及其诉讼代理人)、辩护方(被告人、辩护人、法定代理人);交叉询问的对象为被告人、被害人、证人、鉴定人、有专门知识的人;表明了交叉询问的基本形式、程序与适用的初步技术规则。因而可以看出,我国在刑事诉讼立法上已经基本确立了交叉询问制度的框架。

(二)刑事交叉询问制度存在的问题

典型的交叉询问从询问主体到询问对象,从程序规则到证据规则,从主询问到反询问及其范围,从事实审理者到双方当事人及其权利义务都做出了明确的规制,形成了一套严密而复杂的技术规则体系,很好地体现了当事人主义对抗制的特点,为司法实践提供了制度前提。由于特殊的制度背景和运行条件以及诉讼传统,我国刑事诉讼庭审模式杂糅了当事人主义和职权主义的特点,庭审模式还是职权主义色彩明显,交叉询问存在自身制度设计不足和配套制度落后的问题。

1. 刑事交叉询问制度设计的缺陷

交叉询问程序起源于英美法系,他们采取抗辩式的庭审模式,而我国却没有相应的历史渊源和庭审模式支撑。根据2012年新修订的《刑事诉讼法》及最高法的司法解释,我国的刑事诉讼交叉询问制度已具备雏形,但还有待完善。交叉询问制度总体设计缺乏系统性、协调性,给实际操作带来一定困难。

(1)禁止诱导性发问的规则过于绝对

针对刑事交叉询问活动中的诱导性发问,在刑事交叉询问方面,我国采用了绝对禁止诱导性发问的做法,也就是在相关的法律制度中明确规定禁止诱导性发问。尽管这种一概禁止诱导性发问的规定能够发挥出一定的作用,减少虚假证人证言的出现,但是其存在的不足之处也非常明显。

在我国的法律中,明确禁止诉讼双方的相关人员进行诱导性发问,但并没有结合刑事诉讼案件的实际情况,在我国的最高司法机关的相关解释中有这样的条款规定,在传唤证人进行作证时,不能够诱导证人回答与案件有关的问题。一律禁止诱导性提问的方式过于简单“一刀切”,不能使交叉询问发挥出应有的作用。并未能充分地考虑到交叉询问活动中的主询问与反询问,也未能很好地明确交叉询问中收集证据的目的。尤其是在反询问方面,如果禁止采用诱导性发问,在证人防备心理过重的情况下,将难以获得更多有效的发问信息,而影响到证人证言的真实性。① 同时由于主讯问和反询问区分不明显,主询问后反询问是否可以突破主询问的范围,以及主询问中"不得质疑己方证人"和反询问中"允许诱导性询问"等询问规则没有确立,致使交叉询问制度所蕴含的技术原理和质疑精神丢失殆尽。② 此外,在禁止诱导性发问的规定方面,我国并没有对诱导性发问做出明确规定,也就是诱导性发问如何界定、以什么样的标准认定诱导性发问以及诱导性发问在产生实际的效果之后如何处理等,这些在我国现有的刑事法律中并没有予以明确。

(2)询问证人的顺序混淆

按照对我国刑事诉讼法条文的通常理解,多个诉讼活动主体进行的诉讼行为,在询问证人时,无论哪一方提出的证人都应依公诉人、当事人、辩护人和诉讼代理人的顺序进行,但如果这样确定询问顺序,则与交叉询问大相径庭。我们从法条中很难看出交叉询问的具体规则,而是依据法庭的一般做法进行总结。当然我们不能寄希望于法律为我们解决所有的问题,却可以其为指引。

由于我国没有区分控方证人和辩方证人以及法院提出的证人,导致控辩双方提出同一证人出庭作证时,以及法院提出证人时的询问顺序出现尴尬;实践中,由于控诉机关负有客观公正的义务,其所提出的证人,包括对被追诉人不利的和有利的,导致法庭调查辩论时,控方提出的证人经常做出对控方不利的证言和主张,致使调查程序出现混乱、无序;而辩方由于调查取证权的限制,难以提出有效的证人以对抗控方。

尽管我国在相关的法律中规定了交叉询问制度,我国刑事诉讼程序中对证人的询问应当按照先公诉人后辩护人的顺序来展开,或者由事实裁决者来决定发问的顺序。然而,在我国的庭审过程中,并没有针对交叉询问的顺序进行任何的规定,在一些特殊情况下,如果证人被诉讼双方同时传唤,交叉询问的顺序也没有任何明确的规定,因此在具体的庭审过程中,会导致询问混乱情况的出现。最高检的司法解释也只是规定了提请传唤证人一方的首先询问以及诉讼对方的继后询问,再次询问则未规定,而在实践中,法官心理上通常也比较排斥再次询问。

在证人由双方同时传唤时,由哪一方先询问,哪一方后询问,以及对询问的结

---

① 王光荣:《我国刑事庭审中的交叉询问制度研究》,《黑龙江省政法管理干部学院学报》,2011 年第 3 期,第 112 - 114 页。

② 刘仲一:《论交叉询问规则在我国刑事诉讼中的立法建构》,中国检察出版社 2005 年版,第 136 页。

果如何处理等,这些在我国刑事法律中都没有做出明确的规定。在这种情况下,刑事诉讼中的交叉询问并不能得到很好的体现,诉讼参与人员的交叉询问权利也将难以得到充分实现,而且还影响到了刑事诉讼活动的效率。① 同时,询问程序简化,缺乏再次询问等程序。

(3)法官对交叉询问干预过多

我国法律对于庭审过程法官一直处于中心位置,法官在交叉询问环节不能很好地定位自我,过多地干预交叉询问。法官的干预性强,通常不主张较长时间的争辩,而情愿采取由他直接询问的方式澄清问题。法庭强调基于法律和事实的控辩统一,十分注意抑制过分的争辩。如在英美交叉询问中,采用问答式询问,询问人如发现证人作有悖于询问人立场的陈述时即可及时打断证人的陈述,引导他只作有利于询问人的陈述。而这种基于对抗制的打断和引导在我国庭审中可能被认为是不适当的,因为它破坏了证人陈述的自然性。

2. 刑事交叉询问的配套制度不完善

交叉询问作为英美法系的产物,毕竟属于舶来品,并没有快速地适应我国的国情,其重要原因之一在于配套制度不完善。

一是证据开示制度尚处于起步阶段。证据开示实际上就是指在庭审前,诉讼双方之间对不知道的案件情况予以揭露和展示,并获得相关的案件信息的活动。在刑事诉讼活动中,证据开示的环节在庭审之前就必须要完成,诉讼双方进行庭审前的准备,并以诉讼双方互相收集庭审信息和与案件有关的数据的形式来展现。证据开示的作用在于能够为交叉询问活动的实现提供充足的准备,让诉讼活动中的双方当事人相互获得与案件相关的信息,这样在交叉询问活动中,双方当事人可以就获得的与案件有关联的信息开展针对性的交叉询问活动,从而对这些信息进行证明,从而来实现对真实案件的呈现。② 正如德国著名刑事诉讼法学家赫尔曼认为的:“为了准备公判审理,不仅起诉一方,就是辩护一方也必须收集自己方面的证据。辩护方面通常不是完全无权要求事前出示和查阅检察方面持有的证据,就是这种权利受到一定的限制。双方当事人可以根据起诉、交换诉状以及承认不利事实,来限定辩论的焦点,并由他们决定提出证据和询问证人的顺

---

① 曹方超:《刑事诉讼交叉询问制度的中国问题及对策》,《信阳农业高等专科学校学报》,2011 年第 6 期,第 30 – 32 页。

② 王国忠:《刑事诉讼交叉询问之研究》,中国人民公安大学出版社 2007 年版,第 67 页。

序。"①可以说,证据开示制度是庭审过程中交叉询问得以公正有效运行的关键保障之一。

在证据开示的基础上,当事人双方能够提前对案件事实有一定的掌握,这样可以减少庭审技巧与证据突袭产生的影响,通过交叉询问来对所了解的与案件事实相关的信息来进行质证,从而更为客观且全面地反映出整个案件的真实情况。证据开示制度的目的就是为了体现出诉讼活动的真实性,真正意义上地让诉讼双方当事人不打无准备之仗,充分意义上地参与到诉讼活动中,这样更有助于诉讼当事人来维护自身的合法权益,对案件的真实性予以反馈。

2012 年《刑事诉讼法》修改后,第一百七十二条规定了人民检察院向人民法院提起公诉时,需要将案卷材料、证据移送人民法院,实现了"卷宗移送主义"的回归,第三十八条对辩护方查阅、摘抄、复制全部案卷材料的范围进行了明确,第四十条强调了控辩双方的证据"互惠"机制。同时新《刑事诉讼法》中针对审判程序增加了开庭前的准备程序,《解释》中第一百八十三条和第一百八十四条也进一步明确了可以召开庭前会议的案件类型与庭前会议的内容,这些规定都为控辩双方在庭审前了解案件材料与事实提供了进一步的保障,也为我国立法中建构证据开示制度提供了建构的法律空间。但是,在立法中仍然没有明确规定证据开示的制度,对于没有达到《解释》第 183 条召开庭审会议的案件类型,证据开示将如何进行并未涉及,证据开示的范围和参与主体、违反证据开示的法律后果等都没有进一步的明确,因此,在一定程度上限制了控辩双方庭审交叉询问的展开,无目的询问、突袭性询问、纠缠性询问时有发生。

二是证人、鉴定人出庭作证制度不完善。我国 1979 年《刑事诉讼法》规制下的审判程序是典型的书面审程序。在一个"线形结构"或"流水作业式"的诉讼模式中②,由于实行书面裁判主义和相应的卷宗移送制度,法官庭前活动极度强化,审判的依据基本来自于侦查机关提供的口供和其他书面证据材料,无须证人出庭作证。③

证人、鉴定人出庭率低,证人保护制度不完善。这一系列的问题早已在司法实践中暴露出来,而证人未到,交叉询问对象空缺,很多庭审不得已直接将这一过

---

① [德]赫尔曼:《刑事诉讼的两个模式》,《国外法学参考》,1982 年第 2 期,第 55 页。
② 左卫民:《价值与结构——刑事程序的双重分析》,法律出版社 2003 年版,第 154 页。
③ 左卫民、马静华:《刑事证人出庭率——一种基于实证研究的理论阐述》,《中国法学》,2005 年第 6 期第 168 页。

程省略,没有完善的证人出庭制度,交叉询问也就形同虚设。2012 年新《刑事诉讼法》第一百八十七条和第一百八十八条初步规定了鉴定人、证人强制出庭制度,但第一百九十条又规定庭审中可以提交证人证言和鉴定笔录,无形中抵消了第一百八十七条和第一百八十八条的效力,即证人出庭作证难的局面依然严重。新《刑事诉讼法》第一百八十七条针对鉴定人经人民法院通知拒不出庭作证的情况,规定了鉴定意见不具有证据能力而不得作为定案的根据。但是是否证人证言也适用同样的原则,却避而不谈。只是规定法官可以强制其到庭,但并未否定其证据能力。结合《解释》第二百零六条中对可以不出庭作证情况的规定,实质上也是赋予了不出庭作证证人可以提供书面证言的权利,并未彻底免除证人提供证言的义务,再加上"有其他客观原因,确实无法出庭的"这种兜底条款的不周延性,极易在实践中为证人不出庭作证创造条件。书证中心主义的大行其道和传闻证据规则的缺失,证人不出庭,使得交叉询问制度形同虚设,失去了应用的基础。

　　有学者在 2012 年《刑事诉讼法》实施一段时间后对证人出庭作证问题的调研结果显示:在"是否会主动要求证人出庭的问题"上,全部法官都选择"一般不会主动要求",在检察官参与的公诉案件中,全部检察官都选择"在审判时法官一般不会主动要求证人出庭作证";在统计"强制证人出庭作证的落实情况"时,64% 的法官选择无法落实、缺少配套机制,35% 的法官选择即使强制证人出庭,也达不到预期的出庭效果,只有 1% 的法官选择少数案件能够强制证人出庭。[①]

　　另外,人证出庭补助和保护制度也存在一些问题。法律明确规定了证人出庭作证应当给予补助的制度,但是对于鉴定人,包括有专门知识的人出庭作证是否也可以得到补助,却没有规定,这会导致这部分人证出庭作证的义务与权利存在不平衡,造成其不愿意接受委托出庭或是变相提高委托的费用。同时,交通、住宿、就餐以及误工损失的具体标准也没有细化,证人因出庭作证而遭受了现实的打击、报复所造成的人身、财产损失的补偿等问题立法也没有作出规定。

　　二是辩护制度不健全。辩护律师出庭率不高,公诉人唱独角戏居多,亚里士多德在《辩论篇》一书中有过以下论述:"所有的辩论过程都是以问答而非持续发言来进行的。"亚里士多德强调辩证法的重要性是因为"这种方法增进了寻找辩题双方争点的能力,可使我们更易于判断这些争点的真伪"。但刑事辩护律师出庭率低,法律援助律师甚至有在庭上不做任何辩论的情况,这无疑架空了交叉询问

---

　　①　叶扬:《新刑诉法实施后的证人出庭作证问题研究》,《社会科学家》,2014 年第 9 期第 111 页。

制度。

法庭是律师的战场,辩护律师业务水平参差不齐,对交叉询问核心重点掌握不够,想必不能打一场漂亮的胜仗。一方面,双方滥用交叉询问时,也需要相关规范的约束。律师帮助伪造、毁灭证据,教唆证人作伪证等,也需要刑事法律或职业规范的制约。另一方面,法律对刑辩律师所需承担的风险约束较为严苛,律师一般不愿过多地介入到刑事诉讼中,致使最懂交叉询问技巧和策略的辩护律师无法与控诉机关在庭审中进行交叉询问对抗。

三、刑事交叉询问制度完善建议

（一）域外刑事交叉询问制度之借鉴

任何一种调查技术都必须在特定的"法空间"中发挥作用,而其中所设置的各种配套因素的状况,直接影响这种技术的功能发挥。[①] 交叉询问被英美法系国家誉为"发现案件事实的最有效装置",之所以交叉询问能起到如此重要作用,离不开各国依据国家自身特点建立的理论基础和相关的制度支撑。本章主要考察借鉴美国、德国、台湾等国家与地区的该制度运行情况,分析不同诉讼模式下的制度运行存在哪些区别,以期对我国刑事交叉询问制度完善有所裨益。

1. 美国的交叉询问制度及借鉴

美国属典型的当事人主义刑事诉讼制度,其最初的审判方式受英国法制的影响也是典型的纠问式,但经过独立战争和其后的一段时间,美国宪法将交叉询问列入成文宪法中,对美国的刑事审判方式造成了深远的影响。根据《联邦证据规则》和联邦最高法院的判例,美国的交叉询问制度可以总结借鉴如下。

美国交叉询问的主体为控辩双方,即代表国家提起公诉的检察官和辩护律师。美国的交叉询问中规定被告人不是交叉询问的主体,被告人不能自行行使交叉询问的权利。这是基于刑事被告人与控方证人之间往往具有对立的紧张关系,尤其当证人是刑事被告人时,若由被告人亲自询问被害人,特别是诸如强奸案中的被告人在法庭上盛气凌人的盘问被害人是非常不合时宜的。[②] 因此美国赋予了被告人享有律师协助的宪法性权利。

美国交叉询问的对象为证人。但根据美国的法律,其证人的范围宽于我国。

---

① 龙宗智:《论我国刑事审判中的交叉询问制度》,《中国法学》,2000 年第 4 期第 86 页。

② 林钰熊:《严格责任与刑事证据》,法律出版社 2008 年版,第 211 页。

其证人既包括与案件无直接利害关系的第三人,也包括与案件有直接利害关系的被告人、被害人,既包括普通证人,也包括专家证人。同时将证人划分为了控方证人和辩方证人两类。关于被告人,基于美国宪法第六条不得强迫自证其罪的宪法权利,被告人享有自己选择是否接受交叉询问的权利。因此,美国的交叉询问对象范围是包括证人、被害人、第三人、专家证人、被告人。

交叉询问的顺序为举证方直接询问、对方反询问、举证方再次询问、对方再次反询问。在主询问阶段《联邦证据规则》规定举证方律师不得诱导证人。但处于对案件真实的探寻和证人本身的特殊情况有一些例外情况,主要包括:调查证人的基本信息;对儿童、老人或语言表达有障碍的证人无法理解律师问题时;或专家证人的证言表述过于专业时等。因此,在主询问中,除非涉及案件主要争议或律师意图用自己的想法代替证人的证言时,大部分律师是不会对诱导性的偶然使用提出异议的。① 反询问主要包括对方证人的信誉品格导致的证言是否具有可信度、对方证人的证言是否有不一致等方面,反询问允许诱导性提问。举证方再次直接询问主要是针对反询问阶段暴露的问题做补充询问。对方再次反询问也限定在举证方的再次询问范围内。

交叉询问的方式采取问答式,即一问一答。不允许律师自己叙述式的提问,也不许提问时直接曲解证人的回答或提出假设性问题。例如,证人证实外面天黑了,律师因此下结论:"你这是承认天太黑了,所以你什么也没看见……"这就是故意曲解了证人的陈述。

交叉询问的救济有两种:其一,如前文所述,被告人可以放弃交叉讯问的权利,其二如询问过程发生问题则可以提出异议。提出异议必须在回答下一个问题之前,同时陈述自己的理由,由法官当庭裁决。

2. 德国的交叉询问制度及借鉴

德国的刑事诉讼是典型的职权主义模式,审判长在审判过程中起绝对的主导作用。德国刑事诉讼法第 244 条明确规定,以查明案件真实情况为前提,法院拥有权利对诉讼案件有关的证人所提供的证词进行调查和监督。因此,虽然德国设立了交叉询问的阶段,但基于其根深蒂固的诉讼理念和历史原因,交叉询问在德国的运用并没有实质效果。

---

① [美]史蒂文·鲁贝特:《现代诉辩策略与技巧》,王进喜等译,中国人民公安大学出版社 2005 年版,第 28 页。

德国交叉询问的主体为检察官和辩护人,被告人不是交叉询问的主体,如果被告人需要发问,必须在审判长之后,并经得审判长的同意才行。

德国交叉询问的对象为证人和鉴定人,包括控辩双方的证人与鉴定人。但如果是法院依职权主动传唤的证人、鉴定人则不在交叉询问的对象范围内。

德国关于交叉询问的顺序规定在《德国刑事诉讼法》只有一条提及,检察院提名的证人鉴定人检察院有权先行发问,被告人提名的证人、鉴定人,辩护人有权首先询问。对于反询问和再询问,德国诉讼法均没有涉及。

《德国刑事诉讼法》中规定实行始末连续陈述为主,而非一问一答的形式,即使在进行交叉询问中,也必须遵守始末连续陈述的规定,因此,运用交叉询问的实效就大大降低。

德国交叉询问的限制在于审判长可以剥夺询问权,审判长对于涉及某一方面的问题可以制止。包括"与案情无关""涉及隐私""诱导性问题""评价性问题"等。比如,不能问证人或鉴定人"你觉得死者是不是被告杀害的呢?"等。证人不能进行推测。

交叉询问的救济主要也是由审判长进行制止,同时应在审判笔录中进行记载。审判长的制止可以依申请进行也可以依职权主动制止。

3. 台湾地区的交叉询问制度及借鉴

台湾地区 2003 年修改的《刑事诉讼法》在原有法条的基础上对交叉询问制度进行了一些完善和补充,但是从立法上看,并未完全抛弃职权式审判的一些因素。

台湾地区交叉询问的主体既包括公诉案件的检察官、被告人和辩护人,也包括自诉案件的自诉人、代理人、被告人及辩护人。主体范围较为宽泛。

台湾地区交叉询问的对象包括证人、鉴定人,无论其是控方、辩方或者法院依职权传唤的证人、鉴定人均可适用。而被害人也是有条件地成为交叉询问的对象,即当被害人就案件事实进行陈述时可作为对象。被告人在证据调查的最后阶段也可称为交叉询问的对象。①

台湾地区的交叉询问顺序明确为主询问、反询问、再次主询问和再次反询问。

交叉询问的规则方法明确规定主询问中不得进行诱导性的询问,但也规定了例外情形,主要有:(1)实体事项询问前的证人、鉴定人身份、学历等必要准备事项。(2)当事人没有明显争议的事项。(3)证人鉴定人记忆不清晰时,为提醒做

---

①　林钰雄:《刑事诉讼法(下册各论篇)》,中国人民大学出版社 2005 年版,第 167 页。

出的必要提问。(4)证人鉴定人对提问者显示敌意或反感的。(5)证人、鉴定人故意规避的事项。(6)证人鉴定人前后表述不一致时。(7)其他情形。

同时,规定了交叉询问的异议和救济。台湾地区"刑事诉讼法"对询问不当时如何异议没有明确规定,但对法官的处分不服时的异议有明文规定。

(二)刑事交叉询问制度设计之完善

目前,我国正处于司法改革的新时期,围绕如何加强庭审实质化,学者和司法人员提出了各自的看法。本人认为,实现庭审实质化,实现庭审中心主义,不仅在于程序性制度设计方面,同时,诉讼参加人各自的身份和职责实现也是相当重要的环节。法官在刑事审判当中应当保持绝对的中立,才能更有利于查明案情,而交叉询问规则的完善,对法官提出了新的要求。因为刑诉法对于交叉询问规则的表述没有具体化设计,而是规定审判人员认为必要时,可以询问被告人、被害人、证人、鉴定人。这一要求给了审判人员一定的自由权限,这种审判制和交叉询问制并存的情况下,交叉询问的作用难免被削弱。

1. 完善应遵循的原则

(1)法治原则

《布莱克法律辞典》对"法治"的解释是:"法治是由最高权威认可颁布的并且通常以准则或逻辑命题形式表现出来的、具有普遍适用性的法律原则。"法治也是强调一种平等,反对特权,注重公民权利的保障,反对政府滥用权力。因此法治不仅仅是一种社会组织模式或者制度化模式,而且是一种理性精神和文化意识。在我国,法治原则也是依法治国的意思,其基本含义是指依法办事,按照法律治理国家,建立秩序,任何组织或个人不得拥有法外特权。

法治原则是宪法的根本要求,宪法的本身就意味着法治。在资本主义国家,宪法对法治原则的确认始于1787年美国宪法,但该宪法只是体现了法治精神,并未在宪法条文中出现法治字样。最初明确体现法治原则的是1791年法国宪法的序言:《人权宣言》。它宣告:"法律对于所有人,无论是施行保护或处罚都一样,在法律面前所有的公民都是平等的。"

当代中国法治原则旨在为法治理念透过法律制度予以实现提供基本的准则。我国的法治原则包含以下几个方面的含义:法律具有至上性;法律具有普遍性和一致性;法律应该公开透明可预期;法律面前人人平等;司法机关依法独立行使职权;正当法律程序的遵守。刑事交叉询问制度的完善应当遵守法治原则,一方面通过立法等完善该制度,另一方面司法过程中应该严格遵守法律。交叉询问制度遵循法治原则是该原则外化的重要表现。"以审判为中心"的司法改革为刑事交叉询问制度的完善提供了大背景,法治原则为交叉询问制度的完善提供了方向。

(2)控辩平等对抗原则

控辩平等原则是指控诉方和辩护方在刑事诉讼中享有平等的法律地位,法律赋予双方相应的权利,规定相应的义务。控辩平等对抗充分体现程序正义,有利于查明案件事实,有利于诉讼现代化的实现。控辩平等对抗集中体现在法庭审判阶段,在法庭上,控辩双方同时在场,通过举证、质证进行法庭辩论,这是一种形式上的平等。

尽管自1996年修改《刑事诉讼法》以来我国吸收了对抗制的积极因素,但控辩双方依然难以形成对抗争斗的局面,加上"和文化"的心理因素,我国刑事诉讼中难以形成控辩双方完全对抗的局面,而这或多或少会影响交叉询问功能的发挥。法官对庭审的控制过强,削弱了法庭对抗性,庭审形式化得不到根除。审判中心主义要求庭审需要更多的制度支撑,交叉询问作为一个尚不成熟的制度,与审判中心主义属于相互扶持,共同成长的阶段,通过强化交叉询问制度,审判中心主义也就能更好地发挥其效能。

2. 完善刑事交叉询问制度的具体建议

(1)刑事交叉询问的构成要素完善

第一,交叉询问的主体。交叉询问的主体主要应包括控辩双方的当事人、代理人及其辩护人。刑事诉讼双方的当事人作为与案件审判结果有直接利害关系的人应当享有在法庭上参与交叉询问的权利。而依据前文所述,美国在被告人主体地位问题上是采取被告人只能在律师协助下完成交叉询问。结合我国国情,对于被告人是否可以享有交叉询问的主体的问题,笔者认为应当享有。其一,被告人没有辩护人的情况下,法庭应当允许被告人自行参与交叉询问的过程进行质证。其二,被告人是否可以放弃交叉询问的权利?交叉询问遵循控辩双方平等对抗的原则,作为一项诉讼权利,应当允许被告人自愿放弃该权利。

另外,法官作为有限制条件的交叉询问主体。情况一,法官在必要时可以在控辩双方交叉询问后进行询问,但仅仅作为补充。情况二,对法官依职权传唤的证人,法官可以作为交叉询问的主体,对该证人先行进行询问,此时法官可以视为交叉询问的主体。

第二,交叉询问的对象。交叉询问的对象为证人、鉴定人、有专门知识的人、被告人、被害人。依据目前我国的《刑事诉讼法》来看,我国的交叉询问对象应包括以上五类人。首先,证人、鉴定人和有专门知识的人无论是控辩双方的申请的还是法院依职权传唤的都应当属于交叉询问的对象,在对人证进行质证阶段进行。其次,依据我国目前的刑事诉讼法,被告人并没有被明确享有沉默权,因此被告人在刑事庭审中需要出庭接受控辩双方的询问,这种询问虽然不在质证阶段,但存在于询问被告人阶段,仍然应该视为交叉询问,适用交叉询问的基本规则,由控辩双方对被告人进行交叉询问。再次,被害人在对案件事实进行陈述时,其诉讼地位等同于证人,应视为交叉询问的对象。

第三,交叉询问的方式。交叉询问的方式,是指询问人和被询问问答之间的方法。交叉询问应普遍适用一问一答的方式,采用一问一答更为有利于案件事实的呈现,有助于诉讼效率的提高。不同于陈述型的问答方式,一问一答在思维与逻辑方面更能体现其真实性,击穿不实证言,而陈述型问答则往往容易造成信息混乱、证言造假等问题。因此,我国的刑事诉讼交叉询问应采取一问一答为主,陈述型问答为辅的方式。

(2)明确交叉询问的顺序及应遵循的询问规则

第一,交叉询问的顺序

交叉询问应遵循"申请方先问"的原则,由申请证人、鉴定人等出庭的一方先进行主询问,再由对方进行反询问,再由申请方进行再主询问,再由对方进行再反询问。依此按照"主询问—反询问—再主询问—再反询问"的顺序进行。例如,对于控诉方提出的证人,应首先由公诉人对该证人进行主询问,再由被告人、被害人依次进行反询问。

如果是法院依职权传唤的证人、鉴定人、有专门知识的人等人证,则由法院先进行主询问,然后由各方对该人证进行反询问。

第二,各阶段交叉询问应遵循的规则

只规定交叉询问的程序而没有相配套的询问规则的话,相当于给了法官在交叉询问环节巨大的自由裁量权,容易导致法官权利滥用。因此,交叉询问应有规则进行约束。但我国法律并没有明文规定交叉询问的具体规则,导致庭审效率不高。依据交叉询问各个阶段的目的和作用不同,应分阶段设计交叉询问规则,如果笼统设计是不合理的。例如,我国法律明确禁止诱导性询问过于绝对,不利于查明案件事实。诱导性询问是否能适用,我们应该区分不同的询问阶段。

首先,主询问阶段应遵循的询问规则。主询问的目的在于厘清争议点,快速明确地通过被询问对象表述出所想表达的待证事实,通过证言提炼诉讼所涉及罪名的构成要件等。因此,主询问应遵循的规则主要包括以下几条。

其一,禁止与案件无关的询问规则。交叉询问的目的是为了发现案件真实,而主询问承担着争议点的提出等众多任务,因此在进行主询问时,主询问方应尽量挑选争议重点、要点进行提问,避免问与案件无关的内容,以提高庭审效率。但在反询问中此规则不适用,因为反询问是为了揭穿不实证言,某些情况下,与案件无直接关联的信息也能够表明证人本身的可信度不高。

其二,禁止重复询问规则。主询问和再主询问中应当禁止重复询问浪费时间,而反询问与再反询问中应当予以重复询问的权利,因为重复询问可以对对方表述不明或虚假的地方起到很好的反击作用。

其三,禁止质疑可信度规则。主询问的对象是自己提出来的,应提供有利于己方的证据,因此,是基于相信己方的情况下对其进行询问,不得在主询问时质疑其可信度,避免浪费时间。但司法实践中,或有出现当庭翻证等情况,证人所表述的证言对主询问方不利,此时,经审判长允许应当允许主询问方对询问对象的证言进行质疑。

其四,禁止诱导性询问规则。我国刑事诉讼法及司法解释规定禁止一切诱导性询问,这一规则过于绝对。依 Black 法律字典定义,诱导性询问是指指示证人如何回答,或将问题置于问句中的问题。通俗地来讲,诱导性询问是指询问者将希望得到的答案混入提出的问题中,以暗示接受询问的对象按照询问者的意思进行回答。例如,主询问方问"你看到被告人那天穿着白色衣服对吗?"就明显提示被询问对象承认看到的人穿着白色衣服,此时就属于诱导性询问,因为己方的询问对象在诱导性询问之下很有可能做出迎合主询问一方的意思回答,而不是依据自己所经历的事实给出证言。诱导性询问会干扰询问对象的表达自由,因此,在主询问中不得进行诱导性的询问。

但在某些情况下,诱导性的询问也可以提出。我国应在立法中明确规定主询问中不得进行诱导性的询问及其例外情形,包括:第一,在进入实质性询问前,询问有关身份、学历、人际关系等必要事项。第二,当事人之间明显没有争议的事项。第三,唤起被询问者记忆所必要的事项。第四,被询问者对于主询问人有敌意或者反感。第五,被询问者有意回避或不明确回答。第六,被询问者做出与先前不符合的陈述。第七,为确定人或物的同一性事项。第八,其他经审判长许可,有必要以诱导性询问发现真实的特别事项。①

其次,反询问阶段应遵循的询问规则。反询问的目的在于打击人证自身的可信度、证言的可信度从而推导出有利于己方的事实。因此,反询问中适用的规则大部分与主询问适用的规则相反,上述在主询问程序中禁止的规则,一般在反询问中都得以允许。反询问阶段适用的规则主要有以下几条。

其一,诱导性询问规则。主询问中禁止诱导性询问规则是因为被询问对象的提出方是提问方,诱导性提问很容易对询问对象造成误导或诱导。但反询问的目的是推倒主询问的证据,应当允许诱导性提问。同时,反询问主要是质疑证人的可信度,出于这一目的,反询问采用诱导性询问可以很直接地暴露不实证人的虚假证言。同时,反询问中允许诱导询问,在美国与我国台湾地区刑事诉讼立法与实践中得以实施。这主要是因为反询问方面对的是对方的人证,此时询问和被询问方缺乏合作的动机,不会有共同捏造虚假证言的可能。其次,诱导性询问可以帮助被询问者回忆事实,更有利于查明真相。例如前面所述,如果反询问方提出"你看到被告人那天穿着白色衣服对吗?"同样的提问,在反询问中起到帮助被询问对象回忆的作用是被允许的。再次,诱导性询问可以有助于反询问方建立本方主张的事实,不至于偏离调查主题。

因此,我国立法似可参照台湾地区"刑事诉讼法"第166条之二第2项,明确规定:"进行反询问时,可以进行诱导询问。"当然,反询问中也不是全然接受诱导性询问规则,例如当被询问对象在反询问过程中已经明显具有有利于询问方陈述的倾向;该诱导性的问题可能会使被询问者陷入认知困境或者错误等情况,法官应当及时对该提问进行制止。

其二,质疑可信度规则。反询问中询问对象所表述的是不利于己方的证言,因此,在反询问中可以针对被询问对象提出质疑可信度的问题。例如,关于被询问对象是否具备作证能力、是否对某一事件或人物持有偏见、是否与案件存在利害关系以及是否存在不诚实等品格特征等,从而削弱被询问对象的可信度及其证言的可信度。

其三,前后陈述不一致规则。在反询问中,证人出现与主询问阶段或庭前提交的书面证词有前后不一致情况时,根据传闻证据规则,法官不得直接以证人前一阶段的证言为真。因此,反询问阶段,如果出现前后不一致陈述时,反询问方可

---

① 倪志娟:《刑事诉讼交叉询问制度研究》,吉林大学硕士论文,2013年。

以就前一阶段和后一阶段的不一致部分分别提问,让被询问者进行必要解释,同时这也是反询问方反击的最好时机。

再次,再主询问应遵循的规则。再主询问因与主询问性质相同,因此其适用规则也应与之相同。但要注意再主询问中对非特殊情况,不允许扩大询问内容的范围,再主询问的范围一般应限定在反询问提出的范围内。但是如果反询问过程中,询问方的询问导致证人的可信性受到怀疑,并因此造成主询问方主张的事实仍有疑点需要澄清时,应允许略微扩大再询问的范围,允许对附带证明事项进行询问,但不应超出澄清疑问的范围。

最后,再反询问应遵循的规则。再反询问也与反询问性质相同,适用的规则也相同。但再反询问的范围同样应该围绕在主询问的范围进行,一般不得任意扩大询问范围。

(3)限制交叉询问时法官的参与度

按照混合式交叉询问的要求,基于查明事实的需要,法官在控辩双方交叉询问后,可以进行续行询问,但这种询问是具有补充性质的,只有在必要时才可主张。第一,法官依职权传唤证人、鉴定人等人证时,应先由法官进行主询问,因此,法官也视为交叉询问的主体。第二,法官在进行询问时也应当适用交叉询问的各项规则,当违反规则时,控辩双方可以提出异议,以促使法官改变询问方式或者排除引出的证言内容。

另外,确定法官的适当参与方式和参与程度。交叉询问对法官素质提出了更高的要求,第一,要求审判案件的法官摒弃我国以往以案卷、笔录为主要审判依据,"审者不判,判者不审"审判分离的现象。以法庭审判为中心,注重控辩双方在庭审中的实质性对抗过程,从而使庭审走向实质化。第二,为避免辩护人或公诉人为了达到证明目的,发问中铺垫过长,不围绕争议点发问等问题,法官应当担当起把握整体节奏的角色。控制交叉询问环节的节奏,避免法庭时间无端耗费,防止程序拖延。第三,法官在交叉询问环节处于绝对中立,不能随意插话发问,越俎代庖或者偏袒一方询问人员,坚持交叉询问的具体规则,对违反规则的行为予以及时制止。法官在交叉询问阶段的表现主要要求如下。

首先,法官有权对双方的不当询问予以制止和纠正;其次,法官应有权随时参与到证人的讯问过程中,而不必在双方全部询问完毕后再进行询问,双方在法官的引导下可继续进行交叉询问;再次,法官在一方明显处于劣势时,应及时参与到询问程序中,以协助处于弱势的一方提出问题。最后,法官一旦认为某一证据与案件事实相关却未被控辩双方提出,即要依职权自行传唤证人,提取证据,由各方在法庭上对其进行调查。不仅如此,法官如果认为尚需对某一专门问题进行重新鉴定,或者认为需要重新勘查可以主持重新鉴定。①

　　3. 完善刑事交叉询问的配套制度

　　配套条件直接影响交叉询问方法的效用。如德国在二战后借鉴英美制度,在刑诉法中规定了交叉询问,允许控辩双方在法官询问后进行交叉询问,但这一条款基本不能发挥效用,因而成为一个"死条款",其主要原因在于法官主导并直接调查的情况下,对当事人的补充性交叉询问有一种天然的排斥。② 日本二战后借鉴英美诉讼体制,在当事人主导的基础上引入交叉询问制度,但仍然未能发挥预期的效果,主要原因即在上述几个条件的设置方面,都未能达到如英美尤其是美国那样充分的程度。如证据开示程序不彻底,没有陪审团而由专业法官审判,法官往往以直接调查为必要手段,以及使传闻规则的例外常态化,造成书证中心等。因此,日本有人抱怨在制度不配套的情况下引进交叉询问是一种失败的尝试。③

　　(1)完善证据开示制度

　　我国在 1996 年修订的《刑事诉讼法》采用了对抗式的庭审模式,并有类似证据开示的相关规定。2012 年修订的《刑事诉讼法》中进一步完善了证据开示制度的相关规定,但还有部分内容应该进一步完善。

　　首先,扩大我国刑事证据开示范围。对于控诉机关来说证据开示的范围应该包括从侦查、审查起诉阶段获得的与案件有关的证据以及公诉机关补充取证的证据,范围十分广泛。在实践过程中,控诉方为了维护己方的诉讼利益,很多不利于被告人定罪量刑的证据公诉方根本就不会进行提交。证据开示不彻底容易造成法庭上的证据突袭。而辩护方则可以只出示证明被告人无罪、罪轻的相关证据材料。辩护方只用开示准备在庭上使用的证据,且辩护人也完全可以在法庭上引用公诉方开示过的有利于辩护律师的证据。第一,对于辩方准备传唤到庭的证人,如果对该证人的询问形成询问笔录的,经控诉方的要求,应当将隐藏了证人个人信息的证言笔录向公诉方开示。第二,辩护方准备在法庭上使用的物证、书证、勘验检查笔录等,应向控诉方开示。最后,辩护方还应当向检察机关开示控诉方还

---

① 陈瑞华:《刑事审判原理论(第二版)》,北京大学出版社 2003 年版,第 328 页。
② [美]约翰·朗拜因:《比较刑事诉讼》,美国明尼苏达州西方出版公司 1977 年版,第 66 页。
③ 毕玉谦:《民事证据法及其程序功》,法律出版社 1997 年版,第 338 页。

未掌握的证据,尤其是以下各项:第一,有关被告人不在犯罪现场的证据;第二,被告人未达到刑事责任年龄的证据;第三,试图做精神病辩护的证据;第四,被告人在进行正当防卫的证据;第五,有明确证据显示被告人无罪、罪轻的证据;第六,能证明被告人有法定从轻、减轻或者免除处罚的证据。辩护方同样负有继续开示的义务,在审判前或者审判过程中,辩护方如果发现了新的证据,属于应当开示的范围的,经过检察院的申请,应该在庭上予以开示。

其次,细化证据开示的具体流程。首先,在案件的审查起诉阶段,辩护律师和其他辩护人可以查阅、摘抄、复制案件的卷宗材料,了解侦查机关移送给检察院的案件调查信息,这是初次证据开示阶段。按照新《刑事诉讼法》的规定,人民检察院向人民法院提起公诉并将全部卷宗材料移送人民法院。其次,人民法院征求辩护方对各项证据的意见。法院在接到检察官移送的案卷材料之后,应当通知辩护人可在一定期限内提出证据开示的申请。辩护人如果在一定期限内不申请进行证据开示,则可视为辩护方放弃申请证据开示的机会,也放弃了对案件的卷宗材料进行详尽查阅的机会。此时法院应通知公诉方,告知其有权利要求辩护方开示证据,若检控方拒绝行使权利或者在一定期限内未行使,则视为放弃申请证据开示的机会。在这种情况下,法院可以选择不对案卷材料进行实质审查而把案件直接提交审判。最后,如果控诉方、辩护方其中一方或者双方都提出证据开示的申请,法院应当在开庭前择日启动证据开示程序。并且证据开示的地点将限定在人民法院,但为了避免产生预断,证据开示程序的主持者不应由本案正式开庭审理的法官担任,而应当让法院另外选派法官主持。

(2)完善证人出庭作证制度

《刑事诉讼法》规定:"证人证言对案件事实的认定起重要作用,双方当事人有异议,并且法院认为必要的,经人民法院通知,其应当出庭作证。"虽然新修改的《刑事诉讼法》对证人到庭做出了进一步的规范,但实践当中,证人出庭率还是没有进一步改善,相比于民事诉讼来说,刑事诉讼中的证人出庭率更低。有关资料显示,我国刑事证人出庭率不足10%,有的地方还不到5%。① 甚至有的法院有涉及受贿案件时证人出庭率为零。证人刑事诉讼中出庭率低主要是其保障制度没有落实到位,一是人身安全受到威胁,二是财产权利(差旅费、食宿费)没有及时补偿,三是证人易于陷入亲情和义务的两难境地。事实上,在证人、鉴定人不出庭的

---

① 王永杰:《从讯问到询问关键证人出庭作证制度研究》,法律出版社2013年版。

情况下,控辩双方不可能实施有效的交叉询问,因为双方难以获得向对方证人、鉴定人进行询问、质证的机会。① 而这些问题让庭审中证人缺位现象更为严重,庭审实质化也就沦为纸上谈兵,交叉询问制度的建设更是无从谈起。因此提高证人出庭率,完善证人出庭作证制度是必不可少的。

首先,确立传闻证据规则。传闻证据规则是英美法系证据规则中最重要的证据规则之一,它最初确立是基于发现真实的需要。然而,在历经长时期的历史发展后,也在不断地修正与变化中,它不再排除所有的传闻证据,而是设置了一些例外。那么,我们能否将这种"应当出庭证人的书面证言",在"法庭对其证言的真实性无法确认"时,作为传闻证据规则排除的例外,仍将其作为定案的据呢? 传闻证据规则或者直接、言词原则,它们设置的核心要义就是要将证人的书面陈述排除在法庭之外,让证人能够在公开的法庭上接受质证,以保障被告人的对质权或者说是控制法官的自由心证。我国2012年修正后的《刑事诉讼法》在设置证人出庭作证时,已经对证人应当出庭作证的案件范围做出了明确规定(第一百八十七条),同时也规定了证人在哪些例外情形下可以不出庭(新高法解释第二百〇六条)。但是,如果依照我国新高法解释第七十八条第三款的规定,那么,仍然无法避免绝大多数应当出庭作证的证人不出庭,对这些不出庭证人提供的书面证言证据能力问题要通过法官的自由裁量权解决,对这种自由裁量权是很难进行控制的,而在偏重强调惩罚犯罪、司法资源严重匮乏、司法腐败屡禁不止、司法难以独立运行的司法环境中,这种不受控制的自由裁量权几乎都对被追诉人不利。由此,司法实践就依然面临着被告人被剥夺与证人对质权的危险。新《刑事诉讼法》第一百八十七条第三款规定:"经人民法院通知,鉴定人拒不出庭作证的,鉴定意见不得作为定案的根据。"也就是说,应当出庭而没有出庭的鉴定人提供的鉴定意见是没有证据能力的,不能作为定案的根据。这就避免了应当出庭而未出庭的鉴定人的书面鉴定意见流入庭审的危险。笔者建议对应当出庭而未出庭证人书面证言的证据能力也应当做出类似规定,即经人民法院通知,证人拒不出庭作证的,该证人的书面证言不得作为定案的根据。这才真正在我国刑事诉讼中将传闻证据规则确立下来,不再为证人不出庭打开方便之门。

其次,确保证人安全及补偿到位。对于证人出庭作证的费用制定合理标准,并及时发放,减少证人作证的成本,增加证人作证的信心。法院可以在证人出庭

---

① 陈瑞华:《刑事审判原理论(第二版)》,北京大学出版社2003年版,第312页。

作证后制作回执由证人本人确认是否补偿证人的食宿、交通费用。

(3)完善辩护制度

司法实践中,即使证人能够出庭,但交叉询问制度仍然不能很好地实现,辩护人的原因分析主要有两点:一是我国刑事辩护律师业务水平参差不齐,对交叉询问规则的掌握程度也各有高低;二是辩护率低;三是法律援助开展不到位。以上海某基层法院审理刑事案件为例,2009年1月–2010年7月该法院受理的刑事一审案件共5267件8268人,被告人中委托辩护的1901人,占22.99%;指定辩护人129人,占1.56%,总辩护率24.55%。辩护率低下等问题导致交叉询问制度的实际运用少。

法庭盘询通常被视为辩护律师多种职责中最困难的一部分。法庭盘询需要出众的天赋、逻辑思考的习惯、清晰的常识判断、无穷的耐心和自制力、透视人心的直觉能力、从表情判断他人个性的能力、察觉他人动机的能力、强而准确的行动力、和主题有关的丰富知识以及一丝不苟的细心谨慎,还有更重要的:通过盘询发现对方证词弱点的本能。①

更为重要的是,交叉询问制度对律师的专业素质提出了更高的要求。首先,心理素质要求与公诉人进行抗衡,保持自身冷静,清晰的逻辑,流畅的语言表达,准确的直觉,察言观色正确揣测被询问人的心理活动等。其次,对案件的争点问题了如指掌,适当运用交叉询问技巧,合理寻找事实真相达到证明目的。要求刑事辩护律师更为专业,对案件细节了解程度更多。最后,要求辩护律师熟练掌握交叉询问的规则,例如前文列举的几项规则里,我国的辩护律师在询问技巧方面目前还很不成熟,经常出现复合式询问、诱导性询问等问题。只有对交叉询问的询问技巧充分掌握,才能在庭审时真正起到围绕争点问题查明真相的作用。

其一,充分重视法律援助。刑事诉讼中,随着我国扩大法律援助案件范围,法律援助的案子数量增多,应充分重视法律援助的律师辩护问题。1.完善质量管理机制。要认真履行组织实施职责,规范接待、受理、审查、指派等行为,严格执行法律援助事项范围和经济困难标准,使符合条件的公民都能及时获得法律援助。要教育引导法律援助人员严格遵守法定程序和执业规范,认真履行辩护、代理职责,做好会见、阅卷、调查取证等工作,努力办理好每一起法律援助案件。要开展法律援助机构和工作人员执业情况考评,规范法律援助机构运行,确保工作人员依法

---

① [美]弗朗西斯·韦尔曼:《辩论的艺术》林正译,中国商业出版社2009年版。

履行职责。2. 提高法律援助经费保障水平。要按照中办发〔2015〕37 号文件的规定，推动县级以上政府全部将法律援助业务经费纳入财政预算，根据地方财力和办案量，全额保障办案经费，使法律援助经费保障水平适应工作开展需要。要积极协调财政部门明确业务经费使用范围，将法律援助机构办案、开展法律咨询、宣传、培训、指导、监督等开展法律援助工作必需的经费项目纳入支出范围，及时调整经费保障标准，建立经费正常增长机制。要根据地区经济发展水平、法律援助经费投入等情况，综合考虑律师承办案件成本、基本劳务费用、法律援助事项复杂程度等因素，适时调整法律援助办案补贴标准，及时足额支付给律师等办案人员，严禁克扣办案补贴。

其二，充分运用"互联网＋"模式，打造"互联网＋司法"。探索建立网络信息系统和律师服务平台，为律师办案提供方便。充分运用网络平台，实现信息公开，让律师服务工作共享便捷。目前我国处于互联网高速发展的时代，充分运用互联网已经成为司法界的共识，国内大型电商平台淘宝和部分地区法院达成战略合作协议通过淘宝"司法拍卖"平台公布司法拍卖信息，更好地帮助执行拍卖财产。这只是"互联网＋司法"迈出的一小步，在运用互联网提高律师办事效能方面，我们应当积极探索建立网络信息系统和律师服务平台，通过建立完善法律法规检索库、法律文书公开库、案件进展查询系统等多方式为律师提供便捷服务。同时通过律师服务平台搭建良好的职业环境。

其三，加强律师培训，提供律师交叉询问技巧。在律师执业之前对律师进行执业培训，使律师掌握更多的交叉询问技巧。开展具有针对性的交叉询问技巧课程，让律师更为深刻地体会到交叉询问的作用。

综上，交叉询问是刑事审判中心主义的重要环节之一，通过合理、巧妙的询问技巧，可以将案件集中在庭审过程中展现，实现审判中心主义。不过，交叉询问的作用也是有限的，它是质疑证人说谎的有力武器，但面对诚实证人的错误辨认是无效的。因此，必须结合审判中心主义，多环节配合，才能有效辨认证人证言的真实性。

第五节　专家证人出庭作证制度

一、我国专家证人出庭作证制度的现状及缺陷

（一）我国专家证人出庭作证制度的现状

1. 立法现状

在专家证人出庭作证制度设立与实施之前，我国司法审判活动在涉及专业性问题的时候，主要采用的是鉴定人制度，也即是由法官根据案件审理的需要，在指定的鉴定人系统中选择合适的鉴定人，进行相关内容的鉴定活动。从某种程度上来说，这虽然能够协助法官来合理地认定案件事实，提高司法审判的效率和质量，但也存在一系列亟待改进的问题，包括鉴定机构设置混乱，诉讼双方的当事人没有启动鉴定程序的权利，鉴定人的主体资格缺乏详细的审查等等。除此之外，我国司法鉴定活动还面临着鉴定人的义务和法定责任规定笼统、鉴定人出庭困难、没有统一的鉴定结论可采性规定等等，由此造成对于鉴定人制度的改革与完善势在必行。

2012 年 3 月 14 日新修订的《刑事诉讼法》中，原有的第一百二十六条规定："侦查人员对于与犯罪有关的场所、物品、人身、尸体应当进行勘验或者检查。在必要的时候，可以指派或者聘请具有专门知识的人，在侦查人员的主持下进行勘验、检查。"原有的第一百四十四条和一百四十五条规定："为了查明案情，需要解决案件中某些专门性问题的时候，应当指派、聘请有专门知识的人进行鉴定。鉴定人进行鉴定后，应当写出鉴定意见，并且签名。鉴定人故意作虚假鉴定的，应当承担法律责任。"最高人民法院对此解释为法官可以主动调查证据，可以依职权指派、聘请鉴定人对专门性问题进行鉴定，在必要的时候，可以进行勘验、检查、搜查、扣押和鉴定，在庭审中，审判长可对鉴定人进行发问，在庭审结束后，用作证据的鉴定结论告知被告人等等。除此之外，新增加的第一百九十二条第二款也明确规定："刑事诉讼中的当事人、公诉人、诉讼代理人可以申请法庭通知专门知识的人出庭，就鉴定人所提出的意见提出意见。法院对于上述申请，应当做出是否同意的决定。有专门知识的人出庭，适用鉴定人的有关规定。"

从某种程度上来说，《刑事诉讼法》中第一百二十六条、一百四十四条、一百四

十五条中"具有专门知识的人"主要是指传统意义上经过严格考核并登记在册的"鉴定人",而《刑事诉讼法》中新增的第一百九十二条第二款中"具有专门知识的人"则指的是"专家证人"。根据规定,当事人可以向人民法院申请由一至二名具有专门知识的人员就案件的专门性问题进行说明。人民法院应当根据案件中出现的专门性问题的复杂程度、争议性大小等因素决定是否准许。专家辅助人在诉讼中的作用主要有就案件的专门性问题进行说明并接受问询或对质和帮助当事人对鉴定人进行询问等等。这一制度赋予了刑事诉讼当事人对于鉴定结果的质疑权,并使其能够公平地聘请专家证人出庭作证,从而标志着我国刑事诉讼中的专家证人出庭作证制度的正式确立与实施。

2. 司法现状

我国《刑事诉讼法》从当事人、公诉人、诉讼代理人的角度所建构起的"专家证人出庭作证制度",一方面赋予了诉讼双方当事人自由启动鉴定程序的权利,在法律上赋予了控辩双方平等的举证权利,强化了司法审判过程中控辩双方进行对抗和辩论的激烈程度,充分体现了我国司法制度公平、民主、正义的性质;另一方面,也为法官提供了另外一条认知案件事实的渠道和方式,为其审判决策提供了更加丰富、更加清晰的信息内容,由此保证审判结果的正确性与合理性等等。无论从哪一个角度来说,专家证人出庭作证制度的建立对于我国司法运行都大有裨益,而《刑事诉讼法》中所建构起的"专家证人出庭作证制度"则从法理的角度为我国司法运行活动提供了明确的制度保障。

部分法院在刑事诉讼活动中开始对专家证人出庭作证制度进行有益的探索和尝试。如自 2012 年 3 月 14 日新修订的《刑事诉讼法》实施以来,法医专家刘良被认为是中国刑事诉讼"专家证人出庭作证第一人"。这源自于一起广受关注的刑事案件:2010 年 12 月 21 日,安徽黄山两位民警涉嫌刑讯逼供,导致一位名叫熊军的犯罪嫌疑人死亡。民警家属坚持认为这是检察院在陷害两位民警,从而导致上千名民警联名上书为二人鸣冤。这一案件被称为是"黄山案"。安徽省人民检察院和最高人民检察院对于熊军之死曾做出不一样的鉴定结果。为两名民警进行辩护的律师毛立新说:"辩护团队曾怀疑过这两份尸检鉴定报告,但由于对法医知识不太了解,只能表示困惑,或者是从鉴定程序上寻找瑕疵,无权委托重新鉴定,因为,在中国的刑事法律体系中,只有侦查机关和法院有权决定是否聘请鉴定人对案件中涉及的专业问题进行鉴定。多数鉴定人出自官方鉴定机构尤其是侦查机关内部,他们所做的鉴定,被认为无可挑剔。鉴定报告一度被称为'鉴定结论’,在法庭上往往不经过充分质证就被采纳。”然而,2012 年 3 月 14 日之后,这种局面开始被打破。两位民警的辩护团队援引新修订的《刑事诉讼法》第一百九十二条规定,为法庭引入“有专门知识”的人出庭,对官方鉴定结果发表独立的专业意见。刘良作为同济医学院法医病理学教授,曾担任过诸多重大案件的鉴定人,尤其是曾多次操刀尸检非正常死亡案例,查明死因,因此,两位民警的辩护团队委托刘良作为自己的“专家证人”对安徽省人民检察院和最高人民检察院的两份鉴定结果发表意见。在法庭上,刘良认为两份鉴定认为熊军的死亡原因是“心源性猝死”是正确的,但在死因确定的前提下,又试图用冻死、饿死来说明死者生前机体处于寒冷、饥饿的状态是不科学的,也是违反逻辑的。他的观点帮助法官认清事实真相,在案件处理过程中发挥着重要作用。自此之后,专家证人的角色开始引起广泛的关注和讨论,并出现在更多的刑事诉讼活动之中。另一案例是原告收到新疆维吾尔自治区巴音郭楞蒙古自治州中级人民法院对李家宏等诉巴音郭楞蒙古自治州人民医院输错血医疗损害赔偿案的一审判决书。判决医院承担 50%的赔偿责任,赔偿原告损失合计 158699.24 元。医疗纠纷律师网的律师异地代理原告又一次取得了阶段性的胜诉。西南政法大学司法鉴定中心所做的“巴州人民医院对李明远死亡后果承担次要责任”的鉴定结论没有被采纳。在该案的代理当中,律师启用了专家证人制度。巴州中院虽然只准许专家证人提供书面说明,但从其一审判决中可以看出专家证人的说明起到了一定作用。

表 7-2　北京市刑事诉讼专家证人出庭作证活动发展情况

年代	比例
2012 年	16.9
2013 年	18.1%
2014 年	20%

如表 7-2 所示,北京市人民检察院检察长慕平在北京市人民检察院第一分院承办的全国检察机关刑事案件证人出庭作证工作现场会表示,北京市的刑事诉讼证人出庭作证已经由 2012 年的 16.9% 逐步提高到 2014 年上半年的 20% 左右。另外,北京市人民检察院第一分院副检察长高保京也表示,自开展专家证人出庭作证制度以来,北京市人民检察院第一分院承办的案件共有 124 件 153 人出庭作证,出庭率从 5.7% 上升到 23.8%。从证人类型看,普通证人占 45.1%,被害人及

其亲属占 39.9%，侦查人员占 7.8%，鉴定人占 7.2%。从提请主体看，控方申请占 91.5%，辩方申请占 7.2%，法院要求占 1.3%。从证明内容看，定罪事实占 80.5%，量刑事实占 17.1%。从以上数据能看出，专家证人出庭作证制度在司法运行活动中起到了重要作用，在赋予了诉讼双方当事人自由启动鉴定程序权利的同时，也为法官提供了另一条认知案件事实的渠道和方式，为其审判决策提供了更加丰富、更加清晰的信息内容，同时也保证了审判结果的正确性与合理性。

（二）我国专家证人出庭作证制度的缺陷

我国专家证人出庭作证制度尚处于初创阶段，不仅建立的时间比较短，而且在制度内容与实施方式方面也存在一系列亟待解决的问题，从而影响到此项制度的实施效率与实施质量。具体来说，这主要体现在以下几个方面。

1. 出庭作证专家证人的诉讼地位不明确

我国相关法律对于专家证人出庭作证的诉讼地位尚未进行一个明确的界定。他既不同于普通证人在刑事诉讼过程中所呈现出的"事实证人"的角色；同时也没有鉴定人所表现出的"法官的助手""科学上的辅助人"等重要的诉讼地位，同样也不是诉讼当事人的代理人，不具有专家辅助人那样辅助当事人进行诉讼的义务等。他们仅仅是诉讼当事人或者是法官基于对案件部分事实的深入了解，或者是对前期鉴定报告的再次解读，而聘请过来的一个专家，主要遵循着（1）申请证人出庭作证程序；（2）通知证人出庭作证程序；（3）查明到庭证人身份程序；（4）法庭向证人交代权利义务程序；（5）证人宣誓或发誓愿程序；（6）证人陈述作证程序；（7）控辩双方交叉询问质证程序；（8）法庭补充询问证人程序；（9）证人退庭程序的程序来进行专家证人选任与资格审查活动，虽然被称为是"专家证人"，但却没有真正意义上的"证人"的诉讼地位。其所提出的结论或者是推理结果既可以作为证言来看待，具有法律上的效力，但同时也可以仅仅被视为是意见或者是建议，不能作为证据。这种模糊的诉讼地位极不利于刑事诉讼过程中专家证人出庭作证制度的实施与推广，更无法真正发挥其辅助法官认清事实、平衡诉讼双方公平抗辩的权利的作用。

2. 出庭作证专家证人的选任机制不确定

从"专家证人"定义的角度来说，他们是由诉讼活动当事人聘请的具有专门知识、专门技能或者是独特经验的专家，主要遵循着（1）申请证人出庭作证程序；（2）通知证人出庭作证程序；（3）查明到庭证人身份程序；（4）法庭向证人交代权利义务程序；（5）证人宣誓或发誓愿程序；（6）证人陈述作证程序；（7）控辩双方交又询问质证程序;(8)法庭补充询问证人程序;(9)证人退庭程序几个方面的程序。然而,如何评价这些专家所具备的专门知识水平、专门技能水平以及独特经验水平,尤其是如何评价这些专家的道德水平,保证他们能够以实事求是、公平公正的态度来真实地解读特定案件的内容等等,目前我国相关的法律制度对于这些问题尚未进行明确的说明。这很容易造成诉讼活动当事人仅仅寻找那些能够支持自己意见的专家,片面地解读案件内容,甚至是采用贿赂的方式使专家证人支持自己的意见。这不仅导致专家证人出庭作证制度形同虚设,甚至还会为刑事诉讼活动带来严重的负面影响,包括误导法官对于案件的认知、提高案件的复杂程度、引起诉讼双方激烈的争辩以及造成不良的社会舆论态势等等。这是我国专家证人出庭作证制度亟待完善的地方。

3. 出庭作证专家证人的证言可采性规则及启动程序不规范

目前我国专家证人出庭作证制度的选任机制不明确,导致诉讼双方当事人在选择和使用专家证人的过程中呈现出明显的以自我意愿为中心的主观性特征,从而影响到法官对于案件真实性的认知。与此同时,从另外一个角度来说,目前我国各种法律对于专家证人出庭作证所提供证言的可采性规则及启动程序也尚未进行明确的规范,比如在什么样的情况下允许当事人聘请专家证人,如何评估专家证人所提供结论的真实性与可靠性,以及怎样看待专门证人言论的法律效力等等,都存在明显的空白。这使法官在实施专家证人出庭作证制度的过程中无法可依,从而再次深化了刑事诉讼中专家证人出庭作证制度的潜在风险。

4. 出庭作证专家证人的法律责任不具体

刑事诉讼往往涉及当事人的财产甚至是生命问题,需要各方主体都能够秉承尊重事实、客观公正的态度来陈述案件内容,使法官对整个案件有一个清楚的了解和认识,并由此做出公平、公正、合法的裁决。然而,详细、具体的法律责任是保证诉讼活动的各方主体能够做出客观公正的法律行为的重要保障。我国现有法律制度对于专家证人出庭作证的法律责任尚未进行明确的说明,仅凭专家证人本身的社会道德与职业道德思想来约束自己的出庭作证行为。没有责任追查机制与惩处措施也就没有约束,因此这也就很难保证其出庭作证的质量。这同样是我国刑事诉讼中专家证人出庭作证制度亟待完善的一项内容。

5. 出庭作证专家证人缺乏相应的监督机制

系统的监督机制既能够及时地发现制度实施过程中存在的问题,并及时地加以纠正,避免错误行为造成更加严重的后果;同时也能够对刑事诉讼的相关主体产生一定的威慑、警示与防微杜渐的作用,使他们能够依法规范自己的行为,使诉讼活动的整个过程能够有条不紊地进行。然而,目前我国法律体系中的专家证人出庭作证制度缺乏相应的监督机制,包括对当事人选择和使用专家证人过程的监督,对专家证人解读案件过程的监督,对法官采用专家证人结论行为的监督等等。缺乏相应的监督机制也就使此项制度的实施完全处于一种自由化、随意性的状态,因此也就很难保证刑事诉讼中专家证人出庭作证制度的实施质量。这同样是我国专家证人出庭作证制度需要完善的一项内容。

二、完善我国专家证人出庭作证制度的设想

目前我国专家证人出庭作证制度刚刚建立,虽然在一定程度上解决了鉴定人制度的不足之处,特别是赋予了诉讼双方公平举证的权利,然而在制度体系方面和具体实施过程中尚存在一系列亟待解决的问题。针对我国专家证人出庭作证制度的现状及缺陷,笔者对完善我国专家证人出庭作证制度提出了以下几方面的设想。

(一)明确出庭作证专家证人的诉讼地位

1. 出庭作证专家证人诉讼地位的理论争议

我国相关法律对于专家证人出庭作证的诉讼地位尚未进行一个明确的界定。他既不同于普通证人在刑事诉讼过程中所呈现出的"事实证人"的角色;同时也没有鉴定人所表现出的"法官的助手""科学上的辅助人"等重要的诉讼地位,同样也不是诉讼当事人的代理人,不具有专家辅助人那样辅助当事人进行诉讼的义务等等。他们仅仅是诉讼当事人或者是法官基于对案件部分事实的深入了解,或者是对前期鉴定报告的再次解读,而聘请过来的一个专家,虽然被称为是"专家证人",但却没有真正意义上的"证人"的诉讼地位。一部分学者认为专家证人应当像普通证人那样以证人的角色出现在法庭之上,其所提出的结论或者是推理结果可以作为证言来看待,具有法律上的效力;但也有一部分学者认为专家证人并非是特定案件的亲身感知者,因此他们仅仅是对我国传统意义上鉴定人的一个补充和完善,他们的言论应仅仅被视为是意见或者是建议,不能作为证据。事实上,这种带有争议性的诉讼地位极不利于刑事诉讼过程中专家证人出庭作证制度的实施与推广,更无法真正发挥其辅助法官认清事实、平衡诉讼双方公平抗辩的权利。如何确定专家证人在出庭作证过程中的诉讼地位成为完善此项制度首当其冲的问题。

2. 立法明确出庭作证专家证人的诉讼地位

英美法系国家的证据制度就是将专家证人视为"证人"的范畴,与普通证人具有相同的诉讼地位,双方没有太大的区别。即便是在大陆法系的法国、德国、意大利和日本等国家,大多数适用于证人的诉讼程序和诉讼规则同样适用于鉴定人,鉴定人和普通证人的诉讼地位十分相似。由此看出,将专家证人界定为证人的诉讼地位是诸多法律体系共同的特征之一。但与此同时,专家证人又是一个特殊的证人,毕竟他们与那些依靠亲身感知来陈述所见所闻的普通证人有所不同。专家证人是依靠自身的专门知识、专门技能或者是特殊经验对案件事实进行的解读或者是推理,由此所做出的结论或者是推论。依据意见证据规则,证人必须陈述自己亲身经历的事实,而不能就事实做出自己的意见、判断和感想,因为这是法官的职权,如果证人做出这些行为既是侵犯了法官的权利,同时也有可能影响到法官对于案件公平工作的裁决。基于以上两点内容,笔者认为当前我国刑事诉讼中的专家证人出庭作证制度应当增加对专家证人的相关规定,一方面将专家证人规定为普通证人,明确其诉讼地位和法律地位;另一方面将专家证人的证言列为一种独立的证据种类,表明其特殊性,明确其与普通证人证言的差别。

(二)完善出庭作证专家证人的选任机制

1. 出庭作证专家证人的资格及审查

资格与审查规定既决定着出庭作证的专家证人的专业水平,同时也直接决定着其对于鉴定活动、法庭证言的责任意识与法律意识,尤其是决定着其是否能够秉承尊重客观事实、公平公正地从事司法鉴定活动的意识等等,在提高专家证人的出庭作证质量与作证效率方面发挥重要作用。英美法系国家的专家证人制度秉承"无固定资格原则",对于专家证人出庭作证的资格及审查活动比较弱,主要寄希望于通过法庭交叉询问的方式提高专家证人证言的正确性、全面性与系统性。① 然而,正如上文所说,此种方式也存在明显的弊端。基于此,笔者建议在刑事诉讼过程中,对于那些属于国家法律统一规定的鉴定种类的专业问题,当事人应当选择和聘用经过严格考核并被司法机关列入鉴定人名册的鉴定人担当专家证人。这一方面能够避免庭审中对于其资格的过度审查,提高诉讼效率;另一方面也能够获得对方当事人的认可,从而避免诉讼双方就当事人身份和资格的问题产生冲突。另外,对于那些超出国家法律统一规定的鉴定种类的专业问题,或者

---

① 霍宪丹:《中国司法鉴定制度改革与发展范式》,法律出版社 2011 年版。

是不需要鉴定但需要拥有特殊知识的专业人士予以帮助的时候,我们可以借助英美法系国家专家证人制度的做法,只要他们拥有相关领域的专门知识,并且能够提供法律中规定的最低资质标准、最低学历、最低从业年限或者是具有相关的行业资格证明等等,便可以被当事人聘请为专家证人进行出庭作证活动。鉴于刑事诉讼活动的特殊性,司法机关在审查专家证人资格的时候应坚持以下几个方面的原则:(1)专家证人拥有解读案件事实所需要的专门知识、专门技能或者是专业经验等等;(2)专家证人具有除了专业知识以外的能够胜任此项工作的能力,包括职业道德水平,形成意见或者是结论的能力,明确回答假设性问题的能力等等;(3)专家证人必须提供法律规定的相关资格证明;(4)根据刑事诉讼中交叉询问的诉讼规则,在庭审中运用交叉询问的方式加强对专家证人的质证审查,由此保障专家证人所提供证言的真实性、客观公正性与系统性等等。因此,建构起系统的交叉询问规则也是我国刑事诉讼中专家证人出庭作证制度接下来需要解决的问题之一。

2. 出庭作证专家证人的选任方式

刑事诉讼中专家证人出庭作证的选任方式也即是哪些人可以启动专家证人出庭作证活动或者是委托专家证人进行案件事实的解读等等。一方面考虑到当前我国鉴定人制度的缺陷;另一方面考虑到我国刑事诉讼中基于控辩平等的对抗制改革的现状。笔者建议刑事诉讼活动应将专家证人出庭作证的选任权赋予控辩双方。只要是涉及聘请专家证人来解读案件事实并进行出庭作证的工作,控辩双方都可以在任何时间(既可以是侦查或者是审查起诉阶段,也可以是审判阶段)在获得法庭允许的情况下聘请符合法律要求的专家证人进行案件解读活动,所需费用由当事人自行支付。这充分体现了刑事诉讼的对抗性与控辩平等的特征,尤其是加强了被告人的防御权,改变了当前鉴定人制度中被告人不享有启动鉴定和选任鉴定人权利的现状,平衡了诉讼双方当事人的控辩权利。

然而,从另外一个角度来说,考虑到诉讼双方当事人经济条件的差距有可能影响到他们所聘请的专家证人的质量与能力水平,甚至影响到其是否有能力聘请专家证人等等,笔者建议为了保证诉讼双方当事人的控辩平衡,特别是保证弱势当事人能够受到公平的举证机会,我国法律除了规定由当事人独立选任专家证人并支付相关费用之外,针对一些特殊的情况应由法院为其中一方当事人选任合适的专家证人,费用由国家支付。这些特殊情况可以参照目前我国刑事诉讼法中对于指定辩护的规定要求。

（三）规定出庭作证专家证人的权利和义务

1. 出庭作证专家证人的权利

大陆法系中的鉴定人享有获取必要的鉴定材料和相关材料来了解案情的权利、延长鉴定期限的权利、独立出具鉴定意见的权利、获取鉴定报酬的权利。英美法系中的专家证人享有司法保护权、经济补偿权、拒绝作证权、拒绝宣誓权、证据材料的知情权、独立出具意见权以及获得法院协助等方面的权利等等。这既能够保障专家证人能够高质量、高效率地解读案件事实；同时也充分体现了司法机关对于合法公民所具有的相关权利的尊重与保护。① 结合我国刑事诉讼现状，我国在建构专家证人出庭作证制度的过程中应当赋予专家证人以下几个方面的权利：一是调查权。专家证人毕竟没有参与整个案件的调查过程，更没有亲身经历整个案件的发生过程，对相关内容缺乏必要的了解和认识。基于此，专家证人必须具有一定的调查权，能够从侦查机关、公诉机关、法院甚至是鉴定人那里询问、查阅、摘抄、复制有关案件事实的相关材料，从而辅助自己做出正确而又公平、公正的结论。二是质询权。这是专家证人出庭作证在法庭中交叉询问制度的具体表现。也即是说，刑事诉讼中的专家证人在法庭中一方面有权向对方专家证人所提供的证言或者是对司法机构鉴定人所做出的鉴定结论提出质疑，对相关内容进行询问，并获得对方的答复；另一方面也有权在法官的指导下与其进行对质和辩论，由此揭露事实真相，辅助法官做出正确的裁决。三是拒绝委托权。专家作为一个社会公民，有权依据自己的实际情况拒绝接受诉讼当事人的出庭作证委托，尤其是当诉讼当事人委托的作证事项违法、要求专家证人帮助其实施违法活动或者是超出委托合同范围的时候，专家证人有权拒绝相应的委托活动。四是独立地做出结论的权利。从某种程度上来说，专家证人无论是由当事人聘请的，还是由法庭选任的，都必须尊重客观事实，公平公正地做出正确的鉴定结论，因此，在解读案件事实的过程中，相关主体不能给予专家证人各种各样的压力，从而保障他们能够独立地做出自己的结论，以揭露事实真相，或者是为法官提供更加多样化的认知事实真相的方式，最终辅助他们做出正确的裁决。除此之外，刑事诉讼中的专家证人还享有应邀参加对方专家证人所实施的模拟实验的权利；获得劳动报酬的权利；法庭审判过程中补充材料的权利；拒绝回答或者是解决不相关问题的权利

---

① 司法部司法鉴定管理局：《两大法系司法鉴定制度的观察与借鉴》，中国政法大学出版社 2008 年版。

等等。

总体来说,我国刑事诉讼中专家证人出庭作证制度还需要结合实际情况,对专家证人的权利进行进一步的细化,由此保障其正常的公民权利以及高质量、高水平、高效率地实施案件解读活动等等。

2. 出庭作证专家证人的义务

专家证人一旦接受诉讼当事人的委托之后,在解读案件事实、做出鉴定结论以及出庭作证过程中,除了享有相关的权利之外,还必须严格履行自己的义务。大陆法系中的鉴定人必须严格履行勤勉义务、回避义务、宣誓的义务、按要求制定鉴定书并署名的义务、出庭作证的义务、提供客观结论的义务等等,并都将出庭作证的义务视为鉴定人最主要的义务之一。而英美法系中的专家证人在出庭作证过程中所应履行的义务包括及时出庭作证并接受询问的义务、如实陈述案件真实情况的义务、特殊情况下主动回避的义务等等。

结合我国刑事诉讼现状,笔者认为我国刑事诉讼中的专家证人在出庭作证过程中应当履行以下几个方面的基本义务:一是出庭作证的义务。具体来说,当事人所聘请的专家证人应当按时出庭作证,并且在未经法庭同意的情况下不能擅自离开法庭。在此过程中,他们还必须主动接受法庭对其进行的资格审查活动,经同意之后发表自己的专家意见以及接受对方当事人、对方专家、对方律师以及法官的质询活动等等。这是专家证人最主要的义务。二是保密的义务。专家证人有权从侦查机关、公诉机关、法院甚至是鉴定人那里获取有关案件事实的相关材料,但必须对相关内容进行严格保密,尤其是不得泄露国家秘密、个人隐私、商业秘密或者是影响案件侦破活动的信息资料等等。三是尊重事实真相,保持客观中立的义务。专家证人应当依据自己的专业知识、专门技能或者是独特的经验来解读事实真相,提供客观中立的证言,不能懈怠自己的工作,由此做出错误的结论,更不能帮助当事人做伪证。四是按时完成专家证据的义务,即使需要延长作证时间,也必须向法官说明原因并获得法官的认可。五是接受监督的义务。除此之外,我国刑事诉讼中的专家证人还应当履行提前公示证言的义务;保留相关材料的义务;应按相关主体的要求,展示所检查或检验的相关物品的义务等等。

(四)构建专家证人出庭作证的可采性规则及其他程序性规则

1. 构建专家证人出庭作证的证言可采性规则

我国三大诉讼法都明确规定所有证据必须经过查证属实后才能作为定案的根据,而且当事人、公诉人也拥有当庭质证司法机构鉴定意见的权利。然而,我国在刑事诉讼过程中所使用的鉴定人主要是由公安机关、检察院、法院依据案件内容的需要,从经过严格考核并登记在册的鉴定人体系中选择出来的,来解读案件事实或者是鉴定相关内容等等,因此,相关司法机构一方面既不会审查甚至不会怀疑鉴定人的资格问题,也不会质疑其鉴定结果,直接将其结论作为证据来使用;另一方面也不会充分公开采纳鉴定人意见的理由,在采纳标准上也存在模糊性的特征,甚至存在种种误区等等,再加上当事人质证意识与质证能力非常有限,由此导致我国刑事诉讼过程中鉴定人所提供的鉴定意见往往成为一家之言,造成法官偏听偏信的行为,从而影响到司法审判结果的公平性、公正性甚至是正确性。从某种程度上来说,造成这种现象的原因既是由于我国缺乏当事人启动鉴定程序的制度,同时更是由于我国缺乏系统、严格的刑事证据的可采性规则。

据此,我国刑事诉讼法在构建专家证人出庭作证制度的过程中,需要结合我国国情和刑事诉讼现状,设置出配套的专家证人所提供证言的可采性规则,包括专家证人资格的审查结果、专家证人解读案件的过程是否合理、专家所提供的证言是否真实可靠以及建立起相应的非法证据排除规则、传闻证据规则等等,由此为法官决定是否采纳以及在多大程度上采纳专家证人的证言提供必要的依据,而且也有助于不同法官在审理相同性质案件的时候能够做出统一、一致的判决等等。在此过程中,笔者认为我国刑事诉讼法中的专家证人出庭作证制度应做好以下两个方面的工作,由此增强法官对专家证人证言的可采性判别能力和使用能力。一是要规范庭审前对专家证人所提供证言的开示工作,使对方当事人、诉讼人做好反询问的准备,提高交叉询问的质量和效率;二是要在庭审过程中加强对专家证人所提供证言的质证活动,包括证据来源是否合理、证据结论是否正确全面以及专家证据是否与其他类型证据相互印证,如果不一致,为什么会出现此种现状等等,以此使法官能够对专家证人所提供的证据有一个全面、深入的认识,帮助自己做出正确的可采性决定。

2. 构建出庭作证专家证人的程序性规则

从某种程度上来说,刑事诉讼是一个复杂的过程,诉讼双方当事人虽然具有选择和聘用专家证人出庭作证的权利,但此项权利的实施并非是随意而为的,而是伴随着一系列严格的监督、审查与核准活动,由此才能顺利地进入到司法审判活动中来并发挥其应有的功能价值。[①] 通过上文对专家证人诉讼地位、选任机

---

① 赫彦文:《我国刑事司法鉴定人出庭作证制度研究》,内蒙古大学硕士论文,2013 年。

制、权利与义务以及所提供证言的可采性原则的分析可以看出,我国立法人员在设计刑事诉讼中专家证人出庭作证基本程序的过程中,应遵守以下步骤:第一是由诉讼当事人向法庭提交专家证人出庭作证的申请,详细说明进行专家作证的内容,专家证人的资格条件,专家证人做出最终结论所需要的时间以及结论形式等等;第二是法庭依据相关规定,严格审核诉讼当事人所提交的申请书,包括进行专家作证的必要性、专家证人是否具备作证能力、专家证人所提交的结论时间与结论形式是否合理等等,并及时给予当事人是否同意专家证人出庭作证的意见,并附上相关的理由说明;第三则是在获得法庭许可的情况下,专家证人进行具体的鉴定或者是推理活动,并独立地做出证明结论;第四是进行庭审前的证言公示活动;第五则进入法庭的主询问与反询问阶段;第六则是由法官根据自己对于专家证人所提供证言的认知与判断,做出最终的裁决。

在此过程中,我国专家证人出庭作证制度应当坚持由当事人启动专家证人出庭作证程序、由法庭决定专家证人出庭作证程序是否实施并在随后的专家调查中给予必要的协助、加强对专家证人的资格审查与作证程序的监督、注重庭审前的证据公示与庭审中的交叉询问、建构起系统的证言可采性规则等诸多原则,由此建立起一套适合我国国情和刑事诉讼现状的专家证人出庭作证程序,实现其对于当前我国司法体系中鉴定人制度的补充与完善。

(五)建立对出庭作证专家证人的责任追究监督机制

1. 建立对出庭作证专家证人的责任追究制度

系统而严格的责任追究机制既能够使法官在处理专家证人不良行为的时候能够有法可依;更能够强化专家证人在出庭作证过程中的责任意识与法律意识,从而起到防微杜渐的作用。因此,建构起系统的责任追究机制同样是我国设置刑事诉讼中专家证人出庭作证制度必不可少的重要任务之一。

在传统鉴定人制度体系下,我国司法机构很少能够质疑鉴定人的结论,即使在随后的司法审判活动中发现以前鉴定人存在提供错误结论的问题,但也很难判定其是有意为之还是无意而为的,因此也就很少追究其法律责任,由此造成当前我国鉴定人责任追究制度十分匮乏或者是流于形式。比如我国《刑法》第305条规定:鉴定人弄虚作假鉴定应承担伪证罪责任。然而,认定鉴定人故意弄虚作假的难度很大,因此,这条规定基本上没有发挥任何作用,目前也很难搜到相关案例。基于此,笔者认为当前我国立法部门在建立专家证人出庭作证责任追究制度的时候可以借鉴大陆法系鉴定人责任追究机制与英美法系专家证人的责任追究机制。从宏观上来说,我们可以建构起以下几个方面的专家证人责任追究制度:一是针对弄虚作假、隐匿事实真相等违反如实作证义务的行为,可以以妨碍司法活动罪,追究专家证人的刑事责任,以刑罚为主,罚款等行政处罚为辅。二是针对负有出庭作证义务的专家证人拒绝出庭作证的行为,可受到相应的刑罚或者是行政处罚。三是由当事人所聘请的专家证人如果是因为不能全面、完整、准确地提供专家证据或者是因为严重不负责任、疏忽大意而提供错误的专家证据,由此对当事人造成损失的,当事人可以追究专家证人的违约责任和侵权责任;如果是由司法机构所聘请的专家证人因为严重不负责任、疏忽大意而提供片面的或者是错误的专家证据,并对当事人造成损失的,当事人可以追究其侵权责任。四是针对专家证人在出庭作证过程中所呈现出的其他方面的负面行为,法官也可以依据实际情况,认定专家证人所做出的证言报告无效,或者是认定证据结论可信度低等等,给予灵活而合适的处理。

2. 建立对专家证人出庭作证的监督机制

从某种程度上来说,系统而完善的监督机制同样是强化专家证人责任意识与法律意识,提高作证质量与作证效率的重要保障之一。笔者认为对于刑事诉讼中专家证人出庭作证行为的监督应该来自多个方面:首先是法庭的监督,包括对当事人申请专家出庭作证报告的审查、专家证人资格的评估、对案件分析与推理过程的监督、证言报告可信性的研究等等,由此保障专家证人能够按照科学的程序进行案件分析活动,并做出正确的证言报告。其次是加强诉讼双方当事人对于彼此专家证人行为与证言的监督活动,比如法庭可以将专家证人的推理过程、证言结论公示给对方专家证人,以及加强庭审中的交叉询问环节等等,从而将双方专家证人不正确的做法、不当的结论暴露出来。这能够极大地深化专家证人对于庭审前案件分析工作的重视,由此做出科学、合理的证言结论,避免被对方当事人或者是专家证人抓住缺陷,由此造成庭审过程中的被动局面,甚至使自己承担相应的刑事责任与民事责任等等。

据此,司法机构不仅要建立专门的专家证人监督机构与信息公示渠道,而且还必须完善专家证人出庭作证程序,由此才能最大限度地发挥不同主体、不同渠道对于专家证人行为与证言的监督。

第八章

审判中心主义与刑事第二审程序

第一节 "以审判为中心"对刑事第二审程序的影响

一、"以审判为中心"对法院的影响

第二审程序又称上诉审程序,是第二审人民法院根据上诉人的上诉或者人民检察院的抗诉,就第一审人民法院尚未发生法律效力的判决或裁定认定的事实和适用的法律进行审理时所应当遵循的步骤和方式、方法。审判中心主义在一定程度上抑制了法院的内部请示制度,法院案件报送请示,是指下级人民法院就其管辖的案件先将案件情况或定罪量刑的意见向上级人民法院请示报告,在得到上级人民法院的指示后再进行审理或做出判决的做法,而审判中心主义会在一定程度上抑制该制度。《刑事诉讼法》第五条规定:人民法院依照法律规定独立行使审判权,人民检察院依照法律规定独立行使检察权,不受行政机关、社会团体和个人的干涉。这要求法院在断案的时候审判中立,居于中立者裁判,据以定案的事实证据均形成于法庭,判决结果来源于法庭,不受上级机关的干涉。审判中心主义加强了庭审实质化,庭审实质化意味着法官并不是依赖案卷笔录做出最终裁决,也不是机械地走程序,而是让庭审真正有效地展开,改变当前"默读审判"的庭审模式,全面贯彻直接审理原则。对法官的庭审驾驭能力提出了更高的要求,要求法官摆脱对案卷笔录的依赖,落实证人、鉴定人出庭作证的机制,并在控辩双方的对抗中形成心证,在庭审中法官必须提高自身的各方面能力。

二、"以审判为中心"对检察院的影响

检察院在该制度之下的影响是加重了诉讼任务,具体而言包括两个方面:其一是控诉二审出庭率提高。对二审的出庭控诉提出了更高的、更严的要求,刑诉法法条列举了应当组成合议庭开庭审理的情形:"(一)被告人、自诉人及其法定代理人对第一审认定的事实、证据提出异议,可能影响定罪量刑的上诉案件;(二)被告人被判处死刑的上诉案件;(三)人民检察院抗诉的案件;(四)其他应当开庭审理的案件。"第二审人民法院决定不开庭审理的,应当讯问被告人,听取其他当事人、辩护人、诉讼代理人的意见。"对上诉、抗诉案件,第二审法院经审查,认为原判事实不清、证据不足,或者具有《刑事诉讼法》第二百二十七条规定的违反法定诉讼程序情形,需要发回重新审判的,可以不开庭。"而《刑事诉讼法》第二百二十四条规定:人民检察院提出抗诉的案件或者第二审人民法院开庭审理的公诉案件,同级人民检察院都应当派员出席法庭。《人民检察院刑事诉讼规则(试行)》第四百七十二条规定:对提出抗诉的案件或者公诉案件中人民法院决定开庭审理的上诉案件,同级人民检察院应当派员出席第二审法庭。根据上述法条的规定,二审人民法院开庭审理的刑事案件,检察院都应当派员出庭支持诉讼,这样就加重了检察院的工作压力和任务。其二是对控诉案件质量有更高的要求。在审判中心主义之下,法院庭审由虚转实,法院工作加重,与之对应的检察机关的控诉任务和工作压力就随之增加。因此,检察院必须尽快适应庭审实质对抗的要求,发挥好当庭示证、质证以及辩论的能力,而从根本上看,庭审上打的就是"证据仗",这就要求检察院在工作中要落实和贯彻各项证据规则和证据裁判原则,注重证据的合法性以及证据链条的完整性。尤其是非法证据排除制度,可能将成为"辩护律师对抗公诉人的有效武器"。这就要求检察院尽快破解在其适用非法证据排除制度的种种难题,确保进入审判阶段的证据具备证据资格,提高控诉案件的质量。

第二节　刑事二审程序完善的建议

一、完善审理后判处结论的设计

二审发回率过高,影响诉讼效率,不利于司法公正,应严格限制发回重审,根

据法条的规定,二审法院对于事实不清、证据不足的案件可以发回重审也可以查清事实改判,实践中的做法大多是发回重审,我觉得在此种情形下二审法院应该更加专注于把案件事实和证据问题在法庭上调查清楚,而不是一味地害怕承担责任,而将案件发回一审法院。贯彻以审判为中心的诉讼制度,重视法庭的审判作用,由控辩双方以口头的方式来进行辩论对自己的主张来进行举证质证,充分行使自己的辩论权,法官做到审理的各个阶段在法庭:事实调查、证据质证、控辩对抗、定罪量刑、裁判说理等等均在法庭、保证庭审在公正裁判中发挥决定性作用,重视事实证据,审判是中心阶段,经过合法审理才能对被告人定罪量刑。另一种效率低下的情形是原判决认定事实没有错误,但适用法律有错误,或者量刑不当的,应当改判的这种情形,法院仅仅就只需要在对法律适用的问题进行修改与诠释就能保证诉讼的顺利完结,然而在这种情形下法院一般也是发回,这无疑是对司法资源的浪费和对诉讼效益的拖延,二审法院作为一审法院的上一级法院,业务和办案能力相较于一审更加地完善和专业,二审法院如此发回的话,是对上诉案件的不负责任的体现,二审法院要不断提高自己的专业能力,提高依法办事的水平和拓展自己的办案能力与业务技能等。对于事实不清证据不足的案件,一审法院做的是证据不足、指控的犯罪不能成立的无罪判决,而二审法院对此的处理是发回,这是立法的缺陷,需要在以后的立法和实践中逐步地完善。

二、审理方式的完善

对二审案件实行一律开庭审理,是解决问题的一种最理想办法。但是,目前我国地区的发展极其不平衡,城乡差别、地区差别扩大的局面没有得到解决,尚不具备二审全面开庭审理的条件。鉴于此,要切实解决二审开庭率偏低的突出问题,笔者认为必须从立法与司法两个层面上进行系统性改革来完善这个问题。首先在立法上应当坚持"以开庭审理为原则,以不开庭审理为例外"的审判原则;其次在司法上建立相关配套措施,积极推行二审案件全面开庭审理的改革实践,为今后全面实行一律开庭审理积累立法经验。开庭审理是原则,应通过法律明确规定。严格适用不开庭审理的情形:只适用于交通不便的地区和经济落后的地方。通过地域的限制,来保证在全国大多数地区实行二审案件全面开庭审理,真正体现二审审理方式"以开庭审理为原则,以不开庭审理为例外"的立法宗旨。这是公正与效率的体现,也是司法为民的体现。

三、提高法官庭审的驾驭能力

法官作为庭审的主导者,法官能力的高低决定着庭审案件的质量以及对被告人的定罪量刑。可以见得在法庭之上,证据是至关重要的,但是在实践中法官不熟悉证据规则或者不能准确地适用证据规则,樊崇义教授言:"证据是一门科学。但是对于这门科学,恐怕我国有百分之八九十的人对它感到是陌生的,包括法学本科生。在公检法干部中,恐怕也有相当数量的人没有系统研究过。"易造成诉讼效率低下,造成案件判决结果不公,且被告人的人权得不到保障,这就需要尽快培养和提高法官运用证据的能力,不断强化证据意识、学习证据规则、培养运用证据的能力,进而由法官高效组织控辩双方进行平等对抗并正确运用证据,形成内心确信加以裁判。法官提高自身的水平是解决问题的措施之一,而另一方面,以审判为中心的诉讼制度改革必然也会加重法院的工作压力,人民陪审员制度也能"缓解职业法官的社会舆论压力,经受住外界的挑衅和评判"。做好人民陪审员制度的工作,不仅对司法民主有着重要意义,也是法院适用审判中心主义挑战的应有之义。

四、提高检察院把控证据和控诉案件能力

检察院在审判中心主义之下,在审查证据之时,要更加严格地审查证据合法性,防止不具备证据证明力的证据进入审判阶段,提高全面审查证据的能力,注重听取当事人以及诉讼参与人、辩护律师的意见,全面核实证据,保证证据链条的完整性。控诉案件是检察院的工作职责之一,是行使国家权力的一种表现,以审判为中心也就要求检察院在出庭控诉案件时,提高自己的控诉能力,提高其举证、质证的能力,以适应庭审的对抗性。也要求公诉人提高当庭的应变能力,这是需要公诉人在实践中来培养自己的业务能力和良好的心理素质以便来应对庭审中的各种不确定因素。

参考书目

1. 陈瑞华、黄永、褚福民:《法律程序改革的突破与限度——2012年刑事诉讼法修改述评》,中国法制出版社2012年版。

2. 陈卫东:《2012年刑事诉讼法修改条文理解与适用》,中国法制出版社2012年版。

3. 樊崇义:《公平正义之路——刑事诉讼法修改决定条文释义与专题解读》,中国人民公安大学出版社2012年版。

4. 孙长永:《犯罪嫌疑人的权利保障研究》,法律出版社2011年版。

5. 陈光中:《刑事诉讼法》,北京大学出版社、高等教育出版社2012年版。

6. 何家弘:《证据法学研究》,中国人民大学出版社2008年版。

7. 陈永生:《刑事诉讼的宪政基础》,北京大学出版社2010年版。

8. 汪建成:《冲突与平衡——刑事程序理论的新视角》,北京大学出版社2006年版。

9. 易延友:《刑事诉讼法精义》,北京大学出版社2013年版。

10. 刘卫政、司徒颖怡:《疏漏的天网》,中国社会科学出版社2000年版。

11. 刘善春:《诉讼证据规则研究》,中国法制出版社2000年版。

12. 万毅:《变革社会中的程序正义》,中国方正出版社2004年版。

13. 卞建林:《刑事诉讼法学》,科学出版社2008年版。

14. 胡美丽:《刑事诉讼立案管辖冲突问题研究》,广西民族大学出版社2007年版。

15. 朱立恒:《公正审判权研究》,中国人民公安大学出版社2007年版。

16. 陈瑞华:《刑事诉讼的前沿问题》(第四版),中国人民大学出版社2013

年版。

17. 陈瑞华:《刑事诉讼的中国模式》,法律出版社 2008 年版。

18. 卞建林:《刑事诉讼的现代化》,中国法制出版社 2003 年版。

19. 何家弘:《短缺证据与模糊事实》,法律出版社 2012 年版。

20. 顾肖荣:《诉讼法的理念与运作》,上海人民出版社 2005 年版。

21. 马克昌:《近代西方刑法学学说史》,中国人民公安大学出版社 2008 年版。

22. 王新清、甄贞、李蓉:《刑事诉讼程序研究》,中国人民大学出版社 2009 年版。

23. 宋英辉、孙长永、刘新魁:《外国刑事诉讼法》,法律出版社 2006 年版。

24. 杨诚、单民:《中外刑事公诉制度》,法律出版社 2000 年版。

25. 隋光伟:《当代羁押制度研究报告》,长春出版社 2005 年版。

26. 左卫民、周长军:《刑事诉讼的理念》,法律出版社 1999 年版。

27. 陈新民:《德国公法学基础理论》,山东人民出版社 2001 年版。

28. 刘继国:《刑事审前程序的反思与重构》,法律出版社 2004 年版。

29. 孙长永:《侦查程序与人权》,中国方正出版社 2000 年版。

30. 王兆鹏:《美国刑事诉讼法》,北京大学出版社 2005 年版。

31. 王利明:《司法改革研究》,法律出版社 2001 年版。

32. 陈光中:《中华人民共和国刑事诉讼法再修改专家建议稿与论证》,中国法制出版社 2006 年版。

33. 锁正杰:《刑事程序的法哲学原理》,中国人民公安大学出版社 2002 年版。

34. 夏勇:《人权概念起源》,中国政法大学出版社 1992 年版。

35. 陈瑞华:《社会视角下的反酷刑问题》,北京大学出版社 2012 年版。

36. 田文昌、陈瑞华:《刑事辩护的中国经验——田文昌、陈瑞华对话录》,北京大学出版社 2013 年版。

37. 陈卫东:《刑事诉讼法》(第三版),中国人民大学出版社 2012 年版。

38. 陈卫东:《刑事诉讼法学关键问题》,中国人民大学出版社 2013 年版。

39. 易延友:《中国刑诉与中国社会》,北京大学出版社 2010 年版。

40. 易延友:《刑事诉讼法:规则、原理与应用》,法律出版社 2013 年版。

41. 樊崇义、顾永忠:《侦查讯问程序改革实证研究》,中国人民公安大学出版社 2007 年版。

42. 程达:《侦查讯问全程同步录音录像问题研究》,苏州大学出版社 2007 年版。

43. 熊志海、张爱军:《刑事诉讼法》,重庆大学出版社 2002 年版。

44. E. 博登海默:《法理学——法哲学及其方法》,华夏出版社 1987 年版。

45. 黄燎宇:《北大德国研究(第六卷)》,北京大学出版社 2017 年版。

46. 岳礼玲:《刑事审判与人权保障》,法制出版社 2010 年版。

47. 陈光中:《中国司法制度的基础理论专题研究》,北京大学出版社 2005 年版。

48. 陈瑞华:《刑事证据法学》,北京大学出版社 2012 年版。

49. 陈瑞华:《比较刑事诉讼法》,中国人民大学出版社 2010 年版。

50. 陈卫东:《〈人民检察院刑事诉讼规则(试行)〉评析》,中国民主法制出版社 2013 年版。

51. 陈卫东:《刑事审前程序与人权保障》,中国法制出版社 2008 年版。

52. 樊崇义:《证据法学》,法律出版社 2012 年版。

53. 樊崇义:《2012 年刑事诉讼法:解读与适用》,法律出版社 2012 年版。

54. 陈永革:《刑事诉讼法》,四川大学出版社 2004 年版。

55. 张耕:《中国法律援助制度诞生的前前后后》,方正出版社 1998 年版。

56. 陈瑞华:《刑事审判原理论》,北京大学出版社 2003 年版。

57. 陈光中、江伟:《诉讼法论丛》(第二卷),法律出版社 1998 年版。

58. 王以真:《外国刑事诉讼法学(新编本)》,北京大学出版社 2004 年版。

59. 卞建林、刘玫:《外国刑事诉讼法》,人民法院出版社、中国社会科学出版社 2002 年版。

60. 卞建林译:《美国联邦刑事诉讼规则和证据规则》,中国政法大学出版社 1996 年版。

61. 郎胜、王尚新:《中华人民共和国国家安全法》,法律出版社 1993 年版。

62. 孙长永:《侦查程序与人权——比较法考察》,中国方正出版社 2000 年版。

63. 宋英辉、李忠诚:《刑事程序法功能研究》,中国人民公安大学出版社 2004 年版。

64. 孙长永:《刑事证明责任制度研究》,中国法制出版社 2009 年版。

65. 徐静村:《刑事诉讼前沿研究》(第四卷),中国检察出版社 2005 年版。

66. 李明:《制度研究——在犯罪控制与人权保障之间》,法律出版社 2008年版。

67. 林俊益:《程序正义与诉讼经济刑事诉讼法专题研究》,台湾元照出版公司 2000年版。

68. 张智辉等:《中国检察》(第6卷),北京大学出版社 2004年版。

69. 李心鉴:《刑事诉讼构造论》,中国政法大学出版社 1998年版。

70. 郭华:《鉴定结论》,中国人民公安大学出版社 2007年版。

71. 樊崇义:《司法鉴定法律知识导读》,法律出版社 2001年版。

72. 陈卫东:《刑事诉讼法法学研究》,中国人民大学出版社 2008年版。

73. 陈卫东:《刑事诉讼法理解与适用》,人民出版社 2012年版。

74. 陈瑞华:《量刑程序中的理论问题》,北京大学出版社 2011年版。

75. 陈瑞华:《刑事辩护制度的实证考察——人权丛书》,北京大学出版社 2005年版。

76. 田文昌、陈瑞华:《〈中华人民共和国刑事诉讼法〉再修改律师建议稿与论证》,法律出版社 2012年版。

77. 邹明理:《司法鉴定》,法律出版社 2000年版。

78. 陈光中:《刑事诉讼法学》,中国人民公安大学出版社 2004年版。

79. 张军:《中国司法鉴定制度改革与完善研究》,中国政法大学出版社 2008年版。

80. 周湘雄:《英美专家证人制度研究》,中国检察出版社 2006年版。

81. 龚祥瑞:《西方国家司法制度》,北京大学出版社 1988年版。

82. 樊崇义:《迈向理性刑事诉讼法学》,中国人民公安大学出版社 2006年版。

83. 张军、江必新:《新刑事诉讼法及司法解释适用解答》,人民法院出版社 2013年版。

84. 樊崇义:《走向正义——刑事司法改革与刑事诉讼法的修改》,中国政法大学出版社 2011年版。

85. 樊崇义:《刑事诉讼法学前沿问题与司法改革研究》,中国人民公安大学出版社 2010年版。

86. 陈瑞华:《程序性制裁理论》(第二版),中国法制出版社 2010年版。

87. 何家弘:《从应然到实然——证据法学探究》,中国法制出版社 2008年版。

88. 胡锡庆:《刑事审判方式改革研究》,中国法制出版社2001年版。

89. 卞建林、王立:《刑事和解与程序分流》,中国人民公安大学出版社2010年版。

90. 刘善春:《诉讼证据规则研究》,中国法制出版社2000年版。

91. 欧阳谿:《法学通论》,中国方正出版社2004年版。

92. 彭海青:《刑事裁判权研究》,中国人民公安大学出版社2007年版。

93. 陈瑞华:《问题与主义之间——刑事诉讼基本问题研究》,中国人民大学出版社2008年版。

94. 严军兴:《我国辩护律师制度的问题与完善》,中国方正出版社2008年版。

95. 郝银钟:《刑事公诉权原理》,人民法院出版社2004年版。

96. 沈红卫:《中国法律援助制度研究》,湖南人民出版社2006年版。

97. 张军、姜伟、田文昌:《新控辩审三人谈》,北京大学出版社2014年版。

98. 龙宗智:《刑事庭审制度研究》,中国政法大学出版社2001年版。

99. 陈光中:《21世纪域外刑事诉讼立法最新发展》,中国政法大学出版社2004年版。

100. 陈卫东:《审判监督程序研究》,法律出版社2001年版。

101. 高铭暄、马克昌:《刑法学》,北京大学出版社2000年版。

102. 宋英辉:《刑事诉讼原理》,法律出版社2007年版。

103. 季卫东:《法律程序的意义——对中国法制建设的另一种思考》,中国法制出版社2009年版。

104. 陈兴良:《本体刑法学》,商务印书馆2001年版。

105. [日]谷口安平:《程序的正义与诉讼》,王亚新、刘荣军译,中国政法大学出版社2002年版。

106.《德国刑事诉讼法典》,李昌珂译,中国政法大学出版社1995年版。

107.《意大利刑事诉讼法典》,黄风译,中国政法大学出版社1994年版。

108.《法国刑事诉讼法典》,余叔通、谢朝华译,中国政法大学出版社1997年版。

109. 陈卫东:《模范刑事诉讼法典》,中国人民大学出版社2005年版。

110. [日]田口守一:《刑事诉讼法》,刘迪、张凌、穆津译,法律出版社2000年版。

111. [法]孟德斯鸠:《论法的精神(上册)》,商务印书馆 1982 年版。

112. [英]迈克·麦康维乐、岳礼玲:《英国刑事诉讼法(选编)》,中国政法大学出版社 2001 年版。

113.《法国刑事诉讼法典》,罗结珍译,中国法制出版社 2006 年版。

114. [德]克劳思·罗科信:《德国刑事诉讼法》,吴丽琪译,法律出版社 2003 年版。

115. [美]理查德·A. 波斯纳:《法律的经济分析》,蒋兆康译,中国大百科全书出版社 1997 年版。

116. [法]色何勒-皮埃尔·拉格特、[英]帕特里克·拉登:《西欧国家的律师制度》,陈庚生等译,吉林出版社 1991 年版。

117. 日本司法研修所:《刑事辩护实务》,王铁成、秀义译,中国政法大学出版社 1989 年版。

118. [美]罗纳尔多·V. 戴尔卡门:《美国刑事诉讼法——法律和实践》,张鸿巍等译,武汉大学出版社 2006 年版。

119. [美]亨利·梅里曼:《大陆法系》,顾培东等译,法律出版社 2004 年版。

120. 卞建林、杨宇冠:《刑事诉讼庭前会议制度研究》,中国政法大学出版社 2017 年版。

121. 宋英辉、甄贞、杨正万、杨雄:《刑事诉讼法学》(第五版),中国人民大学出版社 2016 年版。

122. 陈瑞华:《刑事诉讼的前沿问题》(第五版),中国人民大学出版社 2016 年版。

123. 韩红兴:《审判中心主义视野下刑事诉讼制度改革研究》,法律出版社 2016 年版。

124. 倪润:《刑事诉讼疑难问题研究》,中国政法大学出版社 2016 年版。

125. 林铁军:《刑事诉讼中法院职权调查问题研究》,法律出版社 2016 年版。

126. 姜淑华、解永照:《法治视野下的刑事诉讼问题研究》,中国政法大学出版社 2016 年版。

127. 赵秉志、宋英辉:《当代德国刑事法研究》,法律出版社 2017 年版。

128. 刘昂:《司法诚信研究——以刑事诉讼为视角》,法律出版社 2016 年版。

129. 叶青:《刑事审前程序诉讼化问题研究》,法律出版社 2017 年版。

130. 吴宏耀、郭烁:《进行中的中国刑事诉讼》,人民日报出版社2016年版。

131. 秦野:《刑事诉讼中证人证言相关问题研究》,中国人民大学出版社2016年版。

132. 姜焕强:《刑事诉讼原理与实务研究》,中国水利水电出版社2016年版。

133. 沈德咏:《严格司法与诉讼制度改革:推进以审判为中心的刑事诉讼制度》,法律出版社2017年版。

134. 徐阳、杨明、张云鹏:《刑事诉讼程序的理想建构与操作》,法律出版社2016年版。

后　记

　　2015 年 4 月我的研究刑事诉讼法学领域的第一部著作《探求刑事正当程序——刑事诉讼基本问题研究》由法律出版社出版,经过三年多的关注和探求,第二部著作今天终于完稿,欣慰、释然、感动溢于言表。

　　以审判为中心的刑事诉讼制度改革如火如荼,是近几年来刑事诉讼法学理论和实务界聚焦的重点和难点。作为一名关注刑事诉讼法学理论研究 30 多年的学人,从理论上展开深入系统的研究责无旁贷。从 2015 年开始,我组织研究生团队围绕"以审判为中心刑事诉讼制度改革"展开讨论研究,对"以审判为中心刑事诉讼制度改革"涉及的热点焦点问题予以系统、全方位调查研究,经过 3 年多的思考和耕耘,终于成就书稿,拙作是百花园中的小花朵,希望能为国家法治建设献计献策,为刑事诉讼制度改革添砖加瓦。

　　书稿涉及"以审判为中心刑事诉讼制度改革"的热点问题,可能涉猎面较宽,虽然成果还不太"成熟","果实"还有点稚嫩、粗糙,但毕竟它是本人劳动的结晶,也是对本人在刑事诉讼法学领域研究的一个交代。书稿虽然付梓,但长路漫漫,研究并未画上句号。由于学识有限,加上资料收集的难度较大,尤其是实证资料收集较难,以审判为中心刑事诉讼制度改革有些热点问题还未触及或研究深度不够,如审判监督程序、执行程序还没有研究成果,不足之处有待今后继续努力。

　　本书能够成稿与我所带领的研究生团队的努力是分不开的,薛珊珊、周铁群、陈耘、潘婉、吴丽亚、刘金格、刘北斗、许燕、贺文仪、王碧荷、汪智超、葛晓菡为本书的成稿付出了辛勤的劳动,同济大学德语专业的沈泽钰为本书的写作提供了大量的德文资料,在此一并致谢。湖南师范大学双一流学科建设基金为本书的出版提供了支持。

沈红卫

二〇一八年三月于湖南师范大学